权威·前沿·原创

皮书系列为
"十二五""十三五"国家重点图书出版规划项目

B

BLUE BOOK

智库成果出版与传播平台

对外开放蓝皮书
BLUE BOOK OF OPENING-UP

北京对外开放发展报告（2021）
ANNUAL REPORT ON BEIJING OPENING-UP DEVELOPMENT (2021)

对外经济贸易大学北京对外开放研究院／研创
主　编／蒋庆哲　夏文斌
副主编／王　强
执行主编／王　颖

社会科学文献出版社
SOCIAL SCIENCES ACADEMIC PRESS (CHINA)

图书在版编目（CIP）数据

北京对外开放发展报告 . 2021/对外经济贸易大学
北京对外开放研究院研创；蒋庆哲，夏文斌主编 . －－北
京：社会科学文献出版社，2021. 12
　（对外开放蓝皮书）
　ISBN 978 - 7 - 5201 - 9383 - 2

　Ⅰ. ①北…　Ⅱ. ①对…②蒋…③夏…　Ⅲ. ①对外开
放 - 研究报告 - 北京 - 2021　Ⅳ. ①F127. 1

中国版本图书馆 CIP 数据核字（2021）第 232359 号

对外开放蓝皮书
北京对外开放发展报告（2021）

研　　　创／对外经济贸易大学北京对外开放研究院
主　　编／蒋庆哲　夏文斌
副 主 编／王　强
执行主编／王　颖

出 版 人／王利民
组稿编辑／恽　薇
责任编辑／颜林柯
责任印制／王京美

出　　　版／社会科学文献出版社·经济与管理分社（010）59367226
　　　　　　地址：北京市北三环中路甲 29 号院华龙大厦　邮编：100029
　　　　　　网址：www. ssap. com. cn
发　　　行／市场营销中心（010）59367081　59367083
印　　　装／天津千鹤文化传播有限公司

规　　　格／开　本：787mm × 1092mm　1/16
　　　　　　印　张：20　字　数：298 千字
版　　　次／2021 年 12 月第 1 版　2021 年 12 月第 1 次印刷
书　　　号／ISBN 978 - 7 - 5201 - 9383 - 2
定　　　价／158. 00 元

编　委　会

主　　　编　蒋庆哲　夏文斌

副 主 编　王　强

执 行 主 编　王　颖

撰 稿 人　（以姓氏笔画为序）

编辑组组长　王　颖

成　　　员　张　焕　杨　勃　王锋锋

主要编撰者简介

蒋庆哲 对外经济贸易大学党委书记，北京对外开放研究院理事长，工学博士，教授，博士生导师。兼任中国石油企业协会常务副会长、中国扶贫开发协会副会长、中国国际低碳经济研究所所长等职务。

主要研究方向为对外开放与能源战略、能源经济、低碳经济等。先后完成国家自然科学基金委员会、科技部、国家发展和改革委员会、商务部、中国石油、中国石化、中海油等的多项科研项目。在国内外学术期刊上发表学术论文150余篇，其中被SCI、EI等国际检索机构收录论文50余篇，获发明专利6项，出版著作4部（含合著）。先后4次荣获原国家教委、教育部、国家能源局等颁发的科技成果奖。

夏文斌 对外经济贸易大学校长、党委副书记，北京对外开放研究院院长，哲学博士，研究员，博士生导师。国家哲学社会科学重大项目首席主持人，教育部高等学校教学指导委员会委员，第三届商务部经贸政策咨询委员会委员，兼任全国中国特色社会主义理论研究会副会长，全国科学社会主义学会理事，北京市中国特色社会主义理论体系研究中心研究员。

主要研究领域为对外开放理论与政策、马克思主义政治学。主要著作有《当代中国的发展哲学》《区域公平的当代建构》等，先后在《人民日报》《光明日报》《北京大学学报》《哲学研究》《中国高等教育》等刊物上发表论文80余篇。先后获教育部、北京市等颁发的哲学社会科学优秀成果奖。

王　强　对外经济贸易大学副校长，管理科学博士，教授，博士生导师，享受国务院政府特殊津贴专家，国家"百千万人才工程"人选。兼任北京市朝阳区政协常委，北京市欧美同学会（北京市留学人员联谊会）常务理事，中国现场统计研究会常务理事。

主要研究领域为服务贸易、国际运输与物流、全球供应链管理、产业经济学。在国内外重要学术刊物上发表论文数十篇，北京市服务业扩大开放等相关领域研究成果曾获党中央国务院等部门采纳。获全国商务发展研究成果奖、第六届高等学校科学研究优秀成果奖（人文社会科学）、第七届高等学校科学研究优秀成果奖（人文社会科学）、北京市第十四届哲学社会科学优秀成果奖等。

王　颖　对外经济贸易大学国家对外开放研究院常务副院长，经济学博士，研究员。兼任全国国际商务专业学位研究生教育指导委员会秘书处办公室主任、中国国际贸易学会常务理事，受聘为北京市人民政府研究室合作外脑专家。

主要研究领域为对外开放政策实践、中美经贸关系、国际贸易理论与政策。出版专著《美国产业地理与对中国贸易政策制定》，参编著作多部，在核心期刊上发表论文20余篇，主持1项国家社会科学基金项目、1项教育部人文社会科学青年基金项目，参与国家级、省部级重大、重点项目10余项。研究报告曾获国家级领导人批示，多项成果被内参采用上报。获北京市优秀教育教学成果二等奖。

邓慧慧　对外经济贸易大学北京对外开放研究院、国际经济研究院研究员，博士生导师，美国密歇根大学、明尼苏达大学访问学者。

主要研究领域为区域、城市与产业发展。主持国家自然科学基金面上项目、北京社会科学基金重大项目等省部级以上重大项目8项，出版专著《中国制造业集聚与对外贸易：微观经济视角的分析》《中国外商投资发展报告（2017）——全球经济治理变革背景下的外商直接投资》等。在国内外期刊上发表学术论文 40 余篇。获第七届高等学校科学研究优秀成果奖（人文社会科学）著作类三等奖、第六届高等学校科学研究优秀成果奖（人文社会科学）论文类三等奖、北京市第十五届哲学社会科学优秀成果奖二等奖、北京市第十三届哲学社会科学优秀成果奖二等奖等。

蓝庆新　对外经济贸易大学北京对外开放研究院研究员，长三角贸易研究院（筹）院长兼国际经济贸易学院副院长，教授，博士生导师，北京市习近平新时代中国特色社会主义思想研究中心研究员，金砖国家研究中心（教育部备案、中联部金砖国家智库中方理事会副理事长单位）主任，国家社会科学基金重大专项首席专家。美国密歇根州立大学、日本中央大学高级访问学者。

主要研究领域为"一带一路"、开放经济理论与政策。主持国家社会科学基金、国家自然科学基金、教育部基金及北京市社会科学基金、自然科学基金项目及其他课题 30 余项，出版专著多部，在国内外发表学术论文 50 余篇，6 篇研究报告获得中央领导批示，研究成果获得全国政协、工业和信息化部、商务部、国务院研究室、国务院发展研究中心采纳。获得教育部人文社会科学一等奖 1 次、商务部全国商务发展研究成果奖 5 次（二等奖 2 次、三等奖 1 次、优秀奖 2 次）、北京市哲学社会科学优秀成果 2 次（一等奖 1 次、二等奖 1 次）。

摘　要

《北京对外开放发展报告（2021）》对当前北京的对外开放进行了全方位、多视角、深层次的解析，旨在为推动北京加快实现更高水平对外开放新格局提供智力支持。本报告综合采用调查、案例研究、实证研究等方法对北京的对外开放进行探讨，认为当前北京对外开放已取得举世瞩目的成就，初步形成全方位、多领域、高层次的对外开放新格局，对全国对外开放产生了积极的引领和示范作用。在经贸领域，北京借助自由贸易试验区建设、服务业扩大开放综合示范区建设和服务贸易交易会等制度创新推动对外开放，不断优化营商环境，助力北京建设全球服务贸易枢纽型城市。在文化开放领域，北京依靠全国文化中心优势不断推动文化产业"走出去"，通过科技创新赋能文化产业"出海"，推动中国文化走向全球。在国际关系领域，北京基于首都优势积极推动"一带一路"建设，强化与沿线国家和地区在贸易、投资、工程承包等多个领域开展深度合作；坚持高水平、高标准、高质量的发展路线，全方位将北京打造成具有国际影响力的世界交往之都。

本报告认为，服务业扩大开放是北京当前对外开放的重点领域，这与北京自身经济结构密切相关。北京服务业已经逐步形成全方位、深层次、立体式开放格局，在金融、教育、文化、旅游、技术、会展等领域不断取得新进展。新形势下，北京对外开放既蕴含重要机遇，也面临挑战。在国际经济形势复杂多变、新冠肺炎疫情持续蔓延的背景下，北京应深化对内开放，激发市场主体活力和发展动力；营造数字贸易创新发展环境，打造北京创新链；

提升服务业开放创新能级，打造内外双循环的交互节点；依托"两区"建设优化营商环境，强化国际经贸枢纽功能。

关键词： 对外开放　"一带一路"倡议　国际经贸　服务业开放　文化交流

目 录

Ⅰ 总报告

Ⅱ 分报告

（一）经济贸易篇

（二）文化发展篇

（三）国际关系篇

Ⅲ　专题报告

Ⅳ　案例研究

皮书数据库阅读**使用指南**

总 报 告
General Report

B.1

北京市对外开放分析与展望（2021）

对外经济贸易大学北京对外开放研究院课题组*

摘　要：　新冠肺炎疫情突袭而至，全球主要经济体均遭重创，世界经济出现严重衰退。在疫情影响之下，各国纷纷采取内顾化的"避邻"政策，国际人员交流快速萎缩，各国国内的社会经济互动也趋于萎缩，这也成为中国对外开放格局、产业链和供应链结构变化的重要催化剂。北京市立足首都城市功能定位，按照高质量发展的要求，在严格防控新冠肺炎疫情的条件下，经济总量恢复增长，对外开放水平稳步提升。新形势下北京对外开放总体稳定，货物贸易止跌回稳，贸易结构逐

* 执笔人：邓慧慧，对外经济贸易大学国际经济研究院研究员，主要研究方向为区域、城市与产业发展；王颖，对外经济贸易大学国家对外开放研究院常务副院长、研究员，主要研究方向为对外开放政策实践、中美经贸关系、国际贸易理论与政策；赵晓坤，对外经济贸易大学国际经济研究院博士生，主要研究方向为世界经济；李慧榕，中国人民大学应用经济学院博士生，主要研究方向为区域经济；杨露鑫，对外经济贸易大学国际经济研究院博士生，主要研究方向为世界经济。

步优化，实际利用外资下降速度减缓，对外投资额继续维稳。面对常态化、长期化、复杂化的国际形势，北京应进一步深化对内开放，激发市场主体活力和发展动力；依托"两区"建设提升服务业开放创新能级；加快建设自主可控的区域产业链、供应链，打造北京创新链，使北京对外开放再上新台阶。

关键词： 对外开放　进出口贸易　外商直接投资

一　北京对外开放基本情况

（一）北京市对外开放的引领作用

党的十九大报告做出了中国特色社会主义进入新时代的重大判断，是对中国特色社会主义发展历史方位的科学认识，对指引今后我国经济社会发展具有重大的现实意义。站在"两个一百年"的历史交汇点，要准确把握新历史起点的时代特征，主动适应世界经济新一轮增长周期中的复杂性和不确定性，始终把对外开放作为事关全局的重要战略持续推进。其中，加快实施自由贸易区战略是中国新一轮对外开放的重要内容，以对外开放聚焦激活蛰伏的发展潜能，加快构建开放型经济新体制，加快培育参与和引领国际竞争的新优势，赢得国际竞争领域的主动权。因此，尽管新冠肺炎疫情为全球化进程按下了暂停键，但是中国的对外开放步伐不会就此止住，中国的大门只会越开越大。北京市作为首都，应继续依托自身优势，按照"四个中心"的功能定位，采取更加扎实有力的措施，实现更高水平的对外开放，在新形势下应对挑战，推动对外开放迈上新台阶。

近年来，我国产业格局不断变迁，服务业的快速增长引导产业结构不断升级，同时，在我国不断扩大对外开放的过程中，服务业的对外开放发挥着举足轻重的作用。北京是我国政治中心，在承担重要的首都功能外，还承担着作为文化中心、国际交往中心、科技创新中心的重要职责，北京还是国内服务业最发达的城市之一，服务贸易规模位居全国前列。北京着力打造国家服务业扩大开放综合示范区，在疫情制约经济发展的背景下，为其他省市扩大开放特别是服务业对外开放提供借鉴，从而促进全国的开放型经济迈向更高层次。

北京市统计局发布的数据显示，2020年，北京服务业增长态势良好，其产值占GDP的比重为83.8%。外商直接投资在北京的投资领域也集中于服务业，以2019年为例，北京服务业实际利用外资的比重约为95%，2015~2019年，外商直接投资在北京服务业领域累计投资额为762亿美元。2019年，北京服务业进出口总额为1.1万亿元，约为全国总额的20%，在全国处于领先地位。北京作为国家服务业扩大开放综合示范区，需要主动服务国家对外开放战略，这对于北京而言是机遇，北京应牢牢抓住这一机遇，进一步发挥首都示范作用。

北京在京津冀协同发展中发挥着重要作用。北京不断加大对外开放的步伐，国家服务业扩大开放综合示范区建设是发展更高层次开放型经济的重要平台，对京津冀城市群地区的服务业对外开放乃至全方位更高水平的对外开放发挥辐射和带动作用。为应对新冠肺炎疫情的冲击以及由此产生的主要经济体"避邻"政策的不利影响，中国开启"双循环"，探寻新的发展途径。北京通过加快国家服务业扩大开放综合示范区建设积极响应国家的"双循环"政策，一方面反映出其对国家开放战略调整需求的整体响应，另一方面也体现出其发展的新特征。

（二）北京市对外开放的重点领域

北京将国家服务业扩大开放综合示范区建设以及自由贸易试验区建设放在同等重要的位置，同步稳步推进，以实现叠加效应，早日实现"1 + 3 + N"① 的开放型经济发展新格局。

---

① "1 + 3 + N"是指1个自由贸易试验区、3个综合保税区、若干个开放园区。

为构建"1+3+N"的开放型经济发展新格局,北京应突出优势行业,将其作为北京市对外开放的重点领域,并聚焦金融服务、数字经济、文化旅游、专业服务等重点领域进行探索创新,推动服务业升级,为周边省市乃至全国提供借鉴。

在金融服务方面,北京将进一步改善营商环境,便利境外机构投资者投资,提高外资企业入驻效率;畅通人才引进渠道并提供相应的激励政策;落实入驻企业在办公地址、人才引进、金融创新等方面的优惠补贴;协助外资金融机构对接金融基础设施平台。

在数字经济方面,深入推进数字贸易试验区建设,加大投入、吸引人才、专注知识产权保护,逐步打造更为优化和便利的营商环境,规范数据交易行为,推动跨境数据安全有序流动。

在文化旅游方面,积极推动文化与旅游的全面深度融合,实现开放合作共享。进一步放宽文化娱乐业聚集特定区域的市场准入条件,鼓励与外资进行合作;进一步支持国家文化出口基地等重点项目建设;坚持开放与加强监管相结合,维护文化旅游的市场秩序。

在专业服务方面,不断降低准入门槛,探索建立专业服务国际联合体;推动资质互认,放宽港澳专业人才执业资质要求;补齐发展短板,建立跨领域多资质的综合性专业服务机制;构建全球化服务网络,加快构建境外服务合作伙伴网络。

(三)北京市对外开放现状

1. 北京货物贸易

(1)货物贸易总量

在新冠肺炎疫情蔓延、国际贸易摩擦加大的情况下,北京积极应对挑战,强化稳外贸的措施,通过防疫物资推动出口增长。根据北京海关发布的数据,2020年,北京实现地区进出口总规模2.32万亿元,同比下降19.1%。其中,进口总额为1.86万亿元,较2019年同期下降21.1%;出口总额为4654.9亿元,较2019年同期下降10%。其中,防疫物资的进出口规模增长显著：进口医药材及药品 700.3 亿元，较 2019 年同期增长 12%；出口纺织服装（主要为医用口罩和防护服）352.1 亿元，较 2019 年同期增长 202.7%；出口医疗仪器及器械 113.4 亿元，较 2019 年同期增长 138.5%；出口医药材及药品 67.7 亿元，较 2019 年同期增长 64.3%。2020 年全年，北京市对外贸易规模仍位列全国前五，随着"六稳六保"政策作用的发挥，北京各行业有序复工复产，整体对外贸易形势止跌回稳。2020 年下半年，北京地区进出口规模为 1.19 万亿元，较上半年增长 5.7%，充分体现了北京外贸的韧性和抗压能力。

按季度进出口总额来分析，2020 年第一季度进出口总额为该年度最高，第二季度滑落为该年度最低，第三和第四季度的进出口总额平稳回升（见图 1）。同时，与上年同期相比，进出口总额的各季度增长率始终为负值。

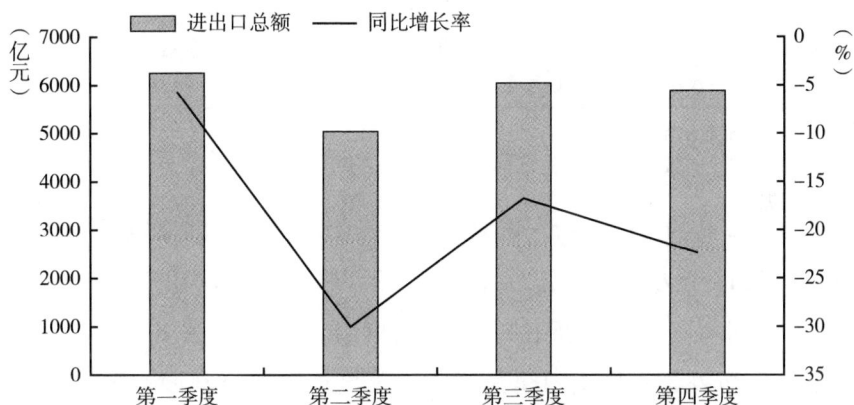

图 1　2020 年北京季度进出口总额及同比增速变动情况

资料来源：根据中国宏观统计数据库数据整理。

（2）货物贸易结构

从贸易方式的角度分析，北京海关发布的数据显示，2020 年，北京外贸的质量和效益不断提高，贸易结构逐步优化。2020 年全年北京一般贸易进出口额为 2 万亿元，比 2019 年下降 18.03%，在北京进出口总额中所占比重达 86.21%，发挥了绝对的主导作用；而作为北京的第二大贸易方式，保税物流的进出口额为 0.17 万亿元，比 2019 年减少 15%，占北京进出口总额的 7.33%（见表 1）。从整体上看，一般贸易进出口额占全市进出口总额的比重由 2018 年的 85.67% 上升为 2020 年的 86.21%，而加工贸易的比重逐年下降，于 2019 年被保税物流取代了总规模第二的位置，可见，加工贸易的地位正在逐渐被削弱，而一般贸易的主导地位正在逐步加强。近年来，保税物流为北京进出口做出的贡献逐步增长，为北京市稳外贸注入了新动力。

表 1　2018～2020 年北京市贸易结构

单位：万亿元，%

贸易方式	2020 年		2019 年		2018 年	
	进出口额	占比	进出口额	占比	进出口额	占比
一般贸易	2.00	86.21	2.44	85.02	2.33	85.67
保税物流	0.17	7.33	0.20	6.97	0.12	4.41
加工贸易	0.097	4.18	0.16	5.57	0.15	5.51

资料来源：北京海关。

从贸易商品的角度分析，据北京海关统计，2020 年北京电机、电气设备等产品出口额为 1136.9 亿元，比上年增长 19%，占北京出口总额的 24.4%。另外，2020 年在新冠肺炎疫情的影响下，北京医用口罩、医疗仪器及器械等防疫物资的出口迅速增长，较上年同期分别增长了 202.7%、138.5%，出口医药材及药品 67.7 亿元，同比增长 64.3%，这在很大程度上促进了北京外贸的发展。从进口商品看，2020 年北京地区汽车进口额达 1859.4 亿元，增长 8%，占同期北京地区进口总额的 10%，特别是年底进口汽车市场火爆，11 月、12 月北京地区连续两月汽车进口额突破 200 亿元。此外，2020 年北京地区进口铁矿砂及其精矿 1224.8 亿元，增长 11%；进口医药材及药品 700.3 亿元，增长 12%。

从贸易伙伴的角度分析，受国际形势变化的影响，北京与各个国家

（地区）的贸易合作也有所变化。2020 年 10 月，北京地区前五大贸易伙伴分别为欧盟（不含英国）、美国、东盟、澳大利亚和日本。其中，对欧盟、美国进出口额实现两位数增长，对欧盟进出口额为 285.9 亿元，增长 30%，占同期北京地区进出口额值的 15.5%；对美国进出口额为 190.8 亿元，增长 28.3%，占 10.4%。11 月对美国和日本进出口额实现两位数增长，进出口额分别为 264.9 亿元和 132.9 亿元，分别增长 21.8% 和 17.6%。

2. 北京利用外资

在全球经济严重衰退、美国始终坚持贸易保护主义的背景下，2020 年北京实际利用外资下降速度减缓，全年实际利用外商直接投资 141 亿美元，仅比上年下降 0.8%（见表 2）。其中，科学研究和技术服务业占 34.0%，信息传输、软件和信息技术服务业占 31.6%，租赁和商务服务业占 10.3%，同时，科学研究和技术服务业以及租赁和商务服务业均实现了较快增长，增速分别为 30.5% 和 32.7%。

表 2　2018～2020 年北京部分行业实际利用外资情况

单位：万美元，%

指标	2020 年			2019 年			2018 年		
	实际利用外资额	比重	增长率	实际利用外资额	比重	增长率	实际利用外资额	比重	增长率
总计	1410441	100.0	-0.8	1421299	100.0	-17.9	1731089	100.0	-28.9
制造业	44419	3.1	31.9	33682	2.4	-67.3	102868	5.9	161.6
批发和零售业	59738	4.2	12.9	52899	3.7	-31.8	77612	4.5	-57.4
交通运输、仓储和邮政业	48573	3.4	82.6	26599	1.9	-76.4	112852	6.5	-18.2
信息传输、软件和信息技术服务业	446295	31.6	-16.6	534844	37.6	18.3	452240	26.1	-65.7
金融业	114093	8.1	-29.8	162521	11.4	76.4	92141	5.3	171.1
房地产业	44271	3.1	-36.8	70022	4.9	-64.0	194690	11.2	-5.9

续表

指标	2020 年			2019 年			2018 年		
	实际利用外资额	比重	增长率	实际利用外资额	比重	增长率	实际利用外资额	比重	增长率
租赁和商务服务业	145949	10.3	32.7	110025	7.7	−59.5	271400	15.7	18.2
科学研究和技术服务业	479903	34.0	30.5	367736	25.9	52.9	240499	13.9	18.8

资料来源：《北京市国民经济和社会发展统计公报》。

3. 北京对外投资

2020 年全年，北京市 398 家境内投资主体对全球 70 个国家（地区）的 487 家境外企业新增直接投资 42.35 亿美元，比上年下降 41.7%。对外承包工程完成营业额 37.1 亿美元，下降 12.1%。对外劳务合作派出各类劳务人员 1.5 万人，劳务人员实际收入总额为 4.7 亿美元。从月度数据来看，1～12 月，北京对外实际投资额的最低点和最高点分别在 3 月和 12 月，实际投资额分别是 0.09 亿美元和 4.86 亿美元（见图 2）。

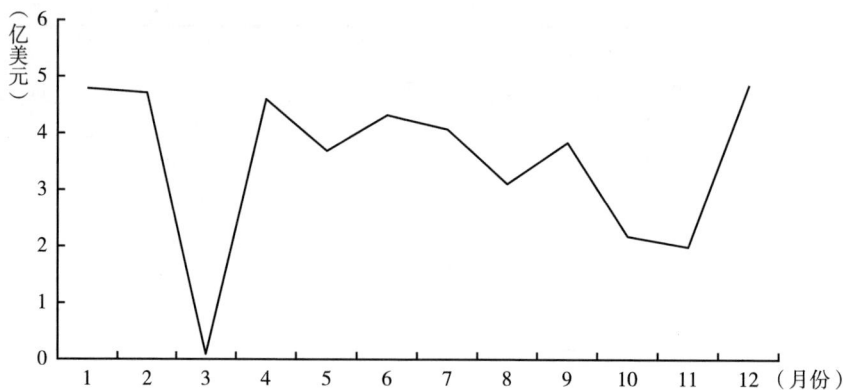

图 2 2020 年北京市各月份对外实际投资额

资料来源：开放北京网站。

（四）北京市对外开放的基本特征

1. 北京对外贸易发展的基本特征

（1）国有企业主导北京对外经济

在经营主体方面，国有企业一直领先于其他经营主体，主导着北京的对外经济。从历年数据看，国有企业进出口总额于 2018 年达到峰值 3095.5 亿美元（见图 3），约占北京进出口总额的 75%。接下来，国有企业所占据的份额逐年减少，增长率也大幅下降，而外商投资企业和民营企业不断崛起，到 2020 年外商投资企业和民营企业的进出口总额增长率分别为 5.59% 和 5.13%。

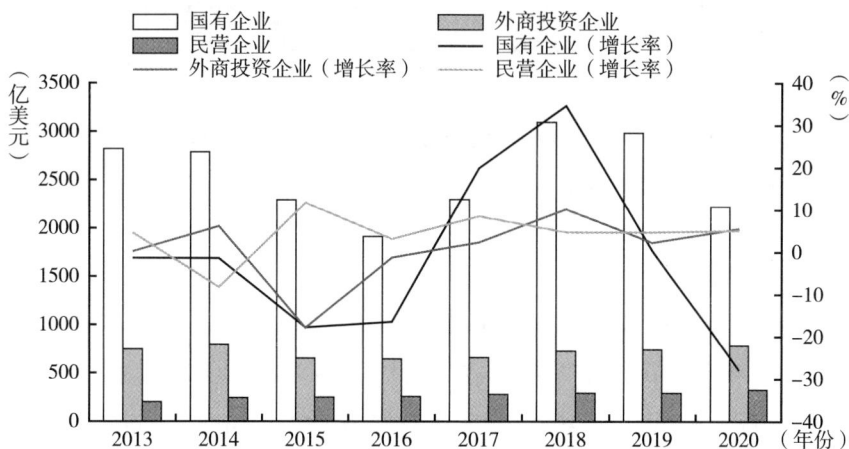

图 3　2013～2020 年不同经营主体进出口总额与增速

资料来源：北京海关。

（2）发达国家为主要贸易伙伴

在贸易伙伴方面，北京与发达经济体的贸易往来相对密切。2019 年以前，美国一直是北京的最大贸易伙伴，但是北京对美国进出口总额占北京进出口总额的比重几乎逐年降低。2019 年，在中美贸易冲突加剧的情况下，美国与北京的贸易往来减少，澳大利亚首次反超美国跃居北京的第一大贸易伙伴，而美国位居第二（见图4）。同时，北京对德国、俄罗斯、日本等经济体的进出口总额所占比重呈增长态势，北京的贸易伙伴逐渐走向多元化。

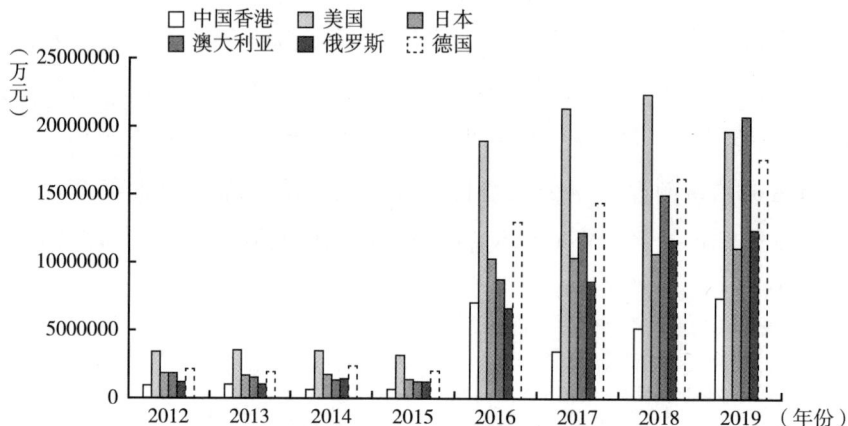

图4 2012～2019年北京对主要贸易伙伴的进出口总额

资料来源：《北京统计年鉴》。

2. 北京利用外资的基本特点

（1）规模逐步扩大，增速趋于平稳

北京实际利用外资的规模不断扩大，增长速度趋向平稳。如图5所示，2012年北京实际利用外资额为80.4亿美元，占GDP的比重为2.66%；2017年北京实际利用外资额达到峰值243.3亿美元，约是2012年的3倍，占GDP的比重攀升至5.48%；2018年以后北京实际利用外资额及其占GDP的比重逐年下降，2020年北京实际利用外资额为141亿美元，占GDP的比重为2.69%。

（2）外资来源多元化

北京实际利用外资的来源逐渐多元化，但香港仍占据最大份额。自改革开放以来，香港一直都是北京外资来源最多的地区，每年实际利用香港直接投资的比重几乎都保持在60%以上。除中国香港外，日本、韩国、开

图5　2012～2020年北京实际利用外资额及其占GDP的比重

资料来源：《北京统计年鉴》。

曼群岛、英属维尔京群岛等地也是北京重要的外资来源地（见图6）。可见，北京实际利用外资的来源逐渐趋向多元化，这更有利于北京的对外经济发展。

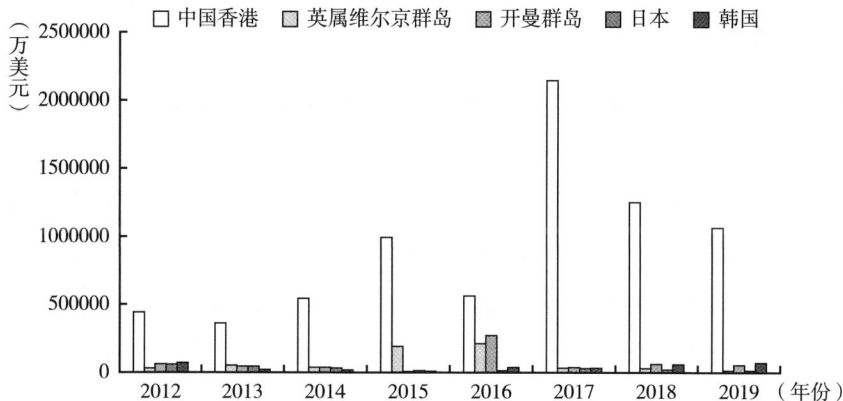

图6　2012～2019年北京对主要投资来源地的实际利用外资额

资料来源：《北京统计年鉴》。

二 新形势下北京对外开放的机遇和挑战

（一）新冠肺炎疫情冲击对北京对外开放的影响

2020年，新冠肺炎疫情突袭而至，全球经济陷入衰退，正是在这样的背景下，国家提出要加快形成"双循环"发展新格局。北京作为首都，受到的疫情冲击颇为严重，供给端和需求端均出现超预期下滑。在疫情影响下，全球经济面临不确定性，各主要经济体经济低迷，这对北京这个国际城市也是一种考验，在这样的大背景下，北京的对外贸易和对外投资出现了大幅萎缩。此外，一些发达经济体出于自身利益考虑，实行保护主义、单边主义，鼓励和支持产业回流，国际经贸摩擦具有长期性、艰巨性、复杂性，世界进入动荡变革期，这对北京产业链的重塑也提供了契机。

北京作为国际交往的中心城市，是与国际经济体系有紧密互动的国际型城市。国家支持北京建设国家服务业扩大开放综合示范区，通过示范区的建设探索总结出可以被全国其他地区借鉴的服务业对外开放经验，从而促进国内"双循环"格局的加快形成。同时，北京积极对外互动的行为不仅有利于加速全球经济的恢复，也对全球化进程的推进做出了重要贡献。

改革开放以来，北京以欧美城市为主要互动伙伴。而未来一个阶段，北京开放合作的区域重心将有较大调整，这也带来了国际城市合作方向的变化。近期美国等国家的制造业回归以及对抗性贸易政策，将使上述国家与北京的经济和产业合作意愿与水平下降。基于欧盟内部经济的多样性特点，以及北京开放新阶段的特点，两者在未来将进入"竞合"新阶段。在与欧美经贸关系复杂化的背景下，北京的国际经济合作将呈现多方向互动格局。

（二）逆全球化风潮对北京产业链、供应链和价值链重构的影响

20世纪90年代以来以"平滑推进"为特点的大范围的全球化趋于终

结，取而代之的是各主要地缘经济板块的内部区域一体化建设，以及各板块之间"马赛克式"的镶嵌互动，这将成为全球化的新互动形式。2018 年以来，以美国退群、英国脱欧、贸易摩擦为表现形式的西方发达经济体的"逆全球化"倾向愈演愈烈，这对当下的全球化进程而言是相当大的阻力。2020 年，新冠肺炎疫情突袭而至，全球经济陷入衰退，在很大程度上加强了各经济体之间的"避邻"倾向，全球经济也可能在较长时间内面临重要考验。

在疫情影响下，以美、欧为主要代表的国际经济需求群体，以及以中国为核心的主要国际经济供应群体的增长都受到较大影响，甚至大部分经济体呈现负增长。在新冠肺炎疫情和逆全球化的大背景下，各经济体更倾向于内顾化的"避邻"政策，使美、中、欧、东亚、南亚、中东等主要经济体通过全球化形成的，维持平稳运行近 40 年的国际经济陷入困境，其增长幅度大幅萎缩，各经济体之间产业链、供应链和价值链之间的衔接也出现了严重的问题，这一衔接的机制出现问题，远比经济衰退来得可怕。

1. 价值链的结构变化

新冠肺炎疫情和逆全球化背景下各经济体经济的停摆以及各国的"避邻"政策使得短期内跨国经济的价值链遭受了巨大的冲击，同时，价值链上游供应中断、下游需求萎缩也带来了整体生产规模及生产效率的下降。而且，对价值链体系的结构性冲击，还将随着疫情的存在而持续。从中长期来看，供应链的安全与效率，已成为跨国公司在成本—收益框架之外要考虑的重要因素。国际人士认为，追求冗余度而非产业回归是确保供应链安全的重要原则①。跨国公司供应链的全球布局以及服务机构的空间选址，是全球城市、世界城市网络得以形成的重要动力。在新的国际经济环境下，跨国公司基于安全性考量的供应链调整，将不可避免

---

① Shannon K. O'Neil, "Redundancy, Not Reshoring, Is the Key to Supply Chain Security", https：//www. foreign affairs. com/articles/2020–04–01/how–pandemic–proof–globalization, April 1st, 2020.

地影响相关机构与生产体系的城市选址,进而带来国际城市力量对比的变化。

2. 贸易格局变化

在新冠肺炎疫情和逆全球化两者的叠加效应下,全球的贸易格局也将发生重大变革。以大规模中间品贸易、生产要素全球性直接流动为代表的贸易格局将有所调整,在要素全球流动的总体背景下,将出现区域内多国贸易、两国间贸易规模增大的状况。

受新冠肺炎疫情的影响,2020年全球GDP较上年减少了2.9万亿美元,萎缩了3.43%,其中除中国以外的发展中国家损失严重,以石油和其他大宗商品为主的出口国受到的影响最为严重,世界银行公布的数据显示,巴西、墨西哥、俄罗斯和沙特阿拉伯的GDP分别下降23.06%、15.19%、12.09%和11.71%。从行业来看,电子产品和汽车制造产业的贸易萎缩将更为严重。从规模上看,全球货物贸易的增长将进一步趋缓,而服务贸易、数字贸易的规模将可能进一步增加。在全球货物贸易规模发生变化的情况下,国际城市承载的贸易中心功能将发生重要变化,能够适应服务贸易、数字贸易发展的相关城市具备重要的发展潜力。

3. 国际供需结构变化

新冠肺炎疫情和逆全球化使得全球的整体供需结构受到严重冲击,全球的价值链布局将产生重大变革。在疫情影响下,欧美等需求大国的经济遭受重创且恢复发展的步调不一致,使全球总体需求长期处于震荡状态。而这种需求的变化,将直接导致能源、原材料与大宗商品的价格发生剧烈变化。例如,全球石油价格的暴跌与反弹,将极大地影响能源输出国的生产效能与能源进口国储备消费体系的稳定度。从供需端的力量对比上看,国际供给、需求力量的对比将发生重要变化。发达国家在国际产业体系中的需求者地位将下降,中国等新兴经济体和发展中国家不仅在供给侧扮演重要的角色,而且逐渐以更为成熟和规模不断增长的市场,成为全球价值链上重要需求增量的提供者。供需结构的变化,对国际城市的区域力量对比有重要影响。在发达国家承担市场中心与需求中介功能的部分城市将受到重大冲击,发展速度减缓，城市规模逐渐萎缩。新兴经济体与发展中国家的部分城市，受益于市场规模和质量的提升，将成为新的要素配置中心，城市规模与影响力快速提升。

4. 全球产业格局重整

随着以中国为代表的新兴经济体产业发展水平的持续提升，先进制造业的发展重心已逐渐向亚太地区倾斜。新兴经济体在制造业领域创新研发能力的提升，促使制造业行业的区域分布进一步扩散。在美国着力与中国等新兴经济体"脱钩"或"准脱钩"的"倒逼"机制下，主要新兴经济体将被迫在核心技术与创新领域加快升级。在传统制造业等优势领域，以新兴经济体与发展中国家为核心的产业替代雁行模式有望初见雏形。以数字经济为代表的新兴产业成为新兴经济体赶超传统制造业强国的重点领域。数字基础设施、数据量的规模优势与新技术标准的制定优势，有望使新兴经济板块成为新产业的集聚区。在此次疫情中，新兴经济体的城市利用数字技术形成的新产业模式，将有助于其逐渐建构具备自身特色及后发优势的产业集群。

（三）全球经济治理体系的变革对北京对外开放的影响

在新冠肺炎疫情和逆全球化二者的叠加效应下，全球的经济治理体系进入重要的变革转型期。国际体系的力量对比发生结构性变化，全球经济治理的行为体意愿与合作模式将变得前所未有的复杂。在这一变化之下，北京作为全球经济治理的亚国家行为体，与其他城市互动的空间扩大，议题参与能力相对增强。

1. 国际力量对比方面

此次的新冠肺炎疫情是一次非传统的安全威胁，是冷战以来对国际格局第四次较为严重的冲击，国际力量对比正在接近质变的临界点，主要国际行为体间互动的不确定性加强。中国等新兴经济体国家实力的稳步提升及其对疫情的有效防控，与此次疫情带来的发达国家经济停摆状况相叠加，将极大改变全球的国家间力量对比。在疫情防控常态化背景下经济恢复速度差异的影响下，中国与其他亚洲国家有望进一步确立全球经济规模最大板块的地位。2020 年 RCEP 等区域经济合作协定的签订表明，经济规模形成的引力效应，使得亚洲特别是东亚一体化的发展前景更为明朗。这种变化给作为国际枢纽城市的北京带来跨国事务互动的新机遇。

2. 政治治理体系方面

欧美等西方发达国家的逆全球化行为给全球治理带来极大的负面影响，加上新冠肺炎疫情的冲击，全球各主要经济体之间统一协调的可能性变低，难度也在不断加大。针对全球的共同问题，各国的合作意愿弱化，政府间的互动更趋艰难。而民间互动特别是城市等非国家行为体的互动空间将相对更大，国际城市在气候变化、跨国卫生治理、网络治理、移民管控、跨国犯罪防范等治理议题上有更大的合作需求与互动空间。

（四）新技术革命对北京对外开放的影响

科技创新是国际城市发展的重要动力，在新冠肺炎疫情影响下，创新对于北京可持续发展的意义更为凸显。与经济全球化及各国经济互动面临的复杂局面相比，为应对外部的危机与压力，国际科技创新发展进入活跃的新阶段。科技发展更强调成果的转化应用，重视对本地社会的普惠影响。城市创新体系能否响应科技发展的新需求，将决定未来发展的水平。

在新冠肺炎疫情的大背景下，技术创新的竞争格局已经从零散的技术领域竞争演变为创新体系的竞争。就国家层面而言，发达国家的技术优势逐渐式微，而新兴经济体的上升趋势明显。在高新技术企业层面，新兴国家和亚太地区创新型企业的快速发展已成为一种新趋势，这些企业与发达国家企业之间的竞争也将更加激烈。

从领域上看，新一代信息技术、新能源、新材料、生物医药、高端装备等领域的技术创新是各国聚焦的重点，在未来一个阶段，上述领域仍然是科技创新的竞争主战场。新冠肺炎疫情期间无人零售、无人物流、无人配送等无人经济新模式的需求量大幅攀升，有望催生以需求为导向的引领性技术。受此影响的物联网、人工智能、机器人、量子计算等新兴领域的发展能够极大地提升经济活动的效率，并适应疫情防控常态化背景下社会经济发展的现实要求。同时，生物科技在新冠肺炎疫情影响下有望得到各方的高度重视并实现快速发展。

预计未来 15 年，在数字经济逐渐兴起的过程中，知识、技术等要素的流动将逐渐向发展中国家倾斜，这不仅助推了发展中国家的工业化进程，还为发展中国家实现技术赶超提供了可能和机遇①。新兴经济体和发展中国家的创新型城市与本土创新体系、产业体系的联系将更为紧密。

在创新要素从全球流动向要地集聚的发展过程中，技术与产业需求之间的边界更趋模糊。这就带来了不同经济主体之间在创新人才、无形资产、创新模式、创新企业、产业迭代等方面的综合比拼，上述领域也成为科技竞争的重要环节。城市兼具创新要素的集聚与配置能力以及对高技术产品的需求能力，成为新技术、新业态、新产业相互融合的重要平台及应用空间。同时，新兴技术带来的新基础设施建设需求，也成为城市下一轮投资的热点。

三　北京对外开放形势展望

（一）国际经济形势复杂多变

新冠肺炎病毒具有高传染性、高致病率和高死亡率，为了阻断和减缓疫情在全球的传播，世界各国纷纷采取了隔断人员交往的方式，实行封国、封城等措施。结果是，世界各国的经济活动骤然减少。据国际货币基金组织（IMF）估计，2020 年全球 GDP 按购买力平价（PPP）计算大约比 2019 年减少 4.4%，全球经历了二战以来最为严重的一次经济衰退。

2020 年，世界经济走势的特征表现为：①经济增长的变化依附于新冠肺炎疫情的严重程度；②与产出衰退相伴随的是全球范围内的失业率明显上

---

① 国务院发展研究中心课题组：《未来国际经济格局十大变化趋势》，《经济日报》2019 年 2 月 12 日。

升；③全球绝大多数经济体同步萎缩，并且是国际化程度越高的经济体所受影响越严重；④全球产业链、供应链和价值链受到巨大冲击；⑤传统服务业受到最大冲击，数字经济凸显优势，成为经济稳定和复苏的新动能；⑥各国为了稳定经济和维持民生，采取超常规的财政金融扩张和刺激政策，导致全球债务总量快速上升，货币供应量大增。

（二）国内宏观经济环境平稳

受新冠肺炎疫情影响，国内加强了对人员流动和经济活动的管控，导致工业生产极度萎缩，供给能力大幅下降，同时大量服务业供给停顿。在党中央的坚强领导下，全国团结一心，克服重重困难，坚持联防联控，保证经济社会发展各项工作有序开展，促进国内经济快速复苏。据国家统计局发布的国民经济初步核算数据，尽管 2020 年中国的 GDP 增速较 2019 年下降了 3.8个百分点，但我国率先控制住疫情，复工复产有序推进，是疫情期间唯一实现经济增长由负转正的经济体。

2020 年，我国进出口增长速度逐步回升，最终从 6 月开始由负转正，连续 7 个月都是正向增长，其中民营企业的贡献最大，我国民营企业进出口额增长 11.1%，较 2019 年上浮 3.9 个百分点。在 2020 年的进出口中，民营企业发挥了主导作用，不畏困难带动中小企业扩大进出口规模，积极开拓国际市场，拉动我国进出口的增长，2020 年民营企业进出口增长率比全国进出口整体增长率高出 9.2 个百分点。另外，我国进出口在遭遇疫情冲击的不利局面下仍然实现了逆势上涨。东盟、欧盟、美国、日本和韩国仍然是与我国联系最为紧密的国家和地区，2020 年它们与我国的进出口总额分别提高7.0%、5.3%、8.8%、1.2% 和 0.7%，其中美的增幅最大，韩的增幅最小。

统计数据显示，受疫情影响，2020 年全球 FDI 总量同比下降 40%，但外国企业对中国 FDI 仍保持增长。在行业结构上，租赁和商务服务业是我国对外直接投资规模最大的行业，最具有竞争优势的制造业位列第二，风险较高的金融行业也占有较大的份额，说明当前仍存在结构不合理的因素。根据商务部、国家外汇管理局统计，2020 年我国对外全行业直接投资额为 9169.7 亿元，比 2019 年增长 3.3%，其中非金融类对外直接投资规模为 7597.7 亿元，较上年同期下降 0.4%。

（三）北京对外开放形势预判

2021 年，北京经济社会发展各项工作将有序推进。北京的开放性发展新格局正在逐步形成，中国（北京）自由贸易试验区（简称"北京自贸区"）在金融、数字贸易、文化旅游、专业服务等领域将加快改革，服务贸易平台、双枢纽机场开放平台、高层级科技创新交流合作平台助力北京建设更高水平的开放型经济新体制，为北京经济高质量发展持续注入新动能、新活力。

1. 北京外贸发展趋势

北京市作为中国内地最早对外开放的地区之一，在对外贸易领域率先起步、逐步发展。改革开放 40 余年，我国经济实现了跨越式的增长，在贸易和投资领域亦取得了骄人的成绩。北京作为首都，依托自身的首都功能定位，不断深化改革，逐步探索实现更高水平的开放型发展新格局。

随着"六稳六保"政策效应的持续释放，2020 年下半年，北京外贸出现企稳迹象，外贸韧性较强。2020 年，在新冠肺炎疫情的影响下，北京的经济受到重创，但正是在这样的冲击下，北京的抗疫物资和"宅经济"商品出口迅猛发展，拉动了北京的对外贸易。截至 2020 年底，北京进出口总额达 70844.82 亿元，下降 0.9%。《区域全面经济伙伴关系协定》的签署以及中欧投资协定谈判的顺利完成，对于北京来说意义重大。

2. 北京利用外资发展趋势

改革开放 40 余年来，北京实际利用外资的总规模逐年增加。北京是中国对外开放的重要窗口，伴随着改革开放的日益深化，北京实际利用外资水平不断迈上新台阶，已形成全方位、宽领域、多层次的发展格局。2015 ～ 2020 年，北京实际利用外资总规模约为 960 亿美元，占改革开放以来总量的 50%，外商投资"引进来"保持稳定增长。

北京自贸区的建设是北京新时期对外开放的重要内容，为吸引高质量外商直接投资，不断提高试验区内项目的吸引力，北京将重点项目聚焦于大健康、商务服务等高端产业，加快形成高端产业的集聚区，发挥集聚的正效应。从中可以看出，北京对外资的利用正在从数量型逐步转向质量型。

3. 北京对外投资发展趋势

北京的经济发展水平、生产技术、人才引进力度等都处于全国领先地位，同时北京的对外直接投资也在全国居于前列。随着国际国内经济形势越来越严峻复杂，世界经济进入调整期，贸易、投资等方面面临重大改革，为顺应世界经济的变革，北京采取了一系列重要举措。近年来，北京把"走出去"与"引进来"相结合，加快促进互联互通，营造更加开放的业态环境。但是，根据北京商务局发布的数据，2015~2020年，除2016年以外，北京对外直接投资流入和流出金额差距明显，流入金额大于流出金额，说明北京"走出去"的规模远远小于"引进来"的规模。近年来，北京自贸区的建设以及"一带一路"倡议的提出，促进了北京与"一带一路"沿线国家和地区的经济交流，有力地促进了北京的对外投资发展。

四 北京扩大对外开放的新思路和新策略

（一）深化对内开放，激发市场主体活力和发展动力

加强对企业的精准有效帮扶。新形势下企业面临的机遇和挑战均发生了变化，应有针对性地调整对企业的帮扶政策，把握政策时效，稳定市场预期。针对受疫情影响严重的行业（如文化、娱乐、住宿、餐饮等），实施精准有效帮扶。发挥首贷、续贷、确权融资中心、银企对接系统和网上畅融工程等的作用，拓宽中小企业融资渠道。支持银行设计符合小微企业特点的信贷产品，缩短贷款审批流程，扩大信贷覆盖面。同时出台相关的配套保障措施，保证中小企业的资金流稳定。

实现更加充分、更高质量的就业。新冠肺炎疫情背景下全球失业率大

增，中国的就业也受到严重冲击，为此，要加强对当前就业形势的科学预估，完善相关的就业政策，稳定就业基本面。完成职业技能提升三年行动计划，实现三年开展补贴性技能培训累计达到200万人次。强化对重点群体的"一对一"就业帮扶，增加公益性岗位，多政策促进创新创业，从而带动其对就业的正向拉动作用，推动3万名农村劳动力转移就业，确保零就业家庭动态清零。

持续改革，优化营商环境。推进新一轮营商环境改革，实施优化营商环境4.0版改革政策。全面整改不合理准入限制，便利化市场准入渠道。全面实行证明事项和涉企经营许可事项告知承诺制，制定政务服务事项备查管理办法，努力实现企业办事"零材料、零跑动、零接触"。提升对新业态、新模式的监管能力，支持平台企业依法规范发展。

（二）构建数字贸易创新发展环境，打造北京创新链

创新在经济发展中的地位举足轻重，要实现北京经济的高质量发展，提升北京的核心竞争力，应牢牢抓住数字经济的发展机遇，在新形势下加快产业链、供应链以及价值链的相互融合和联动发展，提升战略性新兴产业的竞争力，着力构建现代产业发展新体系。为此，需要构建数字贸易创新发展环境，打造北京创新链。

1. 加快新一代信息基础设施建设和提升网络服务水平

在国家新一轮重大科技资源布局框架下，北京将聚焦数字技术发展前沿，强化数字产业重大创新平台建设，谋划龙头企业与知名科研院所联合建设国家实验室和工程（技术）研究中心等创新平台，加大在大数据、人工智能等重点领域的科技创新攻关力度，推动网络安全等专用大科学装置建设。积极完善国际通信基础设施建设，如5G、物联网、IPv6等，进一步构建数据连接通道，不断提升网络服务能力和质量。在互联网虚拟专用网业务等领域降低外资准入门槛，并积极探索优化网络安全保障服务。

2. 加强数字经济和数字贸易领域的规则和服务体系建设

主动对标国际数字贸易规则和政策，同时积极完善国内数字贸易相关法

律体系，制定数字贸易相关实践性法条，并形成具有中国特色、符合中国礼仪的数字贸易规则模板。借助"一带一路"发展平台加强我国与沿线国家和地区的合作，不断探索国际数字产品专利、版权、商业秘密等知识产权保护制度建设，让我国的数字经济"走出去"。

3. 鼓励发展数字经济新业态、新模式

数字经济可以成为构建经济双循环新发展格局的重要抓手[1]。催生数字经济的新业态和新模式离不开数字基建的助力，然而我国各地区间的数字基建差距明显，基于此，应加强以5G为代表的新型基础设施的建设，使传统产业与新技术相对接，激发更多活力，促进产业升级。此外，要抓住区块链技术融合的契机，实现关键技术的突破，通过技术创新倒逼制度创新。不断降低数字经济新业态的市场准入门槛，积极引进国际资源，推动国际合作，并完善相应的规则与法规，为数字经济新业态、新模式的产生营造良好的市场环境并出台相关配套措施。

（三）提升服务业开放创新能级，打造内外双循环的交互节点

中国应依托丰富的国外资源和国际平台，积极推进对外开放与合作，通过借鉴西方的经验，提高创新能力。此外，政府可以通过发展科技服务业，强化知识产权、管理与信息咨询、人力资源服务等专业服务类企业的建设，重视研发机构和科技创业服务中心建设等一系列措施，促进企业孵化和人才培养，实现知识的有效共享。服务业开放程度的提高，不仅可以加强产业国际化趋势，还有助于在竞争与合作的氛围中产生创新能力。

（四）构建创新型综合保障体系，加快建设自主可控的区域产业链、供应链

增强区域产业链、供应链的自主可控能力。壮大生物医药产业规模，

---

[1] 夏杰长、谭洪波：《数字经济助力形成双循环发展新格局》，《光明日报》2020年9月29日。

聚焦创新药、高端医疗器械、"AI + 健康"等重点方向，持续培育龙头领军企业，促进新冠肺炎疫苗、体外膜肺氧合技术等产业化，加快建设北京市疫苗检验中心。坚持新能源化和智能网联发展方向，加快新能源高端车型量产。编制氢能产业发展实施方案。完善产业链、供应链布局，对符合北京首都功能定位的制造业企业，提供配套的激励措施促使其扩大产能，稳定制造业比重。加大对龙头企业的引育，在其带领下实现地区协同发展。支持有条件的平原新城结合自身产业优势打造"北京智能制造示范区"。

（五）依托"两区"建设优化营商环境，凝聚强化国际经贸枢纽功能

自贸区的最大特点就是"自由"，即以更高水平的自由和开放来促进经济发展。自贸区建设应坚持营商环境就是生产力，通过营造国内一流营商环境来促进资源的高效配置。因此，要更大力度地实施简政放权，将北京自贸区定位为优化营商环境的改革特区，以更大力度实施改革开放，实现真正的自由和便利。要深入推进"放管服"改革，持续降低市场准入门槛，探索构建"负面清单 + 正面激励"市场准入模式，除法律法规、国务院决定规定外，对清单之外的行业和领域全面实行"免批即入"，同时研究制定正面激励清单，引导和鼓励符合首都功能定位的产业向北京集聚。

分 报 告

Sub – reports

（一）经济贸易篇

B.2

中国（北京）自由贸易试验区发展报告
（2021）

王晓东[*]

摘　要： 自由贸易试验区是我国为推进改革开放而设立的政策创新试验
田、示范区。2020年，中国（北京）自由贸易试验区正式宣布
成立，北京也成为首个自贸区、服务业扩大开放区"两区"共
建城市。截至2021年8月，北京自贸区主体制度建设已经初步完
成；政策创新稳步开展，各类政策落地方案陆续推出，清单化
管理全面推进；营商环境进一步改善，土地、人才、资本等要
素市场改革措施正在完善，市场管理体制不断优化，京津冀协
同逐渐深入，为进一步改革奠定了坚实的基础。但当前宏观环
境不确定因素过多，北京自贸区的未来发展仍然充满挑战。

* 王晓东，博士，对外经济贸易大学国际经济贸易学院副教授，主要研究方向为物流与供应链
管理、运输经济、第三方物流等。

关键词： 北京自贸区 "两区"驱动 政策创新

一 北京自贸区的设立

（一）北京自贸区的空间布局

2020年9月，中国（北京）自由贸易试验区（简称"北京自贸区"）经国务院批准成立，9月21日正式揭牌①。

根据规划，北京自贸区总面积达119.68平方公里，分为科技创新片区、国际商务服务片区和高端产业片区三个片区（见图1）。

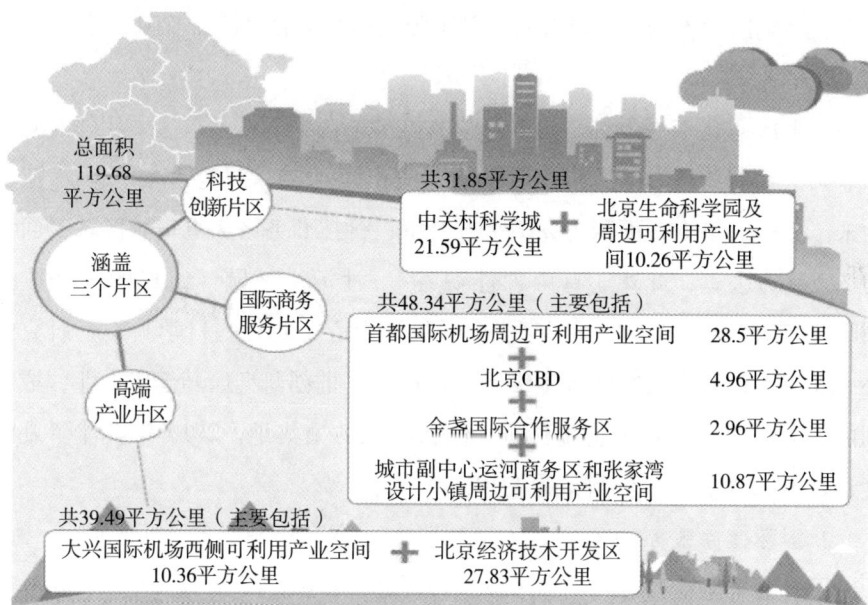

图1 北京自贸区空间布局

资料来源：北京市人民政府官方网站，http://www.beijing.gov.cn/zhengce/zcjd/202009/t20200925_ 2096650.html。

---

① 《中国（北京）自由贸易试验区正式揭牌》，《北京日报》2020年9月24日。

1. 科技创新片区

科技创新片区总计 31.85 平方公里，其中：中关村科学城占地 21.59 平方公里，北京生命科学园及周边可利用产业空间共计 10.26 平方公里，分别隶属海淀、昌平两个行政区。科学创新片区旨在"重点发展新一代信息技术、生物与健康、科技服务等产业，打造数字经济试验区、全球创业投资中心、科技体制改革先行示范区"①。

北京自贸区科技创新片区的主体范围与《中关村国家自主创新示范区统筹发展规划（2020~2035）》中的永丰组团、翠湖组团、昌平组团部分重合。其中，中关村科学城区域包括翠湖科技园、永丰基地及周边可利用产业空间。翠湖片区汇聚人工智能、下一代通信网络、智能网联等数字产业领域的 73 家企业，总产值约为 265 亿元；永丰片区入驻集成电路、新材料、创新药及高端医疗器械、高端装备和智能制造等领域的 472 家企业，总产值约为 400 亿元②。

昌平区的北京生命科学园涉及中关村国家自主创新示范区中相邻的几个专业园区：创新核心区为生命科学园，面积为 4.85 平方公里；产业示范区为朱辛庄—七里渠，面积为 2.7 平方公里；科技商务区为巩华城区域，面积为 2.2 平方公里；此外还有由"能源谷"、沙河高教园区组成的"开放云团"。医药健康领域汇集了国家蛋白质科学中心、北京脑科学与类脑研究中心、北京生命科学研究所等顶级研发机构及一批创新型医药健康企业，成为国内生命科学领域众多旗舰科研、创新团队的聚集地。2019 年整体研发强度达到 16.8%，产业集群效果初现。

2. 国际商务服务片区

国际商务服务片区（含北京天竺综合保税区 5.47 平方公里）共 48.34 平方公里，涉及通州、朝阳、顺义三个行政区，主要包括城市副中心运河商务区和张家湾设计小镇周边可利用产业空间、北京 CBD、金盏国际合作服

① 《中国（北京）自由贸易试验区总体方案》，2020。
② 《中国（北京）自由贸易试验区科技创新片区海淀组团实施方案》，2021。

务区以及首都国际机场周边可利用产业空间。根据规划，国际商务服务片区"重点发展数字贸易、文化贸易、商务会展、医疗健康、国际寄递物流、跨境金融等产业，打造临空经济创新引领示范区"①。

国际商务服务片区是空间分布最零散、业态最多样的片区。朝阳区的北京 CBD 中心区覆盖 4.96 平方公里，重点发展总部经济，建设国际一流的商务服务中心区；金盏国际合作服务区面积为 2.96 平方公里，围绕第四使馆区建设，打造"国际组织集聚区、服务贸易示范区、数字贸易试验区和高端跨境消费中心"②。首都国际机场周边可利用产业空间即顺义区组团围绕首都机场布局，面积 28.5 平方公里，包括天竺综合保税区、临空经济示范区、中德国际合作产业园、新国展等功能区③。天竺综合保税区是较为成熟的海关特殊监管区，围绕"保税、免税、退税"等政策优势布局跨境电商等保税物流项目，并与临空经济示范区、新国展等合力助推首都机场世界级航空枢纽建设。中德国际合作产业园聚焦中德优势产业，如新能源智能汽车、智能装备、工业互联网等，力图带动生产性服务业全面升级。通州组团包括城市副中心运河商务区和张家湾设计小镇周边可利用产业空间共计 10.87 平方公里，围绕北京城市副中心的战略定位，推动金融、商务服务、文化旅游等产业创新发展，建设北京市服务业扩大开放综合试点先导区。

3. 高端产业片区

高端产业片区涉及大兴、朝阳两个区，合计 39.49 平方公里。其中，大兴国际机场西侧可利用产业空间涵盖 10.36 平方公里，北京经济技术开发区共计 27.83 平方公里。高端产业片区"重点发展商务服务、国际金融、文化创意、生物技术和大健康等产业，建设科技成果转换承载地、战略性新兴产业集聚区和国际高端功能机构集聚区"④。

---

① 《中国（北京）自由贸易试验区总体方案》，2020。
② 《北京自由贸易试验区国际商务服务片区朝阳组团实施方案》，2021。
③ 《顺义区推进中国（北京）自由贸易试验区建设实施方案》，2021。
④ 《中国（北京）自由贸易试验区总体方案》，2020。

北京经济技术开发区是国家级经济开发区，也是北京重要的制造业集聚地。截至2019年，外商实际投资累计额达到368.1627亿美元。2019年的工业总产值达4125.2亿元，其中高新技术企业产值3431.4亿元①，占83%，进出口总额达195.8亿美元。目前已形成以生物医药、装备制造和汽车制造、电子信息为主导的高端、高效、高辐射产业布局，具备国际科技合作、跨国技术转移等方面的独特优势。

大兴国际机场于2019年9月25日正式通航，规划为世界级航空枢纽，预计到2025年旅客吞吐量将达7200万人次、货邮吞吐量200万吨、飞机起降量62万架次。机场位于北京大兴区和河北省廊坊市交界处，距天安门46公里，距雄安新区55公里。北京自贸区大兴片区位于大兴国际机场西侧，与位于大兴国际机场东侧的河北自贸区大兴机场片区（19.97平方公里）毗邻，将围绕大兴机场国际航空枢纽建设，重点推动医药健康、航空服务、数字经济、新能源智能汽车、离岸金融、数字经济、国际消费等产业的改革开放，发挥临空经济区"主阵地"的开放引领作用，打造国际交往中心功能承载区、国家航空科技创新引领区、京津冀协同发展的政策试验区和示范区。

（二）北京自贸区的特色

在全球经济发展过程中，自贸区往往与特殊关税区联系在一起。中国的自贸区则往往同时具备改革功能，是围绕改革开放，促进国际贸易、国际投资而划定的"试验区"，加快自贸区建设是我国"在新形势下推进改革开放的重大举措，对加快政府职能转变、积极探索管理模式创新、促进贸易和投资便利化，为全面深化改革和扩大开放探索新途径、积累新经验，具有重要意义"②。

迄今为止，我国已经分6个批次在全国21个省（区、市）设立自贸区

---

① 北京市统计局：《北京统计年鉴》（2020）。
② 《国务院关于印发〈中国（上海）自由贸易试验区总体方案〉的通知》（国发〔2013〕38号）。

（见图2）。2013年，上海自贸区首先设立。2015年，广东、天津、福建自贸区建立。之后，辽宁、浙江、河南、湖北、重庆、四川、陕西、海南、山东、江苏、广西、河北、云南、黑龙江相继成立自贸区，海南还成为更具特色的自由贸易港。2020年9月，北京、安徽、湖南自贸区加入。这些自贸区结合各自地方特色，围绕制度创新和服务国家战略两大职能，由点及面地推动全国范围的改革开放，在带动地区经济发展、推动产业升级方面发挥了重要作用。

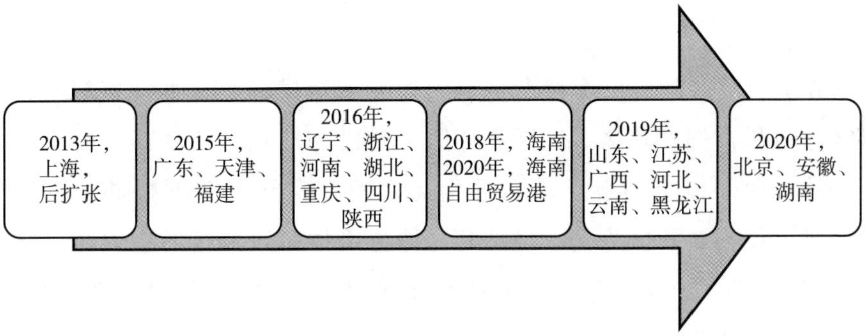

| 2013年，上海，后扩张 | 2015年，广东、天津、福建 | 2016年，辽宁、浙江、河南、湖北、重庆、四川、陕西 | 2018年，海南 2020年，海南自由贸易港 | 2019年，山东、江苏、广西、河北、云南、黑龙江 | 2020年，北京、安徽、湖南 |

图2 已经获批的自贸区（截至2021年初）

与其他自贸区相比，北京自贸区"服务经济"的特色更为突出。这首先源于北京服务产业的强势地位。由于历史原因，北京服务业一直占据较为重要的位置，是三大产业中的主导产业。从20世纪90年代中期开始，北京服务业占GDP的比重就超过一半，且持续增加。2019年，北京地区生产总值35371.28亿元，在全国城市中排名第二，仅低于上海。其中，服务业增加值为29542.53亿元，高于上海，占比达到83.5%，北京服务贸易规模更是达到全国的1/5，服务经济的主导地位突出。

其次，这与国家针对北京实施的服务业扩大开放综合试点政策有关[①]。与自贸区的园区开放模式不同，服务业扩大开放综合试点突出产业开放，通

[①] 《国务院关于北京市服务业扩大开放综合试点总体方案的批复》（国函〔2015〕81号）。

过降低特定产业的市场准入门槛、实施优惠及鼓励政策来促进产业集聚，带动区域经济发展。2020年9月，《中国（北京）自由贸易试验区总体方案》获得国家批准，几乎同一时间《深化北京市新一轮服务业扩大开放综合试点建设国家服务业扩大开放综合示范区工作方案》发布，两者的目标都是继续推动改革开放，为促进经济发展探索道路、积累经验，北京成为唯一同时进行"两区"建设的城市，政策叠加效应明显。天竺综合保税区、中关村国家自主创新示范区还出现三区政策叠加的局面，为服务创新、政策创新提供良好基础。"两区"驱动战略也成为推动北京"十四五"期间经济发展的重要指向标。

北京自贸区的另一个特点是空间边界相对模糊。根据现有规划，自贸区分为科技创新片区、国际商务服务片区和高端产业片区，每个片区至少涉及两个以上地理区域，且相互之间在空间上并不毗邻。不仅如此，以科技创新片区为例，虽然其主体范围指向海淀区的中关村科学城（翠湖科技园、永丰基地）和昌平区的北京生命科学园，但方案中明确指出自贸区的范围同时包括周边可利用产业空间，昌平组团在实施方案中还提出"开放云团"的概念，造成空间上自贸区与非自贸区交错的局面。

空间分散和小范围独立虽然可以很好地利用原有产业基础，提高北京城市空间利用率，但也带来了行政管理上的挑战，对现有的以行政区划为基础的行政管理机制造成冲击。自贸区政策可用或不可用，对应的管理部门如何在欠缺物理围栏的形势下对自贸区内享有优惠政策的企业进行监管等，都是自贸区需要探索、创新的重要议题。

二　北京自贸区的建设目标和主要任务

根据《中国（北京）自由贸易试验区总体方案》，北京自贸区将"以开放促改革、促发展……以制度创新为核心，以可复制可推广为基本要求，全面落实中央关于深入实施创新驱动发展、推动京津冀协同发展战略等要求，助力建设具有全球影响力的科技创新中心，加快打造服务业扩大开放先行区、数字经济试验区，着力构建京津冀协同发展的高水平对外开放平台"。因而，推动以科技服务、数字经济为代表的新型服务业创新发展，带动京津冀区域协同是北京自贸区建设的核心目标，具体建设任务包括以下几个方面。

（一）推动投资贸易自由化、便利化

深化投资领域改革。继续加大国内市场开放力度，全面落实针对外商投资的国民待遇加负面清单管理制度，完善事后管理机制。持续改进综合服务和风险防控体系，提升国内企业境外投资便利化水平。

提升贸易便利化水平。推动北京国际航空枢纽建设，拓展国际贸易"单一窗口"服务功能和应用领域。创新、优化跨境电商口岸管理流程，强化天竺综合保税区对服务进出口的支持功能。

创新服务贸易管理。试行跨境服务贸易负面清单管理模式，在有条件的区域最大限度地放宽服务贸易准入限制。鼓励高端人才引进，创新自贸区针对服务贸易的监管模式。

（二）深化金融领域的开放创新

进一步开放金融服务。试点本外币一体化服务。鼓励中资银行开展跨境金融服务，推动重点行业跨境业务便利化。创新企业外债管理方式，便利符合条件的私募和资产管理机构开展境外投资。

促进金融科技创新。借助科技手段提升金融服务的基础设施水平，推动金融科技创新。建立法定数字货币试验区，搭建数字金融体系，构筑贸易金融区块链平台体系。建设金融科技应用场景试验区。

（三）推动创新驱动发展

优化人才全流程服务体系。探索人才引进政策，建立全链条一站式服务窗口和服务站点。探索针对境外人才的医疗保险服务及劳动保障服务。

强化知识产权保护。探索、完善知识产权评估、融资和交易机制,探索各类知识产权保护制度。

营造国际一流的创新创业生态。促进科技成果转化,鼓励国际性研发中心建设,推动"反向创新"。健全工业用地市场供应体系,探索实施综合用地模式。

(四)创新数字经济发展环境

提升数字贸易产业的国际竞争力。积极探索建立数字贸易规则,促进跨境数据保护规制的国际合作,推动国家间数字证书和电子签名互认。探索、完善数字贸易重点领域的规制建设,在数据确权、数据资产、数据服务等领域探索建立数据服务相关交易标准和贸易服务体系。

促进数字经济新业态、新模式的发展。进一步完善新一代信息基础设施,推动实施跨境贸易等各项规范,全面推进跨境贸易多边合作中的无纸化、动态化、标准化。

促进国际信息产业和数字贸易港建设。在软件实名认证、数据产地标签识别、数据产品进出口等方面鼓励政策创新,搭建数字版权交易平台,建立满足海外客户市场需求的网站备案制度。

(五)高质量发展优势产业

重点发展金融、文化旅游、航空物流及医疗健康产业,包括:持续提升本地区重大国事活动服务保障能力,吸引更多国际组织集聚;探索本外币一体的跨境资金流动双向宏观审慎管理;探索新型免税零售业务,发展临空会展服务;探索文化服务贸易平台,完善相关知识产权服务;进一步开放文化艺术品展示、交易市场,创新国际高端艺术展品担保监管模式;简化生物医药研发国际合作的审批流程,推动相关器械和材料试剂贸易便利化;推动大兴国际机场和首都国际机场的联动发展,推动北京世界级航空枢纽城市建设,优化航材保税监管;等等。

（六）探索京津冀协同发展新路径

助力高标准建设城市副中心。探索京津冀产业合作，推动京津冀市场融通合作，包括构建京津冀金融风险监测预警平台。创新跨区域产业合作，鼓励总部—生产基地协作模式，从园区共建、整体搬迁等多个维度开展产业对接合作；率先在北京、河北、天津三地自贸区内试行政务服务"同事同标"，健全京津冀一体化征信体系。

（七）加快转变政府职能

不断完善营商环境，强化法制保障，健全经济风险防控体系，包括：推进"证照分离"改革；加强对新技术、新产品的事中、事后监管；支持开展国际仲裁业务，完善争端解决机制；推行以信用为基础的分级分类监管制度；健全金融风险监测和预警机制；等等。

三　北京自贸区建设初见成效

北京自贸区自 2020 年 9 月获批至 2021 年 7 月本报告截稿，诞生不过 10 个月，但主体制度建设初步完成，部分政策创新工作稳步开展，营商环境进一步改善。

虽然建设方案中的很多构想尚未展开，具体的举措仍在陆续推出，探索创新的实效也未来得及经受时间的检验，但随着自贸区各项基本措施的推进，贸易、投资等多方面的成效已经初步显现。2020 年艺术品保税政策的调整，带动北京保税艺术品进口增长，占全国的比重将近 1/3。在科技领域，中关村永丰高新技术产业基地继续在集成电路设计方面保持优势，截至 2020 年末已实现产值 240 亿元，占北京总产值的 42%，全国的 8%[①]。中关村软件园园区企业平均每平方公里产值超千亿元，单位密度产出在全国

---

① 内部数据。

领先。

北京自贸区建设带动了投资增长。2021 年第一季度昌平全区实际利用外资 2300 万美元，其中自贸区组团实际利用外资将近 1500 万美元，占比超过 60%，新增内资企业 531 家，外资企业 5 家。重点产业发展取得标杆性成果，以华辉安健、诺诚健华为代表的重点产业项目成功签约，国际研究性医院、大分子生物药中试等产业服务平台开工。

（一）主体制度建设初步完成

2020 年 9 月《中国（北京）自由贸易试验区总体方案》获得批准，三片区布局得到确认。之后，《中国（北京）自由贸易试验区科技创新片区海淀组团实施方案》《中国（北京）自由贸易试验区科技创新片区昌平组团实施方案》《北京自由贸易试验区国际商务服务片区朝阳组团实施方案》《中国（北京）自由贸易试验区国际商务服务片区通州组团实施方案》《顺义区推进中国（北京）自由贸易试验区建设实施方案》《中国（北京）自由贸易试验区高端产业片区大兴组团实施方案》《中国（北京）自由贸易试验区高端产业片区亦庄组团实施方案》相继推出，《中国（北京）自贸试验区科技创新片区昌平组团支持医药健康产业发展暂行办法》《关于促进中国（北京）自由贸易试验区国际商务服务片区朝阳组团产业发展的若干支持政策》等各片区实施细则随后公布，各区、各部门组织架构相应调整，北京自贸区的领导体系、工作机制正在成型，主体制度建设初步完成。

（二）政策创新稳步开展

首先，各类政策落地方案陆续推出。北京自贸区以"科技创新、服务业开放、数字经济"为主要发展方向，北京市经济和信息化局出台的《北京市促进数字经济创新发展行动纲要（2020～2022 年）》为落实北京自贸区目标，提出组建面向国际、国内市场的大数据交易所，试点数据跨境流动服务，以充分发挥数字经济的赋能作用，推动数字产业化、产业数字化。此外，国家外汇管理局北京外汇管理部发布《中国（北京）自由贸易试验区外汇管理改革试点实施细则》，支持北京金融服务创新；北京市人力资源和社会保障局发布《关于进一步增强本市自贸区内企业用工灵活性的若干措施》，为企业减轻负担；北京市司法局制定《境外仲裁机构在中国（北京）自由贸易试验区设立业务机构登记管理办法》，鼓励国际争端解决机构入驻。所有这些，都为实现北京自贸区的目标提供了保障。

其次，北京自贸区全面施行清单化管理，采用项目式推进的基本工作方法，通过多轮、多方位、多层次的企业走访、实地调研形成政策创新重点，绘制重点任务清单，对标具体项目推进落实，获得了显著成效。例如：在医疗健康领域，首创跨境进口医药"北京模式"；在商务会展领域，率先开展"免税、保税和跨境电商"政策衔接试点，落实"网购保税＋线下自提"模式；在金融服务领域，推动多家银行进行资本项目跨境支付便利化试点以及文化知识产权保险业务试点，落实外汇政策和外债便利化措施，提升管理效率；在航空服务领域，在海关总署的支持下首次利用综合保税区开展国际包修飞机发动机等关键航材免抵退税试点，推动专用航材海关单独设立本国子目，降低航材税率，促进临空经济发展；在贸易便利化方面，持续提升国际贸易"单一窗口"服务功能，拓宽应用领域，推动在艺术品、研发用制剂保税仓储等备案环节落实便利化措施，对符合要求的研发机构的科研设备落实进口免税政策。

持续的努力获得广泛的认可。2021年7月22日，在中山大学自贸区综合研究院连续第六年发布的《中国自由贸易试验区制度创新指数报告》中，北京以81.01分在省级排名中位列第五。中国自由贸易试验区制度创新指数是综合指数，包括投资自由化、贸易便利化、金融改革创新、政府职能转变、法制环境等一级指标，最新的报告针对全国54个片区进行考察，试图全面评估各自贸区的发展情况，按片区考察排名前十的是上海（浦东）、广东前海、广东南沙、上海（临港）、福建厦门、四川成都、天津、广东横琴、重庆、北京。

（三）营商环境进一步改善

北京自贸区不断推进生产要素市场化改革，优化土地、人才、资本等要素供给，改善企业运营环境。《中国（北京）自贸试验区科技创新片区昌平组团支持医药健康产业发展暂行办法》安排专项资金，鼓励固定资产投资，同时推进标准化厂房建设，健全工业用地市场供应体系，完善产业用地准入、退出机制，提高土地配置效率。在资本市场，推动重点行业跨境人民币业务和外汇业务便利化，降低企业运营成本。完善国际人才引进、服务体系，为外籍人员子女入学提供便利。

营商环境的改善也来自市场管理体制的优化与完善。北京自贸区不断完善外商投资促进机制，加强事中和事后管理，以项目为基础全面落实"一库四机制"（"一库"是指"两区"项目库，"四机制"是指服务管家机制、定期调度机制、政企对接机制、第三方督查机制），确立跟踪服务和投诉工作机制。政务服务数字化取得进展，政府服务综合窗口的"区块链＋电子证照"应用不断深化，已全面落实电子证照在北京地区的应用，提升了政府公共服务效率。产业普惠政策在北京自贸区全面推进，在推进技术转让所得税优惠落地、促进科技成果转化等方面都已形成典型案例。

京津冀协同不断深化，如三地政务服务部门联合公布《京津冀自由贸易试验区内"同事同标"政务服务事项目录》，在食品生产许可、年度专利授权量公开等 22 个政务服务事项中落实"同事同标"管理，强调同事项名称、同受理标准、同申请材料、同办理时限、办理结果互认。

四 北京自贸区的未来发展充满挑战

回顾过去的 10 个月，北京自贸区在创新发展方面已经取得了积极的成效，但也面临现实而严峻的考验。

首先，宏观经济环境恶化。2020 年是北京自贸区成立之年，也是全球国际贸易、国际投资环境异常恶劣的一年。一方面，各主要经济体的贸易冲突加剧，市场不确定性增强；另一方面，新冠肺炎疫情突袭而至，随后的地区封锁、检疫限制等措施给原本活跃的国际人员交流、贸易往来带来沉重打击。虽然中央提出构建"国内大循环为主体、国内国际双循环相互促进"的新发展格局，为进一步开辟经济及社会发展空间提供支撑，但北京自贸区在吸引外商投资、推动服务贸易发展，特别是加快临空经济建设方面仍面临巨大障碍。

其次，北京自贸区"两区"优惠政策叠加及地域分散的特点成为自贸区建设的双刃剑。与传统自贸区不同，北京自贸区只是相对空间聚集，与以往的港区、工业园区、综保区等有物理围栏的园区有着较大差异。这样虽然可以实现较为灵活的动态管理，但同时加大了监管的难度，与国家行政管理体制的衔接也更为困难。同时，区域叠加使得政策解读更为关键，也对基层人员的管理能力提出了更高要求，加大了自贸区创新政策的推广难度，这些都是未来自贸区建设的重要努力方向。

B.3
中国国际服务贸易交易会
发展报告（2021）

邓慧慧*

摘　要：　服贸会是中国进一步打开大门、开放市场、融入世界经济的
　　　　　重要平台，体现了中国秉持改革开放的发展理念，全面建设
　　　　　开放型经济和开放型贸易的决心。服贸会作为服务贸易领域
　　　　　的龙头会展，呈现规模化、专业化、国际化、数字化、创新
　　　　　型等突出特点，促进了服务业与服务贸易全领域纵深发展与
　　　　　合作开放；服贸会带动并创造了需求，有助于我国供给侧结
　　　　　构性改革和需求侧管理的适配发展；服贸会作为国内与国际
　　　　　市场的桥梁，推动了服务贸易增长，优化了出口结构，有利
　　　　　于我国服务贸易平衡，对我国建设现代化强国具有重要的现
　　　　　实意义和战略意义。在新的发展阶段，服贸会应借助国家服
　　　　　务业扩大开放综合示范区与中国（北京）自由贸易试验区"两
　　　　　区"建设的政策优势，推动京津冀协同发展，主动对接"一带
　　　　　一路"倡议，输出中国服务，打造中国服务的品牌形象。

关键词：　服贸会　对外开放　全球化

　　2021年，习近平总书记在第八届中国国际服务贸易交易会（简称"服

---

* 邓慧慧，经济学博士，对外经济贸易大学国际经济研究院研究员、博士生导师，主要研究方向为区域与城市经济。

贸会"）全球服务贸易峰会上明确指出，"服务贸易是国际贸易的重要组成部分和国际经贸合作的重要领域，在构建新发展格局中具有重要作用"[①]。全球化进入新的发展阶段，数字信息技术等新一轮科技革命带动产业变革，制造业与服务业互动融合成为发展趋势，服务业朝着数字化与智能化方向迅速发展。中国已经进入服务业为主导的新时代，服务业开放合作、服务贸易深化发展对我国构建"双循环"新发展格局和高质量对外开放至关重要（夏杰长，2019；姜长云，2019）。服贸会是中国服务业和服务贸易对外开放的名片，传递以开放谋求发展、消除服务贸易壁垒的发展理念。作为服务贸易的国际性展会，服贸会还致力于推动全球经济一体化，构建包容互惠的贸易合作体系。在疫情防控常态化背景下，服务贸易需求和供给侧的结构性调整蕴藏着巨大潜力，借助服贸会的平台、辐射和联动效应，推动中国服务"走出去"和全球服务"引进来"双向并重发展，提升我国在全球服务贸易领域的国际市场占有率、服务专业化程度等核心竞争力，对促进我国新一轮改革开放具有重要的现实意义。

一 服贸会是新一轮高水平改革开放的重要平台

根据国家统计局数据，我国第三产业增加值比重从 2001 年的 41.2% 增长至 2020 年的 54.5%，服务业逐渐成为我国经济发展的主动力；同时我国服务贸易发展迅速，服务贸易总额从 2001 年的 784.5 亿美元增长至 2019 年的 7850 亿美元。提高服务业发展质量、提升服务贸易国际竞争力将成为我国深度参与全球化的重要举措，也是转换经济增长动力的重大战略。2012 年首届中国（北京）国际服务贸易交易会（简称"京交会"）顺利举行，2019 年第六届展会正式更名为中国国际服务贸易交易会。服贸会涵盖了服务贸易 12 个领域[②]，不仅是我国服务业和服务贸易主动开放的重要举措，也是全球服务贸易专业

---

① https：//www.ciftis.org/.
② 服务贸易领域包括：运输服务、旅游旅行、建筑工程、金融保险、通信电信、计算机信息、文化娱乐体育、维护维修、知识产权、其他商业服务、加工服务和政府服务。

化合作平台。从2012年首届京交会到2021年第八届以"数字开启未来,服务促进发展"为主题的服贸会,会展规模不断发展壮大,充分发挥了服务贸易领域交流合作的平台效应。2020年第七届服贸会首次采用线上与线下融合联动的新型会展模式,闭幕后线上会展仍面向全球开放,为服务贸易提供了更加广阔的市场机会(刘长杰,2020),有助于实现互惠互利、合作共赢的发展目标。2021年服贸会拓展了"首钢园区"的会展空间,逐步形成"综合+专题""线上+线下""室内+室外"的会展新模式,服贸会举办期间主办方提供云会议、同声传译、在线直播等,推动会展智能化、数字化发展。

习近平总书记肯定了服贸会"全球服务"的平台和桥梁作用,表达和传递了中国坚定支持全球经济平等发展、世界各国共创新业态、人民共享新成果的信心和决心。服贸会从两年一次再次调整为一年一次(历届服贸会举办时间和展会主题见表1),从线下会展模式发展为线上与线下同步推进,第八届服贸会首次设立健康卫生服务专题,促进线上医疗健康服务和数字赋能医疗产业。中国在建设社会主义现代化的新阶段将进一步打开服务业和服务贸易市场的大门:一方面,促进中国服务业结构高级化,通过嵌入全球分工体系和生产网络实现全球价值链提升,使中国服务更好地惠及全球;另一方面,通过服贸会的平台机制提升服务贸易品质,发挥中国服务市场潜力,实现服务贸易结构合理化,促进国内产业升级。

表1 历届服贸会举办时间和主题

届次	举办时间	展会主题
第一届	2012年5月28日至6月1日	服务贸易:新视野、新机遇、新发展
第二届	2013年5月28日至6月1日	服务贸易:价值提升新引擎
第三届	2014年5月28日至6月1日	扩大服务业开放
第四届	2016年5月28日至6月1日	开放、创新、融合
第五届	2018年5月28日至6月1日	开放、创新、融合
第六届	2019年5月28日至6月1日	开放、创新、智慧、融合
第七届	2020年9月4日至9月9日	全球服务,互惠共享
第八届	2021年9月2日至9月7日	数字开启未来,服务促进发展

资料来源:根据服贸会官方网站相关信息整理。

服贸会在商务部和北京市政府的组织、筹办和运营下，为参展企业尤其是中小企业与国际市场接轨、开拓国际市场提供了最佳机会，展会建立了良好的沟通平台，实现了信息智能推送与供需匹配，便于参展企业寻找潜在合作者和挖掘新市场。同时，服贸会有效满足了消费者的分层需求，对广大消费群体起到了积极拉动作用，提升了消费者的服务体验。在疫情防控常态化背景下，服贸会不断发挥其优势和特色，引领服务贸易的新风向，打造行业风向标，呈现规模化、专业化、国际化、数字化、创新型等突出特点。

（一）展会规模持续增长，企业连续参展意愿强烈

2012 年，全球 82 个国家和地区共计 1721 家企业参加第一届京交会，随着服贸会专业化、国际化程度的不断提高，每年参加的国家、地区和企业数量呈明显上升趋势。尽管受新冠肺炎疫情影响，但是 2020 年仍有 148 个国家和地区的企业通过线上或线下形式参展参会，2021 年有 153 个国家和地区的 7364 家企业参展参会（见图 1 和图 2），参加国家和地区总数相较于 2012 年增长了 87%，参加企业总数是首届服贸会的 4 倍多。2012 年约 10 万人次参加京交会，2019 年参加客商翻了两番，达到 40 余万人次。2020 年服贸会搭建室内与室外展位 20 余万平方米，线上数字平台展区包含 2037 个 3D 展台和 5372 家企业电子展台，实体展会面积扩大了 3 倍多，同时打造了云上服贸会品牌形象。2021 年服贸会首次打造"一会两馆"功能互补的展会布局，搭建线上展台 6511 个。服贸会充分发挥了中国与世界服务贸易合作的互联互通作用，多国连续八届均有客商参展参会，欧中企业联合会、欧洲科技商会、泰国商会、西门子、家乐福、同仁堂、中国邮政等多家中外知名企业机构连续参展参会。

（二）展会突出服务贸易主题特色，专业化水平高

服贸会紧盯世界经济贸易前沿，有效发挥信息传播与扩散功能，及时发布全球服务贸易行业最新资讯，集中展示行业最新成果，为企业提供最新市

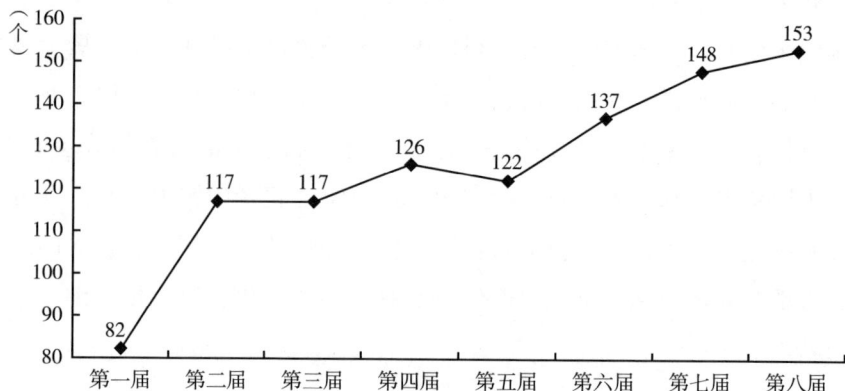

图1 历届服贸会参展参会国家和地区数量

资料来源：服贸会官方网站，https：//www.ciftis.org/cn/。

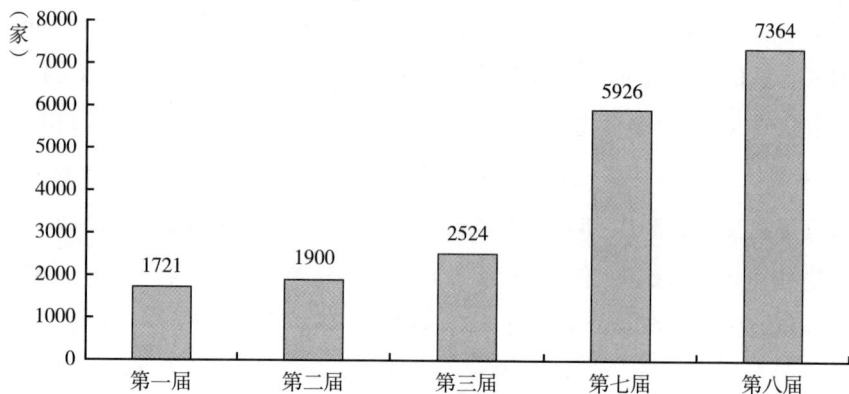

图2 部分届次服贸会参展参会企业数量

资料来源：服贸会官方网站，https：//www.ciftis.org/cn/。

场发展信息和发展趋势。2013年服贸会成立全球服务业展望委员会，筹办全球服务贸易联盟，推动建立服务贸易行业沟通新渠道，为全球服务贸易交流合作和服贸会有效运转提供智力支持，2021年超过100家机构和企业申请加入联盟。第八届服贸会举办了数字贸易发展趋势和前沿高峰论坛、中国电子商务大会、服务贸易开放发展新趋势高峰论坛、跨国视角下的服务贸易便利化高峰论坛、中国总部经济国际高峰论坛、国际教育服务贸易论坛等，发布《中国服务贸易发展报告》《中国数字贸易发展报告》《数据驱动产业创新实施路径研究》《中国工业互联网产业发展指数报告)》《新科技对人才结构和能力的颠覆洞察》等多项行业领域的权威报告，服务贸易特色突出。服贸会还促成我国与东盟、"一带一路"沿线国家达成《中国与东盟"一带一路"产业合作备忘录》等服务贸易专项合作计划，中国服务贸易协会（CATIS）与联合国贸发会议（UCCTAD）签署跨境电商人才培育、跨境电商培训基地、跨境电商公共服务平台等合作备忘录。

（三）展会国际化程度高，签约意向显著

历届展会期间，三个永久支持单位和四大国际组织均派高级别负责人参与服贸会高层论坛和会议[1]。2012年11个海外国家组团参展，2020年组团参展境外国家增加至86家。在2013年第二届服贸会上，联合国举办了服务采购推介洽谈会，联合国开发计划署、联合国采购司和世界粮食计划署等国际机构设立了展区，以便于中国企业了解联合国采购相关服务需求和技术安全标准。首届服贸会的重要签约成果之一是，北京市政府与世界贸易网点联盟合作申请承办贸易联盟年会并设立联盟秘书处；2014年世界贸易20强国家均有客商参展参会，其中18个国家已经连续三届积极响应；2016年服贸会首次设立国家合作组织机构，英国作为首届主宾国参展；2020年第七届服贸会共有33家国际组织参加，国际化率超过42%；德国联邦外贸与投资署（GTAI）、海外商会联盟等组团参加2021年第八届服贸会[2]，2021年服贸会整体国际化率达到51%。服贸会意向成交额从2012年的601.1亿美元增长至2019年的1050.6亿美元（见图3），签约项目增加至440个。

---

[1] 服贸会作为我国对外开放的国家级、国际性、综合型三大展会之一，获得了世界贸易组织（WTO）、联合国贸易发展会议（NUCTAD）、经济合作与发展组织（OECD）三大国际组织的永久支持，世界知识产权组织（WIPO）、联合国国际贸易中心（ITC）、世界贸易网点联盟（WTFP）、世界贸易中心协会（WTCA）四个国际组织是服贸会重要的国际合作机构。

[2] 《服贸会"朋友圈"扩大近40家国际机构2021年首次参会》，http：//www.beijing.gov.cn/fuwu/lqfw/gggs/202107/t20210717_2438430.html。

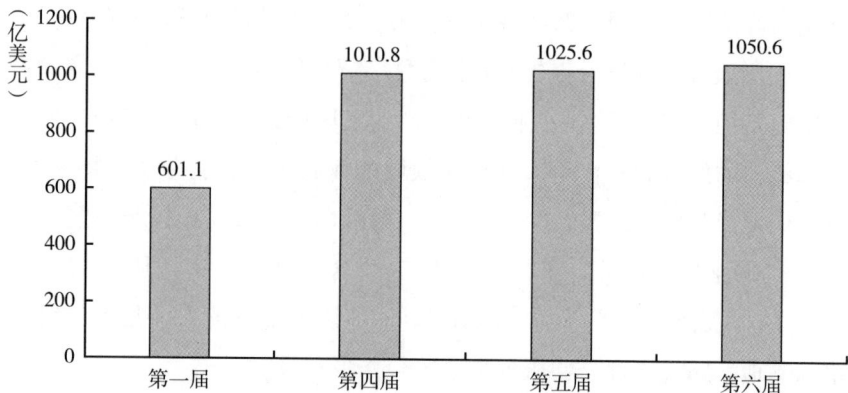

图3 服贸会意向成交额

资料来源：服贸会官方网站，https：//www.ciftis.org/cn/。

（四）展会实现数字化、智能化发展，互动体验感强

2019年第六届服贸会首次采用5G技术联通主会场与分会场，以及服贸会与世园会，实现了实时视频通话。2020年服贸会开设了云上展厅，通过线上会议、线上项目、线上洽谈等多种形式打造数字服贸会。2020年服贸会为东盟、阿根廷、柬埔寨、希腊、印度尼西亚、意大利、韩国等国家和地区设立了"一带一路"网上文化旅游推介展，同时设立了虚拟专题展、数据交易展、高端智能商务展、中巴服贸会、数字文化产业展等云上特色展区。2020年线下展会结束，服贸会组织了专题网络互动等多场线上活动，2021年1月组织首场线上"服贸会助力数字贸易新发展"云会议直播，2月通过服贸会数字平台举办"服务驱动，数实结合，打通内外循环"澳大利亚专场活动和"投资泰国优势分析"泰国专场活动，同时与东盟和中欧经济技术合作协会共同举办线上贸易展，7月通过互联网平台开展对2021年第八届服贸会的推介路演活动。2021年第八届服贸会以"数字开启未来，服务促进发展"为主题，专注数字经济的最新发展。服贸会积极采用云计算、人工智能、数字技术，开发在线报馆系统，实现无纸化报送与审核，借

助机器算法为企业实现智能匹配和信息推送。服贸会集中展示了与消费者密切相关的医疗教育、智能穿戴等生活服务领域的最新应用成果，设置生活、消费、新工业和新城市等六大 5G 专题展区，为观众提供互动沉浸式体验。

（五）展会力推新技术、新服务和新应用首发，展品质量高

服贸会秉持服务创新理念，聚焦服务业最新应用推介、新成果展示、新技术体验，积极推进国内外企业在服贸会首发、首展各项最新成果。2020年境内外企业在服贸会首发创新类成果共计 99 项（见图 4），2021 年服贸会累计发布成果 1672 项（见图 5 和图 6），其中首发创新类成果 139 项，比2020 年增长 40%，权威发布类成果比 2020 年增长 63%，达到 158 项，成交项目类成果 642 项，评选推荐类成果 264 项，投资类成果 223 项，协定协议类成果 200 项。在机器人行业，新松机器人公司发布智能化移动机器人，维纳星空发布 MN50 - 2 微小卫星产品。物流行业领军企业对外发布和展示了新一代"绿色、共享、智能"的物流技术，京东物流展示了具备室内配送与巡检功能的服务机器人和仓储、物流机器人，美国联合包裹运送服务公司（UPS）推出无人机配送，提高了流通效率，引领绿色物流发展趋势。跨境

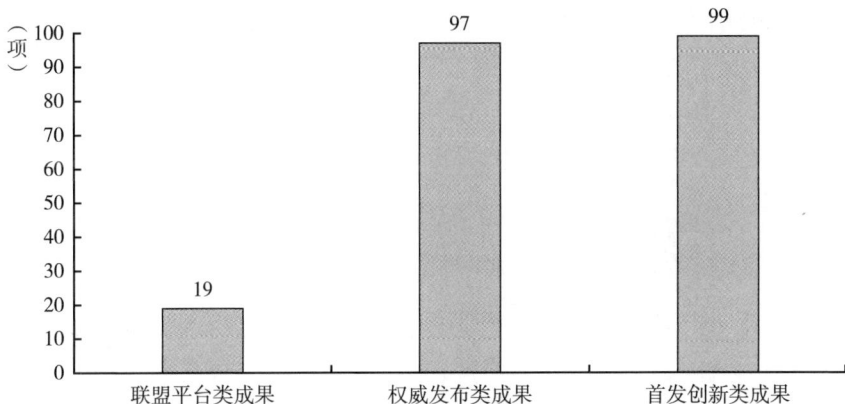

图 4　第七届服贸会发布新成果数量

资料来源：服贸会官方网站，https：//www.ciftis.org/cn/。

支付平台万里汇（WorldFirst）发布了境外商户数字技术赋能的收付款方式。中外语言交流合作中心发布了国家中文教育服务新品，VIPKID 推广了国际语言教育创新业务产品。2021 年服贸会上，中国银行发布了 iGTB_ Net 新一代企业网银系统升级版，提升了信息管理和资金管理效率；百度智能云平台研发了 EasyDL 零门槛 AI 生成利器，加速了企业智能化转型；京东首次发布了智能政务热线，打造以人为中心的新一代全流程 12345 政府服务热线，提升政府服务效率，有助于政府智能化建设。

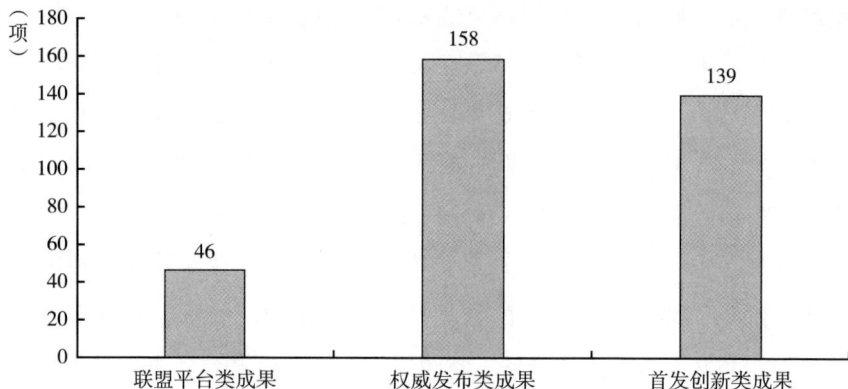

图 5　第八届服贸会发布新成果数量（一）

资料来源：服贸会官方网站，https：//www.ciftis.org/cn/。

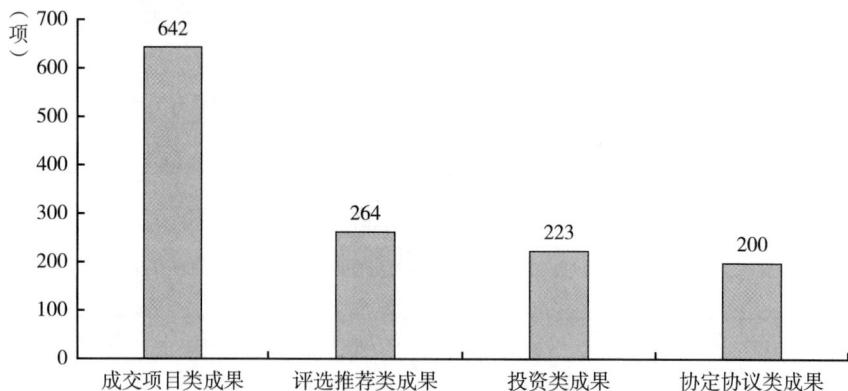

图 6　第八届服贸会发布新成果数量（二）

资料来源：服贸会官方网站，https：//www.ciftis.org/cn/。

二 服贸会促进新一轮改革开放的联动效应

近年来全球贸易出现新的发展趋势，服务贸易保持强劲增长势头，增速高于同期货物贸易 4.6 个百分点，2019 年我国服务贸易规模增长至 7850 亿美元，服务贸易总量居全球第二位，服务贸易是全球经济发展的重要推动力（李俊、张谋明，2021）。服贸会把握新一轮改革开放的契机，发挥积极广泛的联动效应，实现商品和服务自由流动，推动建设高质量的开放型经济。

（一）服贸会促进我国服务贸易全领域、全行业的深入开放

2019 年习近平总书记指出，服务贸易为世界经济和全球贸易注入了新活力，中国将在服务领域进一步放宽外资市场准入条件，降低外资准入门槛。2021 年习近平总书记在服贸会开幕式上再次强调我国服务业与服务贸易领域将继续展开新一轮对外开放。党的十八大以来，我国不断完善市场准入制度，在全国范围实施统一的清单制度，2020 年我国市场准入负面清单管理项共 123 项，比 2018 年和 2019 年分别减少了 28 项、8 项，比 2016 年试行版减少了 62.5%（见图 7），修订调整和缩减以服务业为主。"十四五"期间我国将继续坚持有序扩大服务业对外开放，打破服务业市场垄断，拓宽服务行业开放领域，提升开放程度。我国还积极研究跨境服务贸易负面清单和跨境便捷支付方式，提升跨境旅游和跨境消费的开放水平，探索服务领域制度型开放，逐步实现服务贸易从业人员资格互认以及服务行业市场监管的法制化和国际化。

服贸会主会场设在北京，2015 年北京推出服务业首轮开放措施，探索服务业改革开放。2020 年北京实施新一轮服务业改革开放试点方案，打造"两区"主导的开放平台，服贸会正是展示我国服务业的国际性综合舞台，"两区"建设的制度创新为服贸会提供了必要借鉴。2020 年北京等 28 个地区探索服务贸易创新发展，推动服务行业管理事权和审批权下放，消除进出口经营者和从业人员的技术资格认定障碍，简化文化旅游、金融保险、体育

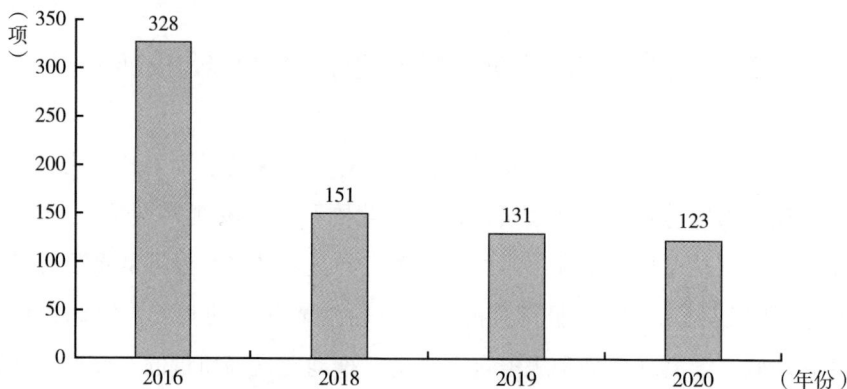

图7　我国市场准入清单管理项

资料来源：国家发改委网站。

卫生等外商投资企业的审批流程和办理手续。服贸会推进国际服务贸易政策与国内服务产业对接，降低服务业市场准入门槛，明确服务业监管边界，完善管理制度，优化营商环境。服贸会对标国际服务贸易的最高标准，不断完善各项管理方式和制度安排，打造一流营商环境，为服务贸易的产权保护、贸易便利化、市场监管等提供实践经验。服贸会及时追踪、获悉和发布全球服务贸易领域的最新资讯和产品，依托服贸会强大的市场性和展示优势宣传、普及最新技术、最新服务和最新应用，加速新服务、新产品的传播和使用，完善服务贸易的便利化与自由化政策。

（二）服贸会促进我国供给侧结构性改革与需求侧改革的有效协同

我国经济正处于向高质量发展转变的关键阶段，生产与消费结构适配问题不容忽视，供给无法满足日益增长的多样化需求导致供需出现错配。服务贸易强国和领军企业对我国服务业具有知识溢出效应和产业带动效应，有利于推动我国服务业提质升级。境外展商通过服贸会平台展示自身的产品和服务，能够有效激励中国服务企业发展，促进服务业升级。服贸会线上与线下同步推进的方式有助于境外服务贸易企业的空间集聚，通过近距离观摩、学习与交流，有效发挥知识信息和技术的扩散效应。服贸会上展出的与企业生产和居民生活紧密相关的产品与技术，可被国内服务业和制造业企业采用，促使其改进生产方式、提升生产效率，从而提高服务的供给质量。各行各业融入全球价值链，消除服务贸易壁垒、提升服务贸易便利化水平是服务贸易发展的趋势，服贸会有助于打破贸易藩篱。服贸会还带动了会展、商务咨询、金融保险、餐饮住宿等服务业的发展，提升了各种智能网点、金融保险保障等一体化服务水平。服贸会达成的意向成交额不断提升，推广了人民币结算，提升了人民币的国际化地位，吸引更多知名企业和服务品牌落户北京。作为三大对外开放平台之一的服贸会提升了北京会展业的国际化水平，多语种服务、个性化服务、数字贸易服务能力得到了提升。同时，境外企业、机构和行业协会对中国市场有了更深入直观的了解，为中国企业带来更多合作机会和合作伙伴。服贸会为我国供给侧结构性改革提供了发展方向，推动国内市场与国际市场对接，有效配置资源，实现供给与需求平衡。

服贸会促进了服务贸易增长与贸易结构优化，改变了居民消费结构，实现了消费升级。服贸会创造了新的需求，展会期间上万家境外服务业和服务贸易企业参展参会，带来了运输物流、会展商务、创意创新、休闲旅游、文化娱乐、医疗保健等多种服务，使国内消费者有机会接触和享受到全球的优质服务，促进了国内居民的消费升级。大数据、人工智能等为消费升级提供了技术支持，2021年服贸会以数字经济为主题，智能化、数字化服务将成为未来消费升级的重要方向，服贸会作为全球最新技术发布基地和"试验田"，有助于参展企业获取消费者反馈，推动消费创新和消费升级。服贸会融合了商务、文化、旅游等多种业态，促进了不同领域、不同业态相融合，如文化创意与旅游业相融合。服贸会支持建设离境退税商店，为消费者提供"即买即退"便捷服务。服贸会有助于提升我国文旅产品的国际竞争力，有助于北京作为国际消费城市发挥资源配置和带动功能，优化服务供给质量。

（三）服贸会促进我国服务贸易领域的平衡发展

贸易平衡发展有助于我国构建"双循环"发展格局。新冠肺炎疫情对服务业和服务贸易的冲击必然影响服务贸易政策和规则，疫情防控常态化背景下全球共同合作促进了服务贸易转型发展，有利于构建互惠互利合作机制，消除服务贸易壁垒，提高服务贸易规则的透明度。"一带一路"沿线国家和地区与我国资源禀赋差异较大，经济结构和产业结构互补性强，开展交流合作有利于我国与这些国家和地区的经贸往来，促进贸易平衡。2019 年服贸会发布《"一带一路"绿色供应链网络联盟计划》，签署了一系列国际工程、绿色金融和绿色供应链等综合项目；2020 年服贸会"一带一路"服务贸易合作论坛以服务贸易转型升级为契机，推动服务业发展，促进沿线国家和地区参与南南合作，以应对经济下行压力；2021 年服贸会举办第四届"一带一路"服务贸易合作论坛，深化与沿线国家和地区的多产业尤其是数字经济合作。服贸会还主动对接"一带一路"倡议，推动中国政府不断完善中国文化、中医药等"走出去"的政策支持体系。

以服贸会为契机，促进我国对内开放和省际贸易发展。《全球服务贸易发展指数报告（2020）》指出我国国内存在省际服务贸易发展不平衡、不充分问题（李俊，2021），北京和上海保持我国服务贸易领域的领先地位，东部沿海的广东省和江苏省紧随其后，中西部地区在贸易规模、贸易结构和产业基础方面均处于追赶阶段，京津冀、长三角和珠三角三大地区的服务贸易发展迅速。2021 年服贸会开展了省（区、市）主题日活动，搭建了内陆省（区、市）直接与外商对接的桥梁，中外企业在产业链、价值链上的互补性强，展会为境外企业挖掘国内市场尤其是中西部地区的广阔市场提供了机会。根据服贸会发布的服务业和服务贸易最新趋势和市场供需信息，各省（区、市）根据自身潜在的比较优势，实施差异化的产业政策，优化资源配置，促进服务业多业态发展，提升企业全要素生产率和全球竞争力。服贸会的平台效应有利于减少时间成本和人力成本，缩短服务贸易的中间环节，拉近内陆省（区、市）与世界服务贸易的距离，促进国内市场与国际市场的衔接，实现我国服务贸易的平衡发展。

三 服贸会推动新一轮高水平改革开放的机制和路径

服贸会已经成功举办了八届，实践经验表明，服贸会正成为我国新一轮改革开放中具有重要影响力的平台。国家统计局数据显示，我国货物贸易总量多年来稳居世界第一，党的十八大以来，我国服务贸易年均增速达到7.8%，高于全球平均增速。2019年我国服务贸易总额占贸易总额的比重为14.64%，较2005年上升了4.06个百分点；与货物贸易相比，服务贸易发展水平仍有限（见图8）。近10年来，服务贸易进口额大于出口额，处于贸易逆差状态，2019年服务贸易逆差为2178亿美元，其中旅游业贸易逆差高达2165.9亿元。2000~2019年我国服务贸易状况如图9所示。我国仍处于以传统服务贸易为主的低级发展阶段，金融保险、教育健康、旅游等服务行业与世界贸易强国相比仍存在一定差距，服贸会推动我国从工业大国向服务业大国转变，提升服务业增加值（杨枝煌，2013）。服贸会的发展着力点在于如何更有效地发挥平台与辐射作用，提高服务业竞争力，优化服务贸易结构。

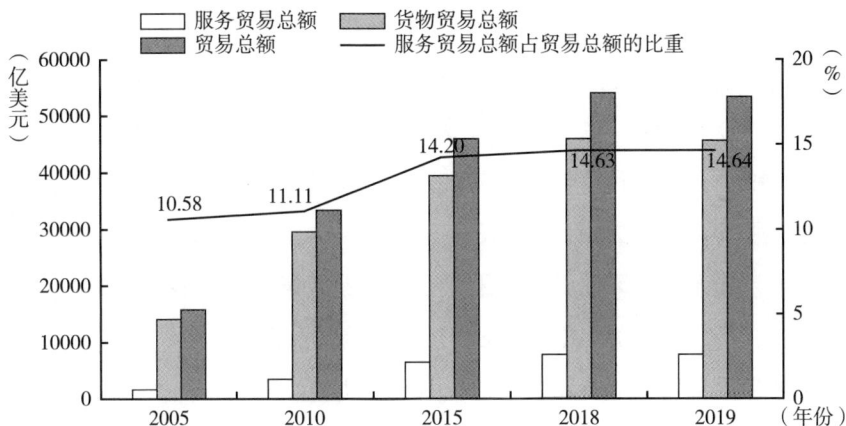

图8 2005~2019年中国贸易状况

资料来源：国家统计局。

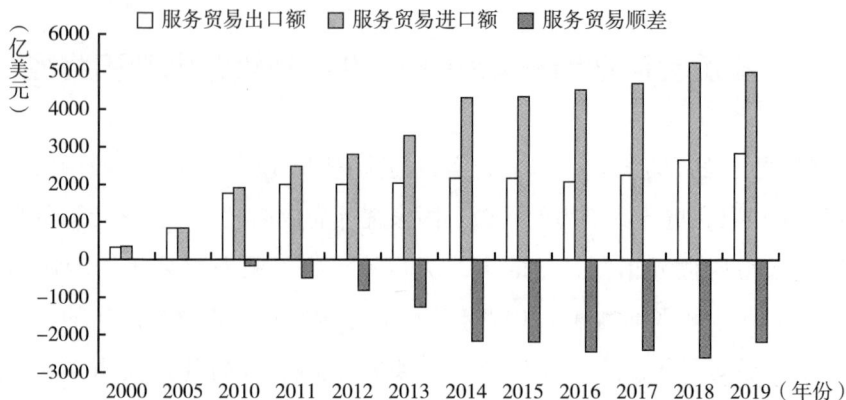

图 9　2000～2019 年服务贸易状况

资料来源：国家统计局。

（一）促进服贸会与北京自贸区、国家服务业扩大开放综合示范区的互动发展

依托北京"两区"政策优势（见表2），构建政府管理机构、研发部门、"两区"企业、服贸会共享的信息和数据网络。服贸会对参会参展企业的政策优惠应倾向于服务贸易逆差来源的主要细分行业，重点在文化娱乐、休闲旅游、金融保险、创意设计等服务贸易领域，应挖掘新兴服务贸易领域有潜力的中小企业，具体包括中医保健、生态环保、商务融资、汉语国际教育等专业服务企业。"两区"建设在资金流动、人才支持、税收优惠和知识产权保护等方面的政策优势有利于服务业企业集聚发展，形成规模效应。一方面，"两区"建设为服贸会的发展提供技术研发支持；另一方面，"两区"企业通过服贸会向上下游拓展延伸。服贸会联合"两区"参会参展企业提供一体化服务，实施精细化管理，共享各地展销平台和信息窗口。"两区"建设推动区域内监管部门不断简化手续，提高监管效率，形成标准一致的服务贸易检查制度，保障服贸会交易意向有效落地，提升服务能级，推动区域内本土服务业产业链与全球产业链有机结合，构建服务贸易分销网络。服贸

会充分利用"两区"产学研一体化的优势，提升服务业国际市场占有率和比较优势，完善服务贸易政策体系，与"两区"形成双向激励作用。服贸会能够广泛征集参会参展企业的真实诉求，为各项政策改革的实施效果提供最佳的检验空间。服贸会要充分考虑并保障参展中小企业的权益，赋予其在展品种类检索和信息匹配方面一定的优先权，为其提供充分的展示机会。

表2 "两区"建设部分政策支持

政策	政策优势
产业准入	在金融保险、医疗健康、信息服务、商务服务、文化教育等领域放宽准入条件
资金流动	开展转让股权投资和创业投资份额试点，拓宽企业创业融资渠道，完善进退机制，简化境外机构投资资金管理要求，实施本外币一体化管理
人才支持	简化长期签证、口岸签证等证件办理流程，推进过往资历、职业资格认可，对高端人才实施个人所得税优惠
税收优惠	对公司型创业投资企业股权转让、技术转让实施所得税优惠
知识产权保护	设置知识产权服务中心，开展知识产权证券化试点

资料来源：根据开放北京综合信息平台 http：//open. beijing. gov. cn/相关资料整理。

（二）推动服贸会与京津冀产业链的协同发展

服贸会处于会展产业链上游，搭建信息交流平台能够减少交易环节、降低交易成本，有效整合关联产业。商务部指出要整合调动京津冀资源，在产业协同、人才协同、宣传协同、招商协同等方面持续发力，进一步实现服贸会优化升级，聚集商品、资本和信息，提高服务水平。服贸会涉及商务咨询、休闲旅游、住宿餐饮、信息广告等多种细分服务行业，通过市场机制有效运作，实现基础设施、信息技术、公共管理等服务资源优化配置。打造服贸会的品牌效应，需要在上游、中游和下游环节实现与京津冀的合作协同，调动政府、行会、企业诸多参与主体的积极性，进而实现服贸会和京津冀城市群互动发展的双赢格局。服贸会上游环节的主要功能是为展会提供配套服务，主体包括展会场馆（北京国家会议中心）以及展会配套服务机构。展会配套服务需要展位搭建、展具租赁等，还包括多语言翻译、媒体广告等软件服务。北京与津冀周边城市合作，充分扩大服贸会的影响力、辐射力，释放周边城市的发展潜力。服贸会的中游环节涉及服贸会的主办、承办单位和参展参会单位，北京市政府与商务部是服贸会的主办者，负责展会的招商、海外推介、国内宣传，主要涉及服贸会的主题策划、参展企业机构和商业协会的意愿与需求、项目可行性分析、风险评估等。政府可利用国际展览与项目协会（IAEE）、国际展览业协会（UFI）的资源，借鉴德国、意大利等举办国际大型展会的经验，与会展行业协会、研究机构以及龙头企业达成合作，广泛听取意见，充分调查企业需求，同时通过强强联合的方式不断实施精细化管理以实现规模扩大。在服贸会的下游环节，则要充分调动京津冀在宣传营销方面的协同作用，向服贸会参展企业提供展前、展中和展后以及线上、线下供需对等一体化服务。在明确出台相应保税政策和海关监管要求后，北京市联合天津市、河北省政府为在服贸会上未销售且展会结束后不退运出境的商品提供常年保税展销平台，放大服贸会的溢出效应。图10展示了服贸会与京津冀产业链的协同发展。

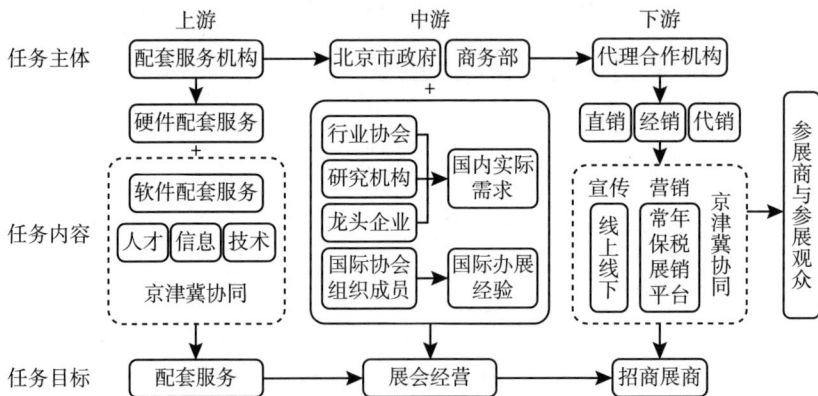

图10　服贸会与京津冀产业链的协同发展

（三）拓宽服贸会与"一带一路"沿线国家和地区的服务贸易合作

服务贸易是"一带一路"高质量建设的重要内容，建立服贸会与"一带一路"沿线国家和地区的长期合作联络机制，有助于推进"一带一路"倡议在服务贸易领域的深化落实。服贸会设立了与"一带一路"沿线国家和地区参展商及行业协会的联络机构和线上互动专区，定期举办"一带一路"线上论坛、线上推介会，以"中国服务"打造服贸会永不落幕的品牌形象。第一，服贸会对接基础设施运营与养护服务，"一带一路"沿线国家和地区的基础设施规模显著提升，为我国与沿线国家和地区带来巨大的合作空间。服贸会搭建了新技术、新成果交流洽谈平台，从基础设施建设延伸到全产业链合作，为企业牵线搭桥，长期输出中国服务，树立中国服务的品牌形象。第二，服贸会搭建"一带一路"服务贸易大数据平台，发挥平台效应，开展数据收集、信息存储、数据分析和信息共享等，展示我国与沿线国家和地区的服务贸易相关投资与合作情况，构建服务贸易指标体系，推动通信、医疗、文化等数据外包服务和数字化人才培养。第三，服贸会促进新型服务贸易合作升级。服贸会在继续推进文化旅游、交通运输、建筑工程等传统服务贸易合作的同时，加大跨境合作力度，深化移动支付、"互联网＋"、数字经济等新兴服务领域的合作，打造"5G智慧丝路""5G数字丝路"。服贸会积极宣传和展示"一带一路"沿线国家和地区的投资环境、投资渠道和市场前景，推动中国企业"走出去"。

参考文献

［1］姜长云：《服务业高质量发展的内涵界定与推进策略》，《改革》2019年第6期。

［2］李俊、张谋明：《全球服务贸易发展：回顾与展望》，《海外投资与出口信贷》2021年第1期。

［3］ 李俊：《全球服务贸易变局下的中国》，《对外经济实务》2021 年第 2 期。

［4］ 刘长杰：《服务贸易：推动世界经济复苏的新动力》，《中国发展观察》2020 年第 18 期。

［5］ 蒙英华：《"新冠肺炎疫情"冲击对我国服务贸易的影响研究》，《上海对外经贸大学学报》2021 年第 3 期。

［6］ 夏杰长：《新中国服务经济研究 70 年：演进、借鉴与创新发展》，《财贸经济》2019 年第 10 期。

［7］ 杨枝煌：《提升"京交会"功能：促进中国服务业的战略性转变》，《对外经贸实务》2013 年第 9 期。

（二）文化发展篇

B.4
北京文化产业"走出去"发展报告（2021）

贾 佳 牟新宇*

摘　要：　2020年，北京深入实施文化产业"走出去"战略，对外文化贸易发展态势总体平稳，以"一带一路"国际合作为代表的国际文化交流日益深化，出台了一系列以培育壮大新业态、加速发展重点区域、推动投资贸易自由化便利化等为重点的文化贸易扶持政策、措施及法规。以科技创新为引擎，北京文化企业在更广领域、更深层次融入国际市场，以网络文学、网络游戏等为代表的数字文化产业"走出去"在新冠肺炎疫情期间逆势上扬，政府在文化金融服务领域的改革不断深化，为文化企业"出海"纾困减负。当前，北京文化产业"走出去"还面临文化品牌全球影响力不足、文化出口企业受盗版影响严重等问题，建议在国际市场打造京味特色文化品牌，切实采取多种举措为文化企业海外知识产权运营保驾护航。

关键词：　文化贸易　"走出去"战略　数字文化产业

* 贾佳，对外经济贸易大学政府管理学院副教授、硕士生导师，文学博士，主要研究方向为文化贸易、文化政策、文化与传播；牟新宇，对外经济贸易大学政府管理学院文化产业管理专业硕士研究生。

作为全国政治中心、文化中心、国际交往中心和科技创新中心，北京具有发展文化产业和文化贸易的先天优势。近年来，北京始终坚持"政府主导、企业主体、市场运作、社会参与"，大力实施文化产业"走出去"战略。从平台搭建、税收优惠、服务保障等多方面加大对文化产业"走出去"的扶持力度，建立健全多部门协同推进机制，将文化产业"走出去"作为首都文化建设的一项重要战略任务。2020年，北京克服新冠肺炎疫情对文化产业"走出去"的不利影响，相继出台多项扶持政策措施，加速推进与共建"一带一路"国家的文化和旅游交流合作，积极培育数字文化贸易等新兴业态，文化企业的国际竞争力稳步提升，创新驱动首都对外文化贸易高质量发展。

一 北京文化产业"走出去"发展现状

（一）对外文化贸易态势总体平稳

2020年1~12月，北京市规模以上文化产业收入合计14209.3亿元，同比增长0.9%；从业人员平均人数达59.3万人，同比下降3%（见表1）。其中，文化核心领域收入合计12986.2亿元，同比增长3.6%，占总收入的91.4%；文化核心领域从业人员平均人数50万人，同比下降1.9%，占总从业人员平均人数的84.3%。文化相关领域收入合计1223.1亿元，同比下降20.9%；文化相关领域从业人员平均人数9.3万人，同比下降8.3%。

表1 2020年1~12月北京市规模以上文化产业情况

项目	收入合计		从业人员平均人数	
	1~12月（亿元）	同比增长（%）	1~12月（万人）	同比增长（%）
合计	14209.3	0.9	59.3	-3.0
文化核心领域	12986.2	3.6	50.0	-1.9
新闻信息服务	4149.5	12.9	14.1	-1.2

项目	收入合计		从业人员平均人数	
	1~12月（亿元）	同比增长（%）	1~12月（万人）	同比增长（%）
内容创作生产	2898.8	26	15.6	2.7
创意设计服务	3374.9	-0.6	10.5	-5.8
文化传播渠道	2459.0	-18.8	7.5	-5.1
文化投资运营	24.1	0.2	0.2	1.5
文化娱乐休闲服务	79.9	-31.8	2.2	-7.9
文化相关领域	1223.1	-20.9	9.3	-8.3
文化辅助生产和中介服务	624.2	-24	7.7	-7.4
文化装备生产	108.2	-23	0.8	-20.5
文化消费终端生产	490.7	-16.2	0.8	-3.1

资料来源：北京市统计局。

2020 年 1~12 月，北京市文化产品出口第一数量为 273528450[①]，同比下降约 14.64%；2020 年 1~12 月，北京市文化产品出口总额达 527470.28 万元，同比下降 16.47%[②]。

根据 2019~2020 年度国家文化出口重点企业认定结果，北京共有 40 家企业入选，占全国文化出口重点企业总数的 12%；2019~2020 年度国家文化出口重点项目中，北京共有 18 项重点项目入选，占全国文化出口重点项目总数的 13.95%[③]。

（二）国际文化交流合作日益深化

2020 年 11 月，文化和旅游部办公厅公布了"一带一路"文化产业和旅游产业国际合作重点项目名单，北京共有"面向'一带一路'沿线国家的数字文化内容海外传播交易平台"等 5 个项目入选，体现了北京在"一带一路"文化产业和旅游产业国际合作中的地区特色和资源禀赋（见表 2）。

---

① 海关法定第一计量单位。
② 数据来源于北京海关。
③ 数据来源于商务部文化贸易公共信息服务平台。

表2 文化和旅游部2020年"一带一路"文化产业和旅游产业
国际合作重点项目公示名单（北京）

序号	项目名称	申报单位
1	面向"一带一路"沿线国家的数字文化内容海外传播交易平台	咪咕文化科技有限公司
2	动画片《洛宝贝》海外推广	漫奇妙（北京）文化有限公司
3	面向"一带一路"沿线国家的文化和旅游合作信息服务平台项目	中国经济信息社有限公司
4	数字音乐版权管理及分发平台	北京太乐文化科技有限公司
5	"数字奥林匹亚"古奥林匹亚遗址数字化推广项目	北京清城睿现数字科技研究院有限公司

资料来源：文化和旅游部产业发展司。

2020年8月，第十届北京国际电影节成功举办，共有21个重点项目、46家企业在现场签约，110个项目在北京市场签约发布，总金额达到330.89亿元，同比增长约7%。北京国际电影节举办十年来，北京市场为优秀的国产影片"走出去"搭建"电影要素"、"项目创投"和"版权交易"三大平台，共促进302个重点项目洽商签约，交易总额累计达1650.28亿元①。2020年9月，作为中国国际服务贸易交易会的重要组成部分，第十五届中国北京国际文化创意产业博览会（简称"北京文博会"）成功举办。北京文博会创办于2006年，在北京文化创意产业发展中起到了重要的示范引领和辐射带动作用。在第十五届北京文博会上，10场专题论坛、11场推介交易、7场创意展示等六大系列百余场活动在北京40多个分会场同时展开，全国23个省（区、市）组团参加，共有来自海内外文化创意产业界及相关业界的近200万人次参与了展览会、推介交易等活动，展会参加人数逐年增长。2020年9月，第二十七届北京国际图书博览会举办云书展，这是创办34年的北京国际图书博览会首次移师线上。在本届图博会上，共达成中外版权贸易协议（含意向）6788项，同比增长13.2%。其中，达成各类版权

---

① 《第十届北京国际电影节签约额达330.89亿元创历史新高》，新华网，2020年8月31日，http：//www.xinhuanet.com/ent/2020-08/31/c_1126434719.htm。

输出与合作出版意向和协议 4395 项，同比增长 14.45%①。2020 年，第十一届北京国际设计周、首届北京国际音乐产业高质量发展促进大会、北京优秀影视剧海外展播季等高级别中外文化交流活动成功举办，为北京创意设计、音乐、影视等行业"走出去"搭建了具有国际影响力的公共服务平台。

2020 年，北京共受理出访港澳台地区的文化交流项目 11 个，资助金额共达 135 万元（见表 3）。

表 3　2020 年度内地与港澳文化和旅游交流重点项目名单（北京）

序号	申报单位	项目名称	资助金额
1	北京中医药大学	香港青年中华文化传播大使培训班	25 万元（首期拨付 20 万元，剩余 5 万元于结项验收后拨付）
2	中国国家画院	中国国家画院与澳门艺术人才交流计划	20 万元
3	中关村青创（北京）国际科技有限公司	［融创·未来］北京多媒体产业实习 体验计划 2020	10 万元
4	中国京剧艺术基金会	2020 年中国京剧艺术团赴澳门演出	10 万元
5	中国艺术研究院	澳门 2020 年"一带一路"陶艺与绘画艺术国际交流展暨研讨会	10 万元
6	中承民创国际文化传播（北京）有限公司	粤港澳青年艺术文化交流周	10 万元
7	国家京剧院	国家京剧院与澳门教育暨青年局京剧艺术培训活动	10 万元
8	中国宋庆龄基金会	弘扬与传承——内地与港澳青少年中华优秀传统文化主题交流系列活动	10 万元
9	中国文学艺术界联合会	第四届香港青少年书法大展	10 万元
10	中国儿童中心	2020 京韵童话节暨北京·粤港澳大湾区儿童艺术交流周	10 万元
11	中国文学艺术界联合会	濠江之春—澳门与内地艺术家大联欢	10 万元

资料来源：文化和旅游部国际交流与合作局。

① 《第 27 届图博会达成版权贸易协议 6788 项》，人民网，2020 年 10 月 9 日，http://ip.people.com.cn/n1/2020/1009/c136655-31884905.html。

（三）政策扶持体系日趋完善

为贯彻落实 2014 年颁发的《国务院关于加快发展对外文化贸易的意见》，北京市近年来密集出台多项政策，为北京文化产业"走出去"提供制度保障（见表 4）。

表 4　近年来北京文化产业"走出去"相关政策

序号	政策名称	发布日期	发布机构	主要内容
1	《关于加快国家对外文化贸易基地（北京）建设发展的意见》	2014 - 08 - 25	北京市人民政府、文化部	推动国际文化产品展览展示及仓储物流中心、国际文化商品交易服务中心建设，加快国际文化贸易企业集聚中心招商工作等
2	《北京市人民政府办公厅关于加快发展对外文化贸易的实施意见》	2016 - 03 - 23	北京市人民政府办公厅	完善对外文化贸易基地（北京）建设，大力发展国际版权贸易，大力发展跨境文化电子商务，支持文化企业开展对外文化贸易，着力打造外向型文化企业，在国际文化贸易市场上形成有核心竞争优势的文化产品与服务，树立北京的城市形象
3	《北京市服务贸易竞争力提升工程实施方案》	2017 - 03 - 21	北京市人民政府办公厅	加快文化贸易发展，依托中国北京国际文化创意产业博览会、北京国际设计周、北京国际电影节等国际文化交流平台，把更多具有中国特色的优秀文化产品推向世界，提高文化贸易在全市对外贸易中的比重
4	《北京市人民政府关于扩大对外开放提高利用外资水平的意见》	2018 - 04 - 02	北京市人民政府	进一步放宽文化教育服务、金融服务、商务和旅游服务等六大重点领域的外资准入限制

续表

序号	政策名称	发布日期	发布机构	主要内容
5	《北京市政府核准的投资项目目录（2018 年本）》	2018 – 03 – 21	北京市人民政府	商务主管部门按国家有关规定对外商投资企业的设立和变更、国内企业在境外投资开办企业（金融企业除外）进行审核或备案管理
6	《深化服务业开放改革促进北京天竺综合保税区文化贸易发展的支持措施》	2018 – 06 – 15	北京市商务委员会等	支持外商在国家对外文化贸易基地内投资设立独资演出经纪机构，促进文化贸易规模提升
7	《关于推进文化创意产业创新发展的意见》	2018 – 07 – 05	中共北京市委、北京市人民政府	组织实施文化贸易促进行动，鼓励文化企业在境外设立合资出版公司，支持企业参加国际展览展销活动，支持企业申报国家文化出口重点企业、重点项目
8	《北京市服务贸易创新发展试点工作实施方案》	2019 – 01 – 03	北京市人民政府办公厅	推动文化创意领域的服务贸易发展。构建立体、高效、覆盖面广、功能强大的国际传播网络，大力培育以数字化产品、网络化传播、个性化服务为核心的网络视听新业态

资料来源：首都之窗。

2020 年 6 月，中共北京市委等发布《关于加快培育壮大新业态新模式促进北京经济高质量发展的若干意见》，提出要推进文化国际交流合作和旅游扩大开放，深化专业服务领域开放改革。《北京市实施新开放举措行动方案》提出，要打造全球文化艺术展示交流交易平台、国际文化贸易跨境电商平台等，推进"一带一路"文化贸易与投资重点项目展示活动和亚洲文化贸易中心项目，推动对外文化贸易基地与数字文化产业聚集区"双区联动"。

2020 年 9 月，北京市出台《关于加快国家文化产业创新实验区核心区高质量发展的若干措施》，这是北京首次针对文化产业重点区域单独出台综合性文件。该文件立足区域功能优势，提出推动建设国家文创实验区、CBD文化中心、国家文创实验区国际文化中心等18项措施，提升国家文创实验区商务服务的国际化水平。通过强化国家文创实验区核心区建设，推动、引领北京文化产业高质量发展，形成国际竞争力，以区域优势助力中华文化"走出去"。

2020年9月，国务院印发《中国（北京）自由贸易试验区总体方案》（简称《方案》），以科技创新、服务贸易、数字经济、京津冀协同等为关键词，推动投资贸易自由化、便利化。《方案》提出要满足高品质的文化消费需求，进一步推动服务业开放，为文化服务贸易发展提供了良好契机。通过打造数字经济试验区，利用北京市的数字经济优势，文化企业也可以探索"走出去"的新形式，提升国际竞争力，高水平发展数字文化产业。《方案》的颁布激发了国家对外文化贸易基地的活力，多项惠及文化贸易的新举措纷纷落地，吸引众多文化企业入驻。

二　北京文化产业"走出去"的发展特点

（一）政策环境进一步优化，文化企业深度融入国际市场

在上述《方案》中，文化贸易被列入国际商务服务片区重点发展产业，文化创意被列入高端产业片区重点发展产业，《方案》明确指出，要"满足高品质文化消费需求。打造国际影视动漫版权贸易平台……允许符合条件的外资企业开展面向全球的文化艺术品（非文物）展示、拍卖、交易业务。鼓励海外文物回流……探索创新综合保税区内国际高端艺术展品担保监管模式"，为首都影视动漫、艺术品等多个行业的文化企业深耕国际市场带来政策利好。

在政策法规支持下，北京企业在国际文化市场的竞争力逐年提升。例如，北京华韵尚德国际文化传播有限公司自2010年成立以来，已经搭建了

全媒体联动传播平台、法兰克福中国文化产品及服务贸易基地、纪录片国际版权交易平台三大国际文化经贸平台，实现了提高国家文化软实力和商业赢利两个目标。在2020年服贸会期间，北京华韵尚德国际文化传播有限公司展示了在德国开播十年的中国栏目《来看吧》，以及有135个国家、上万部作品参赛的金树国际纪录片节等跨文化传播交流领域的成果①。再如，北京四达时代集团自2002年开始投资、运营非洲国家数字电视以来，已经建立起基础网络平台，打造了630多个频道，拥有数字电视用户1300万户、互联网视频移动端用户2000万户，以英、法等十余个语种译制、配音503部中国电影和276部中国电视剧、动画片。2020年，北京四达时代集团举办了"北京优秀影视剧海外展播季·非洲"活动，将具有中国文化特色的《小欢喜》《女医明妃传》《鹿精灵》等多部电视剧、动画片译制成英、法等语种在非洲国家进行展播。在新冠肺炎疫情期间，北京四达时代集团作为在非洲开展业务的中国企业，也成为非洲人民学习中国防疫经验的渠道，北京四达时代集团开设了防疫特别频道，以中、英、法、葡等六种语言进行防疫知识宣传、疫情报道等，还开设网上教学让非洲孩子"停课不停学"，把中国的防疫经验推广到非洲，树立了中国"世界防疫的典范"形象。

2020年，北京网络文学等新兴业态"走出去"势头持续向好。中文在线以推动中国"文化出海"为目标，不断拓展国际业务，其自主研发的小说平台Chapters自2019年上线以来，多次荣登安卓平台下载榜首，将具有中国特色的文化IP不断推向国际市场。中文在线还投资了具有世界影响力的中国文学网站WuxiaWorld，致力于打造世界知名文化教育集团，推动中国文化走向全球。掌阅科技是国内核心网络文学平台，在布局出海业务方面，掌阅海外版已经上线十多个语种，涵盖40个"一带一路"沿线国家和地区，与韩国、泰国等多国出版社开展版权合作，共计输出超过200部作品。推文科技利用人工智能技术推动网络文学的"出海"进程，通过在版

---

① 《搭建国际平台、译制影视作品　文化企业加快走出去》，《北京商报》2020年8月7日，https：//www. bbtnews. com. cn/2020/0807/364041. shtml。

权、分发渠道、翻译技术等方面的战略布局，提高我国网络文学的"出海"效率和质量，运用新技术为网络文学"走出去"赋能。

（二）科技创新赋能文化产业"出海"，新冠肺炎疫情期间数字文化产业"走出去"逆势上扬

数字文化产业以文化创意内容为核心，依托数字技术进行创作、生产、传播和服务，呈现技术更迭快、生产数字化、传播网络化、消费个性化等特点，有利于培育新供给、促进新消费①。2020 年 11 月，文化和旅游部发布《关于推动数字文化产业高质量发展的意见》，提出要培育数字文化服务出口新业态、新模式，发展数字贸易。北京市依托首都优势，吸引文化产业各行业的头部企业聚集，尤其是数字广告、电竞游戏等新型文化产业业态，大大促进了北京数字文化产业的快速发展。在 5G、超高清视频、VR、大数据等新技术的加持下，北京数字文化产业在积极开拓国际市场的同时也培育了文化贸易新的增长点。

2020 年，在新冠肺炎疫情的不利影响下，以动漫游戏产业为代表的数字文化产业"出海"逆势上扬。2020 年，北京动漫游戏产业总产值达到1063 亿元，约占全国动漫游戏产业产值的 19.3%，北京已成为我国动漫游戏产业重要的研发中心和出口基地②。北京游戏产业始终以开拓国际市场为重要目标，2020 年，北京游戏出口额为 419.29 亿元，比 2019 年增长 30%（见图 1）。

中国音数协游戏工委与中国游戏产业研究院发布的《2020 年中国游戏产业报告》显示，2020 年中国自主研发游戏海外市场实际销售收入达154.50 亿美元，比 2019 年增加了 38.55 亿美元，同比增长 33.25%，继续保持高速增长态势。北京企业自主研发的网络游戏产品已经销售到全球 100

---

① 《文化部关于推动数字文化产业创新发展的指导意见》，中国政府网，http：//www.gov.cn/gongbao/content/2017/content_ 5230291. htm。

② 《北京动漫游戏产业 2020 年总产值达 1063 亿元》，新华网，2021 年 1 月 17 日，http：//www. bj. xinhuanet. com/2021－01/17/c_ 1126990796. htm。

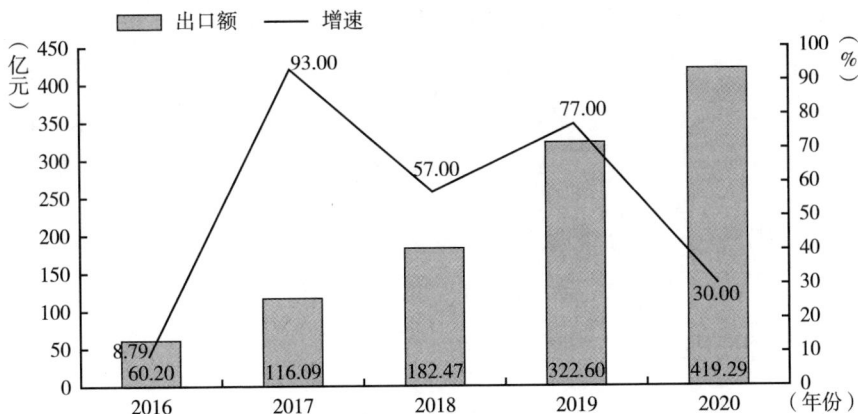

图1　北京市 2016～2020 年游戏出口额及增速

资料来源：根据《北京日报》相关报道整理得出。

多个国家和地区，在全球游戏市场占据重要位置。涂鸦移动、红海无限、字节跳动、点点互动等北京地区游戏企业将拓展海外市场作为重点。完美世界（北京）软件科技发展有限公司是北京游戏"出海"企业的排头兵，始终坚持自主研发、自主创新，积极在海外布局，不做"不能出口的游戏"，致力于将中国优秀传统文化结合到产品中。2020 年，完美世界发布了中国 5G 商业化之后第一款正式发行运营的云游戏产品《新神魔大陆》，探索"5G + VR + 云游戏"商业化模式，打破了国内云游戏发行零经验、零案例的状态①。北京昆仑万维集团 2009 年开始布局海外游戏业务，现已具有成熟的国际发行网络，2018 年推出"轻舟计划"，整合百余个手游在全球发行，始终将全球化布局作为发展战略之一②。2020 年，昆仑万维旗下游戏平台 GameArk 与日本 KLabGames 联合开发的《BLEACH 境界——魂之觉醒：死神》占据日本应用商店免费游戏榜榜首。

---

① 《完美世界入围"首都文化企业十强"彰显多元创新力》，光明网，2020 年 10 月 10 日，https：//topics. gmw. cn/2020 – 10/10/content_ 34255675. htm。

② 《昆仑游戏品牌全面升级召集百款轻游戏布局出海战略》，36 氪，2018 年 8 月 27 日，https：//36kr. com/p/1722784350209。

2020 年北京多项国际文化交流合作项目创新"走出去"方式，采取线上线下相结合模式，在云端实现互联互通。例如，2020 年北京文博会精心搭建"云上文博会"数字平台，可一站式完成注册管理、展览展示、在线服务、内容审核，主办方加强线上空间展示，开展网络招商合作，打造永不落幕的文化服务专题展①。

（三）首都金融领域开放创新不断深化，文化金融服务为企业"出海"纾困减负

《2020 年北京市货币信贷统计数据报告》（前三季度）显示，北京市文化及相关产业贷款稳步增长，截至 2020 年 9 月末，文化及相关产业贷款余额为 2061.8 亿元，同比增长 13.8%。其中，文化核心领域贷款余额为1829.8 亿元，占 88.7%，同比增长 11.0%，主要是文化传播渠道、文化娱乐休闲服务贷款余额增速较快，同比分别增长 24.7%、73.8%。文化相关领域中，文化辅助生产和中介服务贷款余额同比增长 40.1%。2020 年，北京银行继续加大对文化产业的支持，与北京市文资中心、东城区政府携手探索打造"文信贷"文化小额信用贷款风险补偿体系，发布"京彩文园"文化产业园区专属金融服务方案等，为北京文化企业拓展海外市场搭建起更为完善的金融服务平台。

资金难题始终是困扰文化企业"走出去"的关键问题，北京市政府已出台多项相关政策为文化企业纾困减负，包括拓宽融资渠道，完善文化企业知识产权质押登记制度，支持文化企业知识产权境外登记注册等。2020 年，北京市发布《关于加强金融支持文化产业健康发展的若干措施》，明确鼓励银行持续加大对文化企业特别是中小文化企业的信贷投放。2020 年 2 月，北京市发布《北京市文化产业"投贷奖"风险补偿资金管理办法（试行）》，主要是为了解决金融机构为文化企业提供贷款风

---

① 《北京举行 2020 年中国国际服务贸易交易会文化服务专题新闻发布会》，国务院新闻办公室网站，2020 年 8 月 15 日。

险较大因而积极性低的问题，扩大风险主体范围，鼓励金融机构为没有抵押担保的小微文化企业提供金融服务，进一步优化北京市文化企业的融资环境。2020年"投贷奖"资金共支持北京敦善文化艺术股份有限公司等小微文化企业、金融机构等899家①。这一风险共担机制有效缓解了文化企业特别是小微企业"走出去"的融资难题，使外向型文化企业的融资环境进一步优化。

三 北京文化产业"走出去"的问题及建议

（一）北京文化产业"走出去"的问题

1. 文化品牌全球影响力不足

在文化产业"走出去"过程中，打造具有国际竞争力和全球影响力的文化品牌，是外向型文化企业高质量发展的必然要求。2020年，北京文化贸易总额位居全国前列，从商务部发布的《2019～2020年度国家文化出口重点项目名单》中入选的北京项目来看，尽管部分项目体现了我国传统文化特色，但尚未形成现象级国际文化IP，文化企业的品牌价值有待提升。部分文化企业在文化"出海"的渠道建设上比较成熟，但内容建设依然不足，文化企业在开拓海外市场时塑造文化品牌的观念不强，未能真正挖掘产品的文化价值，过分注重文化产业"出海"进程而忽视文化内核传播的质量与水平，导致输出到海外的文化产品影响甚微，不利于中国优秀文化的传播，也难以形成持久的品牌影响力。

2. 文化贸易结构仍需优化

2016～2020年，北京市文化产品进出口总体呈上升趋势，贸易逆差明显（见图2）。

---

① 《关于2020年北京市文化产业"投贷奖"拟支持企业名单公示》，北京市国有文化资产管理中心，2020年12月10日，http：//www.bjwzb.gov.cn/wzbdwdt/wzbdwgg/ff8080817357 34ad01764c2823280397.html。

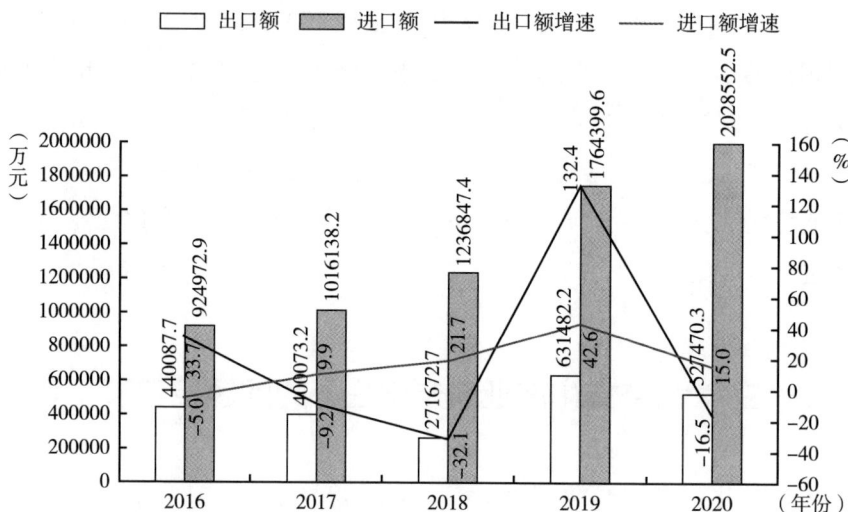

图 2　北京市 2016～2020 年文化产品出口情况

资料来源：北京海关。

从北京海关公布的最新数据来看，2019 年北京市文化产品出口中，珠宝首饰及有关物品、图书、报纸和期刊、印刷机、广播电视节目制作设备等文化产品门类贸易逆差仍然较大（见表5）。

表5　2019 年 1～12 月北京文化产品进出口情况

单位：万元

项目	出口	进口	净出口
文化产品	631482.2	1764399.6	−1132917.3
图书	16319.0	145630.7	−129311.6
报纸和期刊	995.7	249559.8	−248564.0
光盘	2743.3	986.2	1757.1
胶片	0.0	905.9	−905.9
新型存储媒介	6415.3	81757.9	−75342.6
其他出版物	10507.9	19494.6	−8986.7
雕塑工艺品	20230.2	16304.2	3926.0
金属工艺品	5944.7	2224.1	3720.6
花画工艺品	55950.5	46077.1	9873.5

续表

项目	出口	进口	净出口
天然植物纤维编织工艺品	1333.7	189.8	1143.9
抽纱刺绣工艺品	363.4	1538.3	−1174.9
地毯、挂毯	69.2	27.1	42.1
珠宝首饰及有关物品	346130.1	628858.3	−282728.2
园林、陈设艺术陶瓷制品	1839.3	1527.8	311.5
蚕丝及机织物	6364.9	9282.1	−2917.2
收藏品	9095.0	36033.8	−26938.8
文具	132.1	123.9	8.2
乐器	36088.0	21238.1	14849.9
玩具	46737.3	19286.9	27450.4
露天游乐场所游乐设备	2862.7	102407.9	−99545.2
游艺用品及室内游艺器材	1704.6	11703.2	−9998.5
其他娱乐用品	14490.7	1647.4	12843.2
胶印机	1382.7	24814.0	−23431.3
印刷机	17339.1	145449.0	−128109.8
广播电视接收及发射设备	3373.3	11703.2	−8329.9
广播电视节目制作设备	18306.6	145449.0	−127142.3
电影制作及放映设备	4739.6	69533.2	−64793.6

资料来源：北京海关，http://beijing. customs. gov. cn/beijing_ customs/434756/434804/ 2941702/434773/434774/2855273/index. html。根据"主要出口商品量值表"及"主要进口商品量值表"整理得出，海关原表中未注明差额项目。

近年来，北京市作为我国首个服务业扩大开放综合试点城市，文化服务贸易稳步增长，核心文化服务进出口额及增速均超过同期核心文化产品，文化服务贸易在文化贸易中的比重不断增加。从全国情况来看，北京文化服务贸易还存在可提升空间，北京文化服务贸易在国际市场的核心竞争力还有待加强。

3. 文化出口企业受盗版影响严重

"侵权容易维权难"一直是文化企业"走出去"的痛点。根据《中国网络文学版权保护白皮书》调研结果，2020 年中国网络文学市场盗版损失规模达 60.28 亿元①。随着中国网络文学等文化内容在海外市场的需求陡增，海外市场不断扩大，海外盗版现象越来越猖獗。海外知识产权侵权行为不仅损害了文化"出海"企业的切身利益，打击了文化创作者的积极性，还严重影响了我国文化产品的海外形象，不利于我国优秀文化的传播。由于海外网络文学市场目前还比较混乱，对侵权盗版行为的监管难度较大，且国内文化企业在跨国维权时面临诉讼时间长、取证困难、沟通不便等问题，文化企业面临的知识产权风险难以掌控，尤其是一些规模较小的文化企业，根本无力应对海外盗版带来的打击，从而被迫停止其文化"出海"的步伐。

（二）北京文化产业"走出去"的建议

1. 在国际市场打造京味特色文化品牌

针对文化品牌国际影响力不足的问题，北京应着力打造具有北京文化特色和蕴含首都文化风格的文化品牌。北京拥有丰富的、可挖掘的传统及当代文化资源，相关文化企业应深入挖掘我国优秀文化的精神内核，将其体现在文化作品中，将文化资源优势转化为文化产业优势。提高品牌价值塑造中的文化意识，注重对北京传统文化元素和当代文化元素的挖掘、保护和传播。在推广优秀文化作品时，要调研消费国的历史、文化语境，减少文化折扣对文化贸易的不利影响，对于文化差异较大的国家和地区，在推动文化产品、服务"走出去"的同时还要注重国际化的改编与创新。

2. 进一步优化文化贸易结构，提升文化服务出口核心竞争力

北京市要进一步优化文化产品和服务贸易结构，建立以需求为导向的文化出口供给体系。在文化产品出口方面，要转变出口观念，根据不同国家、地区的消费需求优化出口渠道、核心内容。在文化服务出口方面，要着力提升文化服务贸易在文化贸易中的比重，以顺应世界文化贸易发展趋势。提升

---

① 易观分析：《中国网络文学版权保护白皮书》，《北京商报》2021 年 4 月 26 日，https：//baijiahao. baidu. com/s？ id = 1698072827772485754&wfr = spider&for = pc。

文化服务出口的品牌形象，出台政策法规为文化企业海外知识产权保护保驾护航。积极发挥数字文化产业等新兴文化产业"走出去"优势，探索数字经济对文化贸易结构变化的深层次影响。

3. 加强海外知识产权保护

知识产权是文化企业的核心成果，也是当前北京文化企业"走出去"获得国际竞争力的关键因素。近年来，北京市密集出台了针对文化企业海外维权的一系列政策措施，《北京市企业海外知识产权预警项目管理办法》《关于进一步加强知识产权维权援助工作的指导意见》等文件明确提出要开展海外知识产权纠纷应对指导、国际知识产权法律研究，通过完善海外维权援助服务等措施为文化企业海外维权提供坚实保障。

文化企业应主动学习海外知识产权维权知识，全面了解国际知识产权环境，切实提高知识产权风险防范意识，在创作、生产、运营等各个环节加强知识产权侵犯预警系统建设，制定应对知识产权侵权的行动方案，从而尽量避免在海外知识产权侵权中陷于被动境地。

参考文献

［1］艾瑞咨询：《2020 年中国网络文学出海研究报告》，艾瑞网，2020 年 8 月 31 日，http://report.iresearch.cn/report/202008/3644.shtml。

［2］北京市国有文化资产管理中心、中国传媒大学文化产业管理学院：《北京文化产业发展白皮书（2020）》，2020 年 11 月，http://www.chycci.gov.cn/upload/file/202011/637419828876516 9879736459.pdf。

［3］李小牧主编《首都文化贸易发展报告（2020）》，社会科学文献出版社，2020。

B.5
北京全国文化中心建设发展报告（2021）

邵　鹏*

摘　要： 北京持续推进全国文化中心建设，不断加强顶层设计，以
　　　　　"一城三带"为核心的历史文化名城保护取得明显成效，通
　　　　　过恢复性修建与整治，古都历史文化风貌充分彰显，历史文
　　　　　化资源焕发出新的生机与活力。与此同时，北京建立并完善
　　　　　公共文化服务体系，搭建面向世界的文化交流互鉴平台，国
　　　　　际文化交流进一步发展，文化产业综合实力持续提升，成为
　　　　　全国文化建设的典范和引领者。北京全国文化中心建设面临
　　　　　经济社会发展、人居环境提升、历史文脉保护等多元目标均
　　　　　衡发展的挑战，应加强规划引领，协调好全国文化中心建设
　　　　　与城市发展的关系，以高质量建筑设计与先进技术引领全国
　　　　　文化中心建设。

关键词： 全国文化中心　四个文化　公共文化服务

　　习近平总书记十分关心首都工作，提出的"四个中心"战略定位为北
京市指明了建设发展方向。北京市委市政府立足于全国文化建设大格局和首
都城市战略定位，在满足人民美好生活需要的过程中坚持汇聚与辐射的示范
作用、保护与利用的协调统一、体系与项目的统筹建设及有形与无形的协同

* 邵鹏，博士，对外经济贸易大学政府管理学院教授，文化产业管理学系主任，公共文化服务
研究中心主任，《公共文化服务》主编，主要研究方向为文化社会学、公共文化服务等。

发展等原则，围绕"一核一城三带两区"的总体框架，深入发掘"四个文化"①的内涵，加强顶层设计，积极推进北京全国文化中心建设。

一 加强顶层设计，为推动北京全国文化中心建设提供制度与政策支撑

（一）北京全国文化中心建设的总体理念和规划

2020年4月9日，北京市委市政府发布《关于新时代繁荣兴盛首都文化的意见》，并配套出台了具体的《北京市推进全国文化中心建设中长期规划（2019～2035年）》，明确了北京市建设全国文化中心的方向、任务、规划和路径。《关于新时代繁荣兴盛首都文化的意见》侧重思想性和宏观层面，按照新时代全国文化中心建设基本格局的要求，围绕繁荣兴盛"四个文化"的重点任务，明确提出基本思路及相关的主要举措。《北京市推进全国文化中心建设中长期规划（2019～2035年）》则侧重实操性和中微观层面，按照"一核一城三带两区"的总体框架，在细化工作重点的基础上提出了具体的政策措施，即通过建设一批重大项目和重要文化民生工程，推进北京全国文化中心建设。目前，北京市正在编制《北京市"十四五"时期加强全国文化中心建设规划》，逐步形成了较为完备的全国文化中心建设规划体系。

（二）编制"一核一城三带两区"规划

"一核一城三带两区"中的"一核"是指建设社会主义先进文化之都，这是由北京作为社会主义核心价值观引领者的地位决定的；"一城"是指以北京二环为主体的老城及相关城区；"三带"是指环绕北京城周边区域的大运河文化带、长城文化带、西山永定河文化带；"两区"是指公共文化服务

---

① "四个文化"是指北京文化中的古都文化、红色文化、京味文化和创新文化。

体系示范区和文化产业发展引领区。

在"十三五"期间，北京市先后制定了以"三带"为主的城市文化空间保护宏观规划，主要包括2019年4月发布的《北京市长城文化带保护发展规划（2018～2035年）》、2019年12月发布的《北京市大运河文化保护传承利用实施规划》和2020年4月发布的《石景山区西山永定河文化带保护发展规划》。同时，为深入贯彻习近平总书记关于国家文化公园建设的重要指示精神，北京积极编制了《大运河国家文化公园（北京段）建设保护规划》和《长城国家文化公园（北京段）建设保护规划》等方案。

在"两区"建设方面，北京市于2017年8月出台了《关于加快推进公共文化服务体系示范区建设的意见》，2020年7月又出台了《北京市文化产业发展引领区建设中长期规划（2019～2035年）》，强化了北京市作为公共文化服务体系示范区和文化产业发展引领区的中心地位。

（三）完善法规政策保障

"十三五"时期，北京出台了《北京市非物质文化遗产条例》《北京市文明行为促进条例》《北京历史文化名城保护条例》《中轴线申遗保护条例》等多项地方性法规。同时，发布了一系列相关政策以推动非国有博物馆发展、广播电视公共服务体系建设、公共文化机构法人治理结构改革、院团改革，促进文化产业高质量发展。抗击新冠肺炎疫情期间，出台"北京文化28条""北京书店16条""网络视听暖企8条"等针对企业的扶持政策。

北京在安排重点任务和折子工程方面对文化建设的支持力度是非常大的，"十三五"期间每年均达到上百项。这些项目涵盖范围全面，既涉及宏观的文化环境整治、产业发展和文化设施建设等，又包括文物保护、文化内涵挖掘、主题创作乃至宣传展示等各方面的内容。通过重点工程建设，北京市涌现出一批独具特色的文化产业新地标，其中具有代表性的有环球主题公园、台湖演艺小镇、张家湾设计小镇和新国展二期等。

二　合理保护规划历史文化名城，
老城保护尽展古都韵味

2017 年 2 月，习近平总书记在北京考察工作时指出："北京历史文化是中华文明源远流长的伟大见证，要更加精心保护好，凸显北京历史文化的整体价值，强化'首都风范、古都风韵、时代风貌'的城市特色。"① 应恢复"一城三带"历史文化风貌，推动北京老城的整体保护，深入发掘和活化利用老城文化的内涵，进一步彰显北京厚重的历史文化特色，从而体现北京作为全国文化中心的整体价值。

（一）老城保护彰显古都历史文化风貌

1. 制定老城保护条例和实施细则

深入贯彻习近平总书记"老城不能再拆了"的要求，北京市第十五届人民代表大会第四次会议于 2021 年 1 月 27 日通过《北京历史文化名城保护条例》，自 2021 年 3 月 1 日起施行。该条例在北京老城的保护范围、保护对象、保护责任和保护利用方式等方面做出了更为明确的规定，创新并推动了北京历史文化名城的保护工作，使历史文化保护与城市有机更新得以同步同向。

2. 恢复历史传统街区的文化景观

北京市对一些历史街区的人口进行有机疏散，实施小规模、渐进性的保护整治，使传统街区的历史文化景观逐渐呈现出来。2017 年以来，西城区和东城区实施了 2435 条背街小巷的三年治理计划，活化利用文物空间，恢复了街巷胡同的"老北京味"。其中西城区大栅栏的"北京坊"被誉为"中式新生活体验区"，达智桥胡同被评为十条"北京最美街巷"之一，"老北京新气象，老胡同新生活"的典范则是东城区福祥、蓑衣、雨儿、帽儿四

---

① 新华网，http://www. xinhuanet. com/politics/2017 - 02/24/c_ 129495572. htm。

条胡同。

3. 加快中轴线申遗的步伐

北京以中轴线申遗保护为牵引，推动老城整体保护整治。市委书记蔡奇亲自挂帅主抓并专题调度此项工作，不仅确定了北京城市中轴线的保护范围和对象，而且在时间表和线路图方面加以具体明确，从而构建了合理的中轴线保护管理体系。目前已经复原的景观主要有天坛公园坛庙"树海"和先农坛"一亩三分地"等景观。同时，中轴线周边的胡同、四合院、名人故居等历史建筑也得到了一定的保护利用，如先后两批将700余栋（座）历史建筑纳入保护范围。经过整治，崇雍大街、西四、东四等历史街道焕发了传统文化特色，加上老字号的保护，独特的人文景观已融入市民生活。

4. 发掘和重现历史文化资源的活力

近年来，第一批429栋（座）和第二批315栋（座）历史建筑被纳入保护和利用的范围。例如，模范书局诗空间开设在中华圣公会教堂旧址，修旧如旧的建筑为书店增添了古朴氛围；旧鼓楼大街国旺胡同，有着许多网红小店及藏在深宅里的私房菜。

（二）统筹三条文化带建设，构建全国文化中心建设新标识

三条文化带覆盖并贯穿北京全市各区，承载着北京厚重的历史，统筹三条文化带建设，能够构建历史文脉和生态环境交融的城市空间结构。

1. 大运河文化带的景观重现

打造人民共享的白浮泉遗址公园，再现"龙泉漱玉"景观。建设通州区城市副中心的新文化地标，包括博物馆、图书馆、剧院等。腾退万寿寺、八里桥"旧桥"等，重现"水上御道"和"水上城门"。2020年6月北运河北关闸至甘棠闸段实现游船通航，打造出具有北京特色的大运河水上游览路线。

2. 长城文化带的保护

"十三五"期间北京每年完成关于长城的10项"救命式"抢险任务，

共开展长城修缮工程41项，其中一些已经成为示范性保护工程，如箭扣长城等。

3. 西山永定河文化带的发掘

全国首批六家获批创建国家文物保护利用示范区资格的就包括北京市海淀区的"三山五园"地区。北京市利用冬奥会等发展契机，实现了首钢地区从工业遗存到新时代城市复兴新地标的飞跃。

（三）城市更新注重文脉传承与文化要素聚集

在实施城市更新的过程中，北京秉持优质公共产品供给理念，以改造为契机推进城市功能升级，注重文化要素聚集，初步实现了经济效益与社会效益的同步发展。

1. 老旧厂房的改造与再利用

老厂区在传承历史、服务首都功能和方便市民生活中焕发了生机，并有效发挥了就业带动作用。北京在国内树立了城市工业文化更新再利用的典范，截至2019年9月，北京主要城区腾退梳理出总占地面积达3227万平方米的774处老旧厂房资源，其中总面积超过40万平方米的21个被建成各类文化产业园区，如开心麻花、华策影视等优质文化企业就在其中被孵化出来。同时，北京市着力推进产业融合发展，通过研究制定文创产业创新发展、文化科技融合等意见，带动相关消费30多亿元。例如，首钢工业区在改造中注重对工业遗产的再利用，注入冬奥会、马拉松等体育元素，聚焦文化、生态、产业、活力的"四个复兴"。

2. 创新老旧商业升级方式

多条老旧商业小街经过改造，实现了向"新地标"的蜕变。北京首个由政府引导、社会力量参与运作的步行街改造项目望京小街正式开放，有效发挥文化辐射功能。望京小街开展与中央美术学院、中国传媒大学等高校的文化共建，探索艺术社区建设与运营，相关文化艺术活动吸引了大量周边居民参与。

3. 积极推进新兴特色小镇建设

北京市注重培育新兴特色小镇的文化生命力。例如，规划构建张家湾设计小镇"一心三区"的产业空间布局，力图实现设计咨询与城市科技片区、文化创意片区和现代服务片区的有机结合，通过联动发展，激发城市活力。

三 突出文化自信，弘扬社会主义先进文化精神的引领作用

北京作为全国的政治中心，是党的重大理论创新的策源地和传播党的科学理论的最前沿，必须树立高度文化自信，打造马克思主义研究传播中心，宣传贯彻习近平新时代中国特色社会主义思想，为建设全国文化中心凝聚磅礴精神力量。

（一）筑牢社会主义意识形态高地

构建社会主义意识形态的全方位学习体系，其中的龙头是党委（党组）理论学习中心组，全面覆盖党的各级组织，而且还建设了一批群众性的学习组织，主要有马克思主义读书会等。加强马克思主义理论研究和建设，建设一批重点马克思主义学院，打造马克思主义研究传播中心。巩固理论宣传主阵地，打造现象级理论宣传融媒体产品。充分利用《北京日报·理论周刊》《前线》等媒体资源，打造并强化"学习强国"等平台，完善多层次宣讲体系。

（二）培养和弘扬社会主义核心价值观，建设首善之区

推动"北京榜样"优秀群体获评"时代楷模"。着力建设新时代文明实践中心。北京市率先实现了覆盖全市的新时代文明实践中心三级组织体系，主要包括 17 个文明实践中心、347 个文明实践所、6962 个文明实践站。同时，在制度建设上趋于完善，在全国最早出台文明实践工作规程。

完善提升新型主流媒体格局。以"北京云"市级技术平台为龙头，构

建"1+4+17+N"的首都新媒体矩阵，成立全国首家互联网行业协会。同时，创新网上精神文明实践，营造良好网络环境，让网络成为正能量集散地。

（三）构建全国思想道德建设引领区

注重榜样引领的作用。北京市5年多来举荐30万名身边榜样，培育了"国企楷模"等14个"北京榜样"子品牌，同时组织先进事迹报告团，在全国范围内进行巡讲。

推进信用联合奖惩机制建设。针对市场主体的失德败德行为，北京市40多个部门联合采取行动，在安全生产、食品药品、互联网等10余个重点领域出台了近20项惩戒措施，推动了良好社会风气的形成。

（四）打造全国精神文明建设示范区

目前北京市有全国文明城区5个、全国文明村镇55个，力争实现群众性精神文明创建活动全覆盖，精神文明建设走在全国前列。推动修订《北京市志愿服务促进条例》，出台《北京市文明行为促进条例》，坚持倡导与惩罚并举，为进一步提升市民文明素质提供更加有力的法治保障。

（五）深入挖掘革命文物价值，传承弘扬红色文化

利用丰富的红色文化资源规划红色文化建设。北京市在2020年4月出台的《关于新时代繁荣兴盛首都文化的意见》中提出"突出革命文物集中连片主题保护"，强调对红色文化资源的保护利用。同时，基于北京市政治中心的地位，首次提出"发挥首都通过重大活动激发爱国热情的独特优势"，尤其是要将通过重大节庆活动来激发群众热情的经验常态化、机制化，其中取得显著效果的有建国70周年庆祝活动、建党100周年庆祝活动等。

不断完善革命文物保护制度。根据党中央、国务院出台的《关于实施革命文物保护利用工程（2018～2022年）的意见》，北京市出台了《北京

市关于推进革命文物保护利用工程（2018～2022年）的实施方案》等文件。在摸清革命文物资源的基础上，建立北京市革命文物重大工程工作协调机制，由市委主要领导挂帅、各相关部门协同联动，在市文物部门的牵头引导下，吸引社会各方积极参与。

加大革命文物保护力度。紧密结合抗日战争暨世界反法西斯战争胜利70周年、新中国成立70周年、中国共产党成立100周年等重大时间节点，组织实施卢沟桥、宛平城、长城沿线抗战遗址等一批重点抗战文物修缮工程，逐渐探索和积累革命文物保护主题片区的集中整体保护经验。

深化革命文物价值挖掘。着力打造三大主题片区：一是中共创建时期北京革命活动主题片区，以北大红楼为重点；二是抗日战争主题片区，以卢沟桥和宛平城、抗战馆为重点；三是新中国主题片区，以香山革命纪念地为重点。积极推进"革命文物+互联网"模式，建立馆藏革命文物数据库及动态筛选机制，为挖掘、宣传北京地区革命史实、革命故事奠定坚实的基础。探索北京地区红色旅游线路，推进革命文物资源融入地方发展，大力推进文旅融合。

四　文化产业持续发展，提升首都文化产业竞争力

北京市文化产业已成为助推北京高质量发展的重要引擎，在推进全国文化中心建设方面发挥了重要支撑作用。

（一）文化产业综合实力增长迅速

文化产业作为北京重要支柱产业，在全国范围内的资源优势明显。据统计，全国影视作品产量近50%在北京，北京新闻信息服务业收入占全国50%以上，版权登记数量占全国40%左右，全国超过25%的创意设计服务业收入和广告经营额也在北京。《北京文化产业发展白皮书（2020）》显示，2019年，北京市规模以上文化产业法人单位共有5252个，资产总计20198亿元，同比增长5.6%；收入合计13544.3亿元，

同比增长 14.4%。从全国占比情况看，规模以上文化企业资产总计 19020.3 亿元，占全国的 13.9%；营业收入 12997.3 亿元，占全国的 13.1%。

（二）文化产业结构持续优化

构建现代文化产业体系和文化市场体系是北京市推动文化产业高质量发展的主要举措，也是提升北京文化国际影响力的关键所在。目前，北京市确定了两大主攻方向，即数字创意和内容版权，并出台"文化＋金融""文化＋科技""文化＋旅游"等一系列政策，极大地推动了文化产业的创新发展。同时，北京市借助各大金融机构总部聚集地的资源优势，着力推动文化金融市场发展，其中文化产业并购规模占全国30%以上。

（三）"文化商圈"建设成绩显著

北京市加快推动王府井、前门大栅栏、西单、五棵松、蓝色港湾、三里屯等商业街区的品质化发展，同时植入高品质文化元素，培育文化业态，打造了一批文化商业新地标。此外，北京市努力打造一批集艺术表演、互动体验、时尚消费于一体的新型文化休闲空间，主要集中在城市副中心、大兴国际机场临空经济区等新兴城区。

五　鼓励扶持公共文化服务，加快构建现代公共文化服务体系

北京市推进公共文化服务供给品质化，供给方式多元化、智能化，以及治理能力现代化等方面的工作，在公共文化服务方面取得了较为显著的成效。

（一）公共文化服务体系更加健全完善

北京市扩大公共文化服务设施覆盖范围，优化设施网络布局，建设区域

性综合文化中心，打造公共文化服务空间。截至 2020 年底全市有四级公共文化设施 6844 个，覆盖率达 99%，基本形成了"十五分钟公共文化服务圈"，实体书店数量为 1938 家，同比增加 49%，排在全国第一。北京文化中心、北京人艺国际戏剧中心工程、城市副中心各类公共文化设施的建设正在持续推进。

（二）公共文化活动日益丰富多彩

北京市公共文化活动重视市民的参与度与满意度，年均举办首都市民系列文化活动 2 万场，这些活动的特色在于"群众演、演群众、演给群众看"。截至 2020 年底，全市配送图书 289 万册，提供文化活动 34 万场，下基层演出 4.7 万场，培训 6500 名基层文化组织员。同时，北京市积极开展文化品牌活动，有力提升了全国文化中心的全球影响力，其中效果显著的有北京国际电影节、中国戏曲文化周、北京国际音乐节和北京国际公益广告大会等。

（三）公共文化服务示范引领效应显著

北京市推动公共文化服务供给侧结构性改革，出台《北京市公共文化服务体系示范区建设中长期规划》和建设标准等文件，建立市区两级公共文化服务体系建设联席会议机制，鼓励社会化发展。海淀、石景山区建成国家公共文化服务体系示范区，通州、大兴等 5 个区建成首都公共文化服务示范区。

（四）大力推动公共文化服务与科技深度融合

北京市构建并完善首都特色公共文化数字资源库，实现共建共享。推进公共文化服务和设施管理平台建设，建好用好公共文化服务云。

（五）健全非遗保护体系和活态传承机制

北京市出台《北京市非物质文化遗产保护条例》，健全非遗名录体系，实施抢救性记录工程，发放传习补助，开展示范基地认定工作。举办"流动的文化"大运河文化带非遗专题展。推动"非遗 + 消费""非遗 + 金融"
"非遗 + 旅游"融合发展。

（六）将文艺院团改革引向深入

北京市出台"院团 18 条"，加大财政扶持力度，对文艺院团实施"两
效统一"的绩效改革，推动解决长期困扰院团排练演出的"场所难"问题，
建设一批重点剧场项目，如改造吉祥戏院、重建北京歌剧舞剧院，加快推进
京南艺术中心、中国杂技艺术中心建设等。

六　原创具有时代风貌的精品，形成有中国
气派、中国特色和中国风格的作品

北京市文艺作品数量多、质量高，在全国处于领先地位，推出的原创精
品深刻展示出首都的时代风貌。

（一）一批口碑、票房双丰收的文艺精品集中涌现

《战狼 2》《哪吒之魔童降世》《流浪地球》《红海行动》《唐人街探案
2》是中国电影票房榜前五大国产影片，它们全部是北京制作和出品的。
2020 年以来，"京产剧"取得了巨大的成功，其中主要的代表有《破冰行
动》《芝麻胡同》《启航》《天下无诈》《奔腾年代》《光荣时代》《河山》
《归鸿》等。"京产剧"热播的原因在于创造者们能够不断深入生活，通过
多元化的讲述方式来发掘京味文化的深度，并在弘扬主旋律的基础上彰显时
代特色，从而引发了观众的共鸣。

（二）文艺作品屡次收获全国性大奖

北京在 2017 年和 2019 年的精神文明建设"五个一工程"评奖中获奖数
量均位居全国第一，遥遥领先于其他地区，这些作品既叫好又叫座。获奖作
品包括图书《北上》《云中记》，电视剧《最美青春》《大江大河》，电影

《流浪地球》《红海行动》《周恩来回延安》，广播剧《中共中央在香山》，歌曲《我们都是追梦人》《复兴的力量》等。在第十六届文华大奖评选中，《天路》摘得最高荣誉奖项，从而使北京市获得三连冠的佳绩，这在全国是绝无仅有的。

七 加强对外文化交流和国际传播，彰显首都文化软实力

北京市作为大国首都，是展示国家文明形象的重要窗口，而这主要是通过服务保障重大国事活动和主场外交活动来实现的，搭建文化交流平台，持续扩大中华文化影响力。

北京市圆满完成"一带一路"国际合作高峰论坛、亚洲文明对话大会、G20峰会、北京世园会等重大活动的服务保障工作，并通过一系列文化活动展现了大国首都的文化魅力。同时，积极筹备冬奥会和冬残奥会，通过丰富多彩的新闻宣传和文化活动，对外宣传讲好中国故事。

北京文博会、国际图书博览会、国际电影节、国际音乐节、国际旅游节、国际设计周等活动加强了中国文化的国际传播能力，提升了文化贸易的质量和水平，拓展了中华文化"走出去"的途径，成为面向世界的文明交流互鉴重要窗口。

北京市积极开展公共文化服务领域的国际交流与合作。在希腊、芬兰举办"欢乐春节"和"北京之夜"品牌文化交流活动，推进雅典中国文化中心建设，开展在京使领馆、国际组织、跨国企业的文化交流活动，支持优秀文艺院团开展国际巡演。

结 语

近年来，北京注重挖掘和发展"四个文化"，古都文化展示出凝重的历史文脉传承，京味文化呈现独具特色的市民传统生活方式，红色文化凸显北

京在现代史上的重要意义，创新文化增添了北京新的生命力。目前，北京文化产业的引领示范作用凸显，文化与科技结合方面的成就引人注目，公共文化服务的发展让民众有了更多获得感，非遗的传承让北京文化和精神氛围更加生动。北京文化领域的建设成就极大地推动了全国文化中心的发展，并为和谐宜居之都的发展注入了活力和特色。

尽管取得了显著成效，但北京文化中心建设依然面临一系列挑战与问题，亟待关注。一是北京的名城保护与城市发展、街区更新的任务往往高度重叠，如何实现各目标间的动态均衡，取得经济社会发展、人居环境和谐、历史文脉保护等综合效益，是无法回避的一大挑战。二是部分街巷整治未能体现"老城风貌保护""恢复性修建"等精神，一些整治不太符合北京风貌，对北京胡同、四合院的风貌保护起到了负面作用。三是文化创意产业园模式相对单一，文化产业呼唤更多知名品牌，并且北京文化产业还存在优质资源外迁现象，区域内文化产业联动效应不足。

我们认为，应多措并举推动北京文化中心建设再上新台阶，全面建成中国特色社会主义先进文化之都，成为彰显文化自信与多元包容魅力的世界历史文化名城。其一，进一步加强顶层设计，通过规划引领，协调好文化中心建设与城市发展的关系。其二，以高质量建筑设计、先进理念和技术引领文化中心建设，如利用"恢复性修建"的实践使老城成为北京传统工艺的传承基地，以超前眼光适当融入绿色、低碳、智慧等理念与先进技术。其三，搭建面向世界的文化交流互鉴平台，把北京独特的文化精髓提炼并呈现出来，讲好中国故事，传播好中国声音，展示真实、立体、全面的中国。其四，健全社会参与机制，鼓励社会力量介入，推动文化中心共建共治共享，让群众在文化中心建设中有更多获得感、幸福感。

参考文献

[1]《推进全国文化中心建设路线图：重点建设"四个文化"》，《中国文化报》

2020 年 4 月 10 日。

[2]《建设全国文化中心，北京从三处重点发力》，《北京日报》2020 年 3 月 2 日。

[3]《北京发布全国文化中心建设未来 15 年规划》，《新京报》2020 年 4 月 10 日。

[4]《北京亮出全国文化中心建设"十三五"成绩单》，《北京商报》2021 年 2 月 8 日。

[5]《北京全国文化中心建设掀开新篇章》，光明网，2020 年 4 月 15 日，https：//share. gmw. cn/whcy/2020 – 04/15/content_ 33742489. htm。

[6] 张宝秀：《北京市推进全国文化中心建设重点任务——一核一城三带两区》，宣讲家网，2019 年 4 月 17 日，http：//www. 71. cn/2019/0417/1040840. shtml。

[7]《关于北京市"十四五"时期加强全国文化中心功能建设规划的调研报告》，市人大常委会教育科技文化卫生办公室，2021 年 1 月 11 日。

[8]《多措并举助推北京文化中心建设再上新台阶》，新华社《经济分析报告》第 1148 期，2021 年 6 月 17 日。

（三）国际关系篇

B.6
北京推进"一带一路"建设发展报告
（2021）

蓝庆新　汪春雨　韩晶*

摘　要： 北京是全国政治中心、文化中心、国际交往中心和科技创新
中心，与"一带一路"沿线国家的经贸合作、人文交流密
切，其拥有的多重属性使得北京在共建"一带一路"中有着
特殊而重要的地位。本报告围绕北京推进"一带一路"建设
这一主题，分析了当前北京与"一带一路"沿线国家的合作
现状，提出北京应充分利用自身的首都优势、经济优势以及
区位优势，强化与"一带一路"沿线国家的合作与交流，同
时找准合作定位、产业定位和文化定位，以更好地服务于
"一带一路"建设。未来北京推进"一带一路"建设将以打
造国际合作重要平台、成为中华优秀传统文化传播中心以及
加快科技创意中心建设为主要突破口，在政策保障上更加突
出政策协调功能，充分发挥北京经济优势以及投融资中心优
势，通过北京的国际影响力优化服务支撑体系。

---

* 蓝庆新，经济学博士，对外经济贸易大学北京对外开放研究院研究员，长三角贸易研究院
（筹）院长兼国际经济贸易学院副院长、教授，主要研究方向为"一带一路"、开放经济理论与
政策；汪春雨，对外经济贸易大学博士研究生，主要研究方向为国际贸易与国际经济合作；韩
晶，北京师范大学教授、博士生导师，主要研究方向为产业组织、区域经济学、企业管理。

关键词：　"一带一路"　全面开放　经贸合作

一　北京与"一带一路"沿线国家合作现状

通过对北京与"一带一路"沿线国家合作现状的分析，可以较为直观地了解北京在"一带一路"建设过程中的优势与不足，并为后续研究提供有力的数据支持。

（一）对外贸易

1. 贸易规模

根据北京海关统计，2020 年北京与"一带一路"沿线国家进出口总额为 9097.54 亿元，占北京对外贸易总额的 39.19%。其中：对"一带一路"沿线国家出口 2024.07 亿元，占北京出口总额的 43.48%；自"一带一路"沿线国家进口 7073.47 亿元，占北京进口总额的 38.11%。2021 年 1~5 月，北京对"一带一路"沿线国家进出口总额为 4498 亿元，占北京进出口总额的 39%，外贸形势稳中向好。分区域看，2020 年北京对蒙俄及中亚等 7 国、东南亚 11 国、南亚 8 国、中东欧 16 国、其他独联体 6 国、西亚北非 16 国的进出口总额分别为 1801.63 亿元、2232.78 亿元、524.49 亿元、402.76 亿元、148.81 亿元、3987.07 亿元，占北京对"一带一路"沿线国家进出口总额的比重分别为 19.8%、24.54%、5.77%、4.43%、1.64% 和 43.83%。其中：对其出口额分别为 200.18 亿元、1043.75 亿元、342.06 亿元、119.74 亿元、23.22 亿元和 295.12 亿元，占北京对"一带一路"沿线国家出口总额的比重分别为 9.89%、51.57%、16.90%、5.92%、1.15%、14.58%；自其进口额分别为 1601.45 亿元、1189.03 亿元、182.43 亿元、283.02 亿元、125.59 亿元、3691.95 亿元，占北京自"一带一路"沿线国家进口总额的比重分别为 22.64%、16.81%、2.58%、4.00%、1.78% 和 52.19%。各区域贸易占比如图 1 所示。

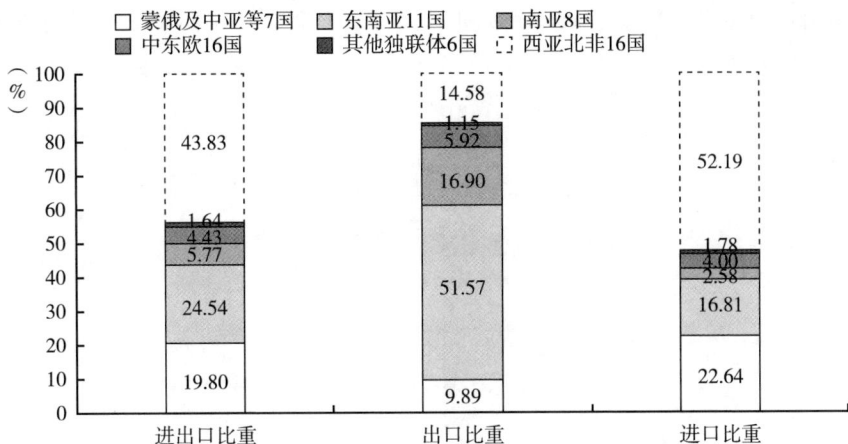

图例：
□ 蒙俄及中亚等7国　▦ 东南亚11国　▦ 南亚8国
▦ 中东欧16国　■ 其他独联体6国　⬚ 西亚北非16国

图1　2020年北京与"一带一路"沿线国家贸易

资料来源：北京海关。

2. 贸易方式

在"稳增长，调结构"相关措施大力推进的背景下，2020年北京市一般贸易进出口额为2万亿元，占北京对外贸易总额的86.17%，其次是保税物流、加工贸易、对外承包工程出口货物，进出口额分别为1729.53亿元、969.75亿元、333.5亿元，占北京对外贸易总额的比重分别为7.45%、4.18%、1.44%。从出口看，2020年北京市一般贸易出口额达3714.29亿元，占出口总额的79.79%；其次是对外承包工程出口货物、保税物流、加工贸易，出口额分别为333.5亿元、289.61亿元、250.2亿元，占北京出口总额的比重分别为7.16%、6.22%、5.37%。从进口看，2020年北京市一般贸易进口额达1.63万亿元人民币，占进口总额的87.77%；其次是保税物流、加工贸易，进口额分别为1439.92亿元、719.55亿元，占北京进口总额的比重分别为7.76%、3.88%。同时，北京一般贸易出口中国有企业占主导地位，2020年出口额为1765.84亿元，占一般贸易出口额的47.54%；其次是外商投资企业、民营企业及其他企业，出口额分别为1193.16亿元、701.24亿元、54.04亿元，分别占一般贸易出口额的 32.12%、18.88% 和 1.45%。2020 年北京各对外贸易方式占比如图 2 所示。

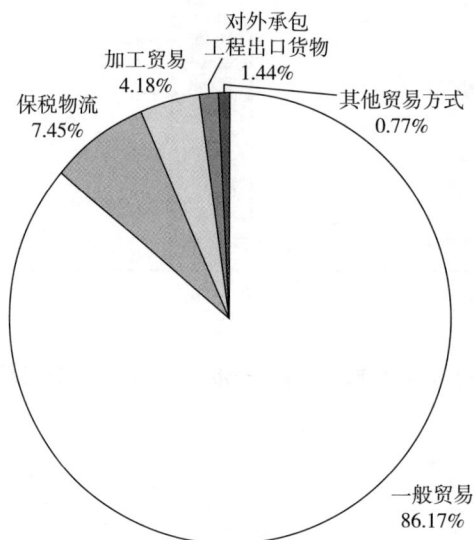

图 2　2020 年北京对外贸易方式

资料来源：北京海关。

3. 贸易结构

技术含量与附加值较高的机电产品与高新技术产品是北京出口额最高的两个大类产品。2020 年出口额分别达到 2226.48 亿元和 1370.07 亿元，占全部商品出口额的 47.83% 和 29.43%。受大宗商品价格持续走低的影响，北京成品油出口额下降 35.57%。在进口方面，中国对大宗商品的进口额出现明显下降，2020 年对能源如原油和成品油的进口额（以美元计价）同比分别下降 33.34% 和 22.59%，而对矿产类产品如钢材、铁的进口额则同比分别上升 30.04%、10.96%。北京原油进口来源国以"一带一路"沿线国家中的西亚国家为主，这也在很大程度上影响了中国与"一带一路"沿线国家的贸易总额。2014～2020 年北京高新技术和机电产品贸易占比如表 1 所示。

表 1　2014~2020 年北京高新技术和机电产品贸易

单位：%

	2014 年	2015 年	2016 年	2017 年	2018 年	2019 年	2020 年
高新技术产品出口比重	30.08	25.67	21.76	19.29	20.51	20.98	29.43
机电产品出口比重	60.80	57.51	52.44	48.56	43.43	41.64	47.83
高新技术产品进口比重	8.32	9.87	11.07	9.99	8.23	7.92	10.43
机电产品进口比重	22.04	24.90	28.45	24.86	20.43	19.33	24.86

资料来源：北京海关。

（二）国际投资

1. "一带一路"背景下北京对外投资现状

北京市在"走出去"方面不断取得突破，截至 2019 年底北京市企业对"一带一路"沿线国家直接投资额达到 21 亿美元。其中，东南亚和东北亚成为投资主要聚集地，2015~2019 年对东南亚地区的投资超五成，对东北亚投资超三成。主要原因在于我国与东南亚国家海陆相通，交通往来便利，我国可以给东南亚国家提供其所需的工业产品和先进的技术和管理经验，同时东南亚国家出台了相关优惠政策鼓励中国企业在东南亚投资设厂，而东北亚地区经济与中国经济有着很强的互补性，合作交流投资空间巨大。从行业分布来看，2015~2019 年北京市在共建"一带一路"沿线国家投资行业分布排名前三位的是能源、交通运输和制造业。凭借国家政策支持，北京企业进一步发掘与"一带一路"沿线国家的合作优势以及利益汇合点，从而获得了更大的成长空间。目前，北京市已在"一带一路"沿线 30 多个国家有境外投资。由此可见，"一带一路"倡议将为北京企业"走出去"提供新的动力与方向，进一步提升了北京对外投资水平。

2. "一带一路"背景下北京吸收外资现状

"一带一路"建设以来，北京在"引进来"方面进入发展快车道，外商直接投资逐渐迈入新发展阶段，呈现多样化特点，与外资相关的各类工作均处于领先地位。2012年以来北京引进外资规模迅速攀升，2015～2019年北京实际利用外资总额达到818.7亿美元（见图2），占改革开放以来总额的50%左右。截至2019年底，北京外商投资企业注册数量超过3.22万家，投资总额接近6000亿美元，注册资本3782亿美元。其中，2017年实际利用外资首次突破200亿美元大关，创下243.29亿美元新高，占全国实际利用外资的比重高达18.57%，存量领先于全国大部分城市，2019年北京实际利用外资规模虽仅为142.13亿美元，但仍在全国占10.29%。北京外商直接投资规模扩大与近几年出台的一系列支持性政策措施密切相关，如率先放宽外资市场准入条件等。与此同时，北京利用外资的结构不断优化，这一趋势与北京市积极推动发展高精尖产业的目标一致。北京市作为全国首个试点城市，金融服务业、商务和旅游服务业、健康医疗服务业等重点领域颇受外资青睐。2019年，北京新设外商投资企业1636家，实际利用外资额142.1亿美元，占中国实际利用外资总额的10%。其中，服务业扩大开放重点领域新设外商投资企业1239家，实际利用外资额118.7亿美元，同比增长12%，占北京实际利用外资总额的84%。

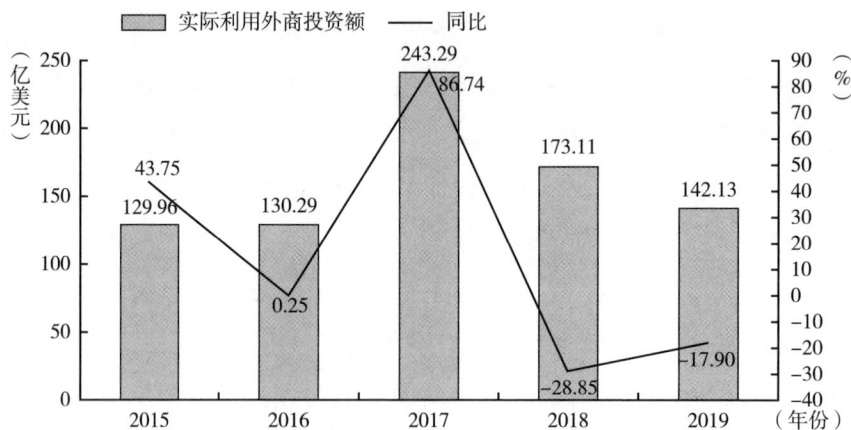

图2　2015～2019年北京市实际利用外商直接投资情况

资料来源：《北京统计年鉴》（2020）。

（三）对外承包

2015～2019 年北京市对外承包工程完成额呈波动增长态势，由 2015 年的 35.5 亿美元增长到 2019 年的 42.2 亿美元，年均增长率为 3.8%（见图 3）。北京对外承包工程的重要合作伙伴主要集中在"一带一路"沿线国家，约占总数的一半以上。可见，"一带一路"沿线国家是北京市企业通过对外承包工程"走出去"的最主要目的地。值得注意的是，大型国企成为北京对外承包工程的主力军，凭借其在对外经济发展中规模大、实力强、渠道多、平台广的特点，有效地促进了北京市与"一带一路"沿线国对外承包项目的对接，在提升自身国际化水平的同时，也带动了一批地方民营企业发展。

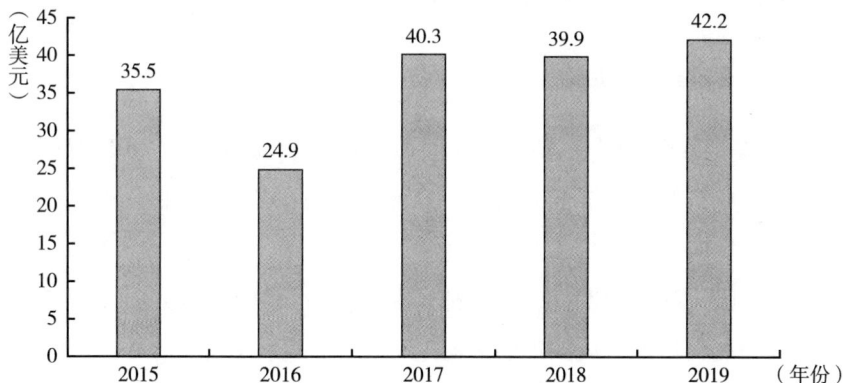

图 3　2015～2019 年北京对外承包工程完成额

资料来源：《北京统计年鉴》（2020）。

二　北京市与"一带一路"倡议的契合之处

作为中国首都，北京具有地理、经济、人才、资本和创新等方面的优势，作为推进"一带一路"建设的领头雁，北京应充分感知"一带一路"建设需求，发挥首都优势、把握经济优势以及利用区位优势。

（一）发挥首都优势

北京是我国首都，也是世界各国了解我国的窗口。作为国家定位的"四个中心"，北京承担着政治、文化、科学教育、国际交往等职能，而正是这些职能，为北京带来了丰富的资源、大量的机会以及众多国际投资者的关注，这些优势也由于首都的职能而具有持续性以及辐射性，对于提升北京的经济实力与国际形象具有长期的促进作用。因此，要主动推进"一带一路"建设：一是与驻京的各国使领馆建立密切沟通机制，搭建与"一带一路"沿线国家之间的政治沟通、文化交流平台；二是发挥政治中心的优势，积极与中央部委加强交流合作，借助国家对外资源提升北京市与沿线国的对接合作水平；三是发挥好科技创新中心的优势，与智库、高校以及科研院所建立紧密联系，以科技带动与沿线国的合作。

（二）把握经济优势

2020 年北京市经济总量仅次于上海，高达 3.6 万亿元，GDP 超过 1000 亿元的区域有 7 个，经济优势明显，各区经济发展都有其独特优势，例如：海淀区高等学府林立，文化科技实力雄厚，是全市文化和人才资源最集中的地区；朝阳区国际化程度高，是首都国际交往最频繁的区域之一，成为发展本市经济和加大对外开放的重要区域之一，大部分国际组织、驻华使馆和跨国公司总部等坐落在朝阳区，是首都开展对外交流的重要窗口。北京当前已步入后工业化发展阶段，不仅具有经济总量优势，还具有经济结构优势。北京的经济结构逐步优化，对于稳定经济增长、拓展经济发展空间以及减少环境污染具有十分重要的作用。同时，"一带一路"沿线国家与北京在产业结构方面存在差异和互补性，为开展国际产业合作提供了契机。因此，要借助这些经济优势主动推进"一带一路"建设。一是依托金融科技和信息产业的发展优势，继续办好各类金融论坛，同时培育领军企业的核心竞争力，加强这类企业与沿线国家在电子通信、软件和信息技术等数字领域的合作，着力打造"数字丝绸之路"；二是利用北京产业结构水平高于东南亚大部分国家的优势，进行产业链的合理分工，将东南亚国家发展成我国产业链条上游，帮助东南亚国家优化自身产业体系，同时满足我国产业结构升级需求。

（三）利用区位优势

从地理区域来看，北京东部连接海上丝绸之路北端的天津港，向北连接中蒙俄经济走廊，向南经京广铁路与新亚欧大陆桥相通，作为主要节点城市，北京可加强与沿线重点国家与重要节点城市的合作，以"一带一路"城市商会联盟为对象，加快海外发展服务网络建设。从空中交通枢纽角度看，北京在沿线国家的航线中占有很大比重，尤其是蒙俄地区，都将北京视为首位联系城市。北京对"一带一路"国际空运对接也起到了十分重要的作用。2021年9月5日，第三届"空中丝绸之路"国际合作峰会举办，有望以北京市顺义区为基地，从多个方向打造"空中丝绸之路"创新示范区，由于北京首都国际机场旅客吞吐量位居全国第一，每年吞吐量超过1亿人次，因此被确定为"空中丝绸之路"建设的起点。北京可以利用自身独特的区位优势，实现对"一带一路"沿线国家的全方位开放，进而带动相关国家和地区的经济发展，扩大北京区位优势的影响范围。

三　北京市推进"一带一路"建设的基本定位

北京参与"一带一路"建设，需要从国际、国内、京津冀地区和北京地区多个层面，找准自己的合作定位、产业定位和文化定位，为更好地推进"一带一路"建设发挥最大价值。

（一）合作定位

北京作为国家首都担负着多重职能，其发展水平高低直接关乎整个国家的稳定和谐。正是由于这些因素，拥有首都优势的北京在经济发展中能得到中央政府更多的政策和资金支持。并且，央企对北京的经济发展也起到了重要的促进作用，据统计，截至2020年底，世界500强企业中有55家将总部设在北京，其中大部分为央企。央企体量大，经济带动作用明显，对北京的发展起到了重要的支撑作用。在对外开放方面，北京成为世界了解中国的名片，更容易获得公众注意，能吸引大批国内外人士来中国旅游，带动国内经济发展，为城市创造更多发展机会。因此，为更好地服务于"一带一路"建设，要切实加强北京"四个中心"建设。一是拓展对外交往，发挥国际交往中心的重要作用。北京已建立一套相对完善的服务保障体系，为各级别国际会议和论坛的举办、为众多国际组织总部落户北京、为亚投行等机构在北京投资建设提供了优质配套服务。二是深化人文交流。作为全国文化中心，北京在与沿线国家的交流合作中应进一步做好对外宣传工作，建立国内外沟通的友好桥梁，树立北京开放、包容的文明城市形象，为中国与"一带一路"沿线国家的"五通"合作加油赋能。同时，北京应承担拓宽中华文化传播交流渠道的责任。目前，北京已资助了近500名沿线国家人才来北京留学，并为他们设立了"一带一路"奖学金。三是打造科技支撑平台。北京围绕国家"一带一路"科技创新合作，以中关村为研发创新基地，积极推进科技园区建设以及技术转移与对接。四是优化信息服务平台。2016年，北京正式上线国际经贸合作信息网站，主要为企业"走出去"提供信息服务，其中就包括"一带一路"这一专题。2020年，又上线了北京跨境电商综试区服务平台，服务对象主要为政府监管部门和跨境电商。

（二）产业定位

要推动"一带一路"建设走深走实，北京在明确"四个中心"战略定位的基础上，还要找准产业定位。北京未来将鼓励高端服务业加速发展，实施"高精尖"经济结构转型，这对于减少周边同质产业竞争、激发经济发展活力意义非凡。在分工协作上，北京第三产业增速最快，产业结构与发达国家的产业结构逐渐接近，这决定了其在"一带一路"建设中主要发展技术密集型和知识密集型产业的产业定位，在"微笑曲线"两端布局。从产业升级转移的角度讲，北京的第三产业发展一直保持积极向好的势态，对首都经济稳定增长发挥了重要作用。但同时人口、资源与环境的矛盾日益突出，城市环保压力巨大，产业转移是疏解这一压力的有效方式，因此应推进"一带一路"沿线国家承接非首都功能相关产业转移，可采用产业园区共建、直接投资和"总部＋海外生产基地"等方式进行转移。对于高耗能、高污染、低附加值的产业，应勇于做"减法"，代之以低耗能、低污染、技术密集型产业。在中高端制造业领域，应重点发展产品研发与设计、关键零部件制造，降低企业零部件自制率，推动一般零部件制造向沿线国家转移，形成专业化、社会化的分工体系。

（三）文化定位

截至 2020 年底，北京与 19 个"一带一路"沿线国家的首都建立了友好城市关系，如与老挝万象市结成友好城市。虽然北京在文化定位与建设方面做了许多工作并取得了一定的成就，但仍然具有改善的空间。第一，北京的文化建设与服务仍以政府为主体，虽然有一定的社会资本引入，但总体占比相对较少，从而在一定程度上制约了文化建设与服务的效率。第二，北京市文化设施的硬件建设虽然在质量以及数量上比较理想，但存在利用率低的问题，市民对群众文化活动的参与热情与积极性不足。第三，京津冀各地区经济发展水平不同，因而在文化设施方面的投入也存在较大差距，从而在一定程度上制约了京津冀地区的文化协同发展。由此可见，北京文化建设中暴露的短板需要加快补齐。文化定位是城市发展定位的灵魂，在"一带一路"高质量发展稳步推进的背景下，北京与"一带一路"沿线国家的文化融合与交流可以增进各国人民对彼此的信任、理解与认同，产生更多共同语言，北京作为中国的文化中心，应当好"一带一路"建设的排头兵。

四　北京推进"一带一路"建设的突破方向

在抓好自身定位的同时，北京在推进"一带一路"建设过程中仍有一些方向需要突破，应努力将自身打造成为国际合作的重要平台和连接点，成为优秀文化传播中心以及科技创意中心。

（一）成为国际合作重要平台

众多金融机构、大型企业等将总部设在北京，能为北京带来政策、资金、信息、技术、人才等方面的比较优势。"一带一路"倡议旨在促进各国共同繁荣，当前，"一带一路"沿线国家存在市场布局和结构散乱等问题，可尝试通过以下方式解决。首先，推进北京与"一带一路"沿线国家的产业内专业分工协作，建立一套高效可持续的国际分工体系。其次，北京与"一带一路"沿线国家的经济结构互补性强，北京可将一些传统产业转移到"一带一路"周边国家，以加速自身产业升级，而这些国家在吸纳自身所需产业的同时可以大力发展本国的新兴产业和绿色产业，走绿色可持续发展的道路。"一带一路"沿线国家还可借助亚投行提供的融资渠道，加大对本国高新技术产业和新能源等领域的资金支持，同时在各类国际交流平台上加强在这些领域的合作与交流。

（二）成为弘扬中华民族优秀文化的传播中心

文化是一国的灵魂，北京作为文化中心要切实发挥"领头雁"的作用，在推进"一带一路"建设的过程中，充分挖掘历史文化积淀，推进民心相通，加快打造一个蕴含古今中外、面向世界、多元包容的先进文化交流平台，这样不仅可以推进"一带一路"沿线国家的文化交流，也能充分发挥北京作为国家首都的核心职能。当前，京津冀作为一个世界级的城市群，历史文化资源丰富，承担着发挥文化价值导向功能的重要职责，应加快京津冀地区的对外开放步伐，与时俱进，传播中国特色优秀文化，向国内外展现中华文化的自信与魅力，同时开展与各国各阶层领域全方位的文化交流与合作，汇聚各国优秀文化，努力使北京成为文化大发展大繁荣的世界文脉标志，成为与"一带一路"沿线国家市场对接的重要桥梁，这无疑也是首都北京必须重视的突破方向。

（三）成为科技创意中心

北京应充分利用科学技术优势，为"一带一路"倡议提供相关技术支持。一是建设科技信息服务体系。整合原有的外国专利推介服务、信息服务等，打造"一站式"服务体系，并定期组织专家评估科技信息服务，帮助中国企业乃至"一带一路"沿线各国企业破解发展难题。二是加大金融支持力度。北京虽聚集了一大批中外资金融机构，但是科技型中小企业融资难问题依然突出，要着力解决好这类企业在发展不同阶段资金投入不足的问题，减轻科技创新过程中的阻力，建设"一带一路"科技支撑平台。三是与"一带一路"沿线国家进行联合研发与成果转化。北京可与沿线国家的政府和企业构建一套科技创新合作体系，在该体系中，"一带一路"市场占据主导地位，企业是科技创新主体，高校是培养科技创新人才的重要支撑，应用基础研究和战略研究是各沿线国家共同的重点领域，实验室、科技成果转化基地则是提升知识创新转化效率的重要平台。

五　北京推进"一带一路"倡议的政策保障

（一）突出政策协调功能，打造北京"一带一路""总指挥部"

一是发挥北京的政治中心优势，促进"一带一路"政治协商常态化，推动自由贸易区的建设和投资保护协定的谈判及签署，建立面向"一带一路"的高水平自由贸易区网络，提升中国在国际经贸和投资规则中的话语权和影响力。二是提高北京与"一带一路"重要节点城市的相互开放水平，营造更为公平、高效、宽松的商业竞争环境，进一步增强北京企业参与"一带一路"建设的主动性和积极性。三是加强北京与"一带一路"沿线国家海关、检验检疫、标准认证等部门和机构之间的合作，强化海关规则及制度协调，扩大海关业务各方面合作。四是全面开展海关通关作业无纸化、"联合查验，一次放行"等，不断提高贸易便利化水平，加强北京与"一带一路"沿线国家的生态环境保护合作，联合研究节能、节水、生态补偿等法律法规，将中国生态文明理念融会贯通。

（二）发挥北京国际化大都市的经济辐射作用，促进自身及周边产业结构升级

一是站位要高。对北京而言，要将发展思路跳出本区域范畴，从"一带一路"出发，优化产业布局，避免同质竞争、同业竞争，实现错位发展。二是合作形式要多样化。构建以市场为导向的经贸投资合作新模式，除鼓励建设境外经贸合作区等各类产业园区外，还应积极发展跨境电商等贸易新业态，同时整合优质资源，更好地服务于"一带一路"建设。三是打好基本功。融入"一带一路"要打好自身产业基础，发挥北京生产性服务业优势，推动现代制造业与服务业深度融合，推动产业调整、优化、升级，要结合"一带一路"沿线国家的发展重点，形成无可替代的优势。四是市场为先。"一带一路"倡议将市场运作置于前所未有的高位，要充分发挥市场在资源配置中的决定性作用，发挥企业这一市场主体在"一带一路"建设中的"急先锋"作用。

（三）确定北京投融资中心地位，形成以"一带一路"为主题的金融集聚

一是吸引国际性银行进驻北京，推动联合体银团贷款。二是强化北京金融监管等政策优势，支持中央金融监管部门完善监管措施，督促市级金融监管部门提升服务质量，营造公开、公平和公正的金融生态环境。三是务实推进创新机制建设，完善"一带一路"投融资平台，在现有各投融资平台基础上发展其他投资和基金，由投融资平台向投融资协调平台转变。四是以"一带一路"发展为契机，健全北京多元化、多层次的金融机构体系，增强服务"一带一路"能力，探索金融机构经营转型新路径，开展精细化链式营销，破解中小外贸企业融资困境，提供一站式金融服务。五是对接财政扶持政策，做到公平优先、兼顾效率，提升普惠性金融创新服务水平，加大对"一带一路"沿线国家民生金融领域的支持力度。

（四）通过北京国际影响力，发挥服务支撑功能

一是加强"一带一路"对外宣传，利用各种论坛、展会等准确阐释"一带一路"的内涵和意义。二是打造"一带一路"信息中心。北京市应充分利用发达的信息网络，汇聚、整合"一带一路"合作相关信息，加强信息服务，在对外投资国别指南基础上，提供更新、更丰富的国情信息和动态信息，包括投资项目信息、政治关系信息、当地企业情况、合作信息以及各类风险的动态变化信息等，帮助相关企业减少学习成本，大幅降低运营风险。三是加强人才培养与引进。北京需进一步鼓励各科研院所加强对"一带一路"相关问题的研究，为企业提供充足的智力支持。四是依托北京全国文化中心的优势，推进对外文化传播，夯实北京文化资源基础，"立足北京、环视全国、关注世界"，大气派彰显古都文化魅力，将未列入文物保护名单的设施逐步纳入名单，坚持包容性、多元化的发展特点，积极培育和挖掘国际知名的现代文化元素，将现代文化与中国传统文化高度融合。五是利用现有文化资源，积极发展文化旅游，吸引沿线各国人民到北京旅游。

参考文献

［1］郭万超、王丽：《北京加强"一带一路"对外文化传播路径研究》，《科技智囊》2018 年第 4 期。

［2］韩晶、刘俊博、酒二科：《北京融入国家"一带一路"战略的定位与对策研究》，《城市观察》2015 年第 6 期。

［3］程宝栋、李芳芳等：《践行"一带一路"倡议：中国的探索与北京的定位》，社会科学文献出版社，2020。

［4］前瞻产业研究院：《2020 年中国对外贸易全景分析报告》，2021 年 2 月。

［5］《"一带一路"数据库》，社会科学文献出版社，http：//www. ydylcn. com。

［6］王漪：《"一带一路"的北京新篇章》，《投资北京》2019 年第 5 期。

［7］许恬：《北京践行"一带一路"倡议问题研究》，《价值工程》2019 年第 29 期。

［8］杨松主编《北京经济发展报告（2018～2019)》，社会科学文献出版社，2019。

［9］ 周凡煜、胡哲豪：《北京企业对"一带一路"沿线国家和地区 OFDI 研究》，《对外经贸》2021 年第 1 期。

［10］《北京对共建"一带一路"国家进出口保持高速增长》，《现代物流报》2021 年 6 月 28 日。

［11］ 王义桅、刘雪君：《"一带一路"与北京国际交往中心建设》，《前线》2019 年第 2 期。

［12］ 杨蕾、张恒瑄、刘静怡：《"一带一路"背景下中小型外贸企业融资困境破解策略——基于北京"政保贷"案例》，《农村金融研究》2018 年第 3 期。

［14］《北京以"四个平台"为支撑积极参与"一带一路"建设》，《投资北京》2017 年第 6 期。

B.7
北京国际交往中心建设
发展报告（2021）

王　波　刘佳佳*

摘　要： 本报告主要着眼于北京国际交往中心建设的现状及不足，探讨了北京的城市区域规划、轨道交通建设、大型场馆的使用、国际产业发展平台的打造、国际人才社区的兴建、城市环境的改善、市内指示标识的改进、英语普及度的提升、中华文化的推广、涉外人才的培养及引进、城市服务体系的建设、大国首都形象的营造等一系列领域，从硬件设施和软件建设两方面入手，研究了北京国际交往中心建设的可行性路径，通过改善北京市市政交通网络、合理利用大型场馆、完善国际交流中心区、提升"两区一街"名片效应、建立国际产业发展平台、完善国际人才社区、打造绿色宜居城市、改进城市外语标识、优化首都国际语言环境、推广对外汉语和中华文化、吸引海外高端人才、提升留学生培养质量、改进城市服务体系、塑造首都良好对外形象等举措，全面贯彻落实党中央对外工作部署，坚持高水平、高标准、高质量的发展路线，全方位将北京打造成具有国际影响力的世界交往之都。

* 王波，法学博士，对外经济贸易大学北京对外开放研究院研究员，国际关系学院教授、副院长、博士研究生导师，主要研究方向为全球治理、能源环境政治、外交政策；刘佳佳，法学博士，对外经济贸易大学北京对外开放研究院研究员，国际关系学院副教授、硕士研究生导师，主要研究方向为国际法学、外交政策、全球治理、国别研究。

关键词： 国际交往中心　城市规划　产业发展　国际人才社区　市政
服务体系

伴随着我国 40 多年改革开放的伟大历程，我国日益走近世界舞台中央。
作为我国首都，北京是我国对外开放的窗口和全球国际交往的中心城市之
一。建设国际交往中心是北京深化落实城市战略定位的重要内容，与国家发
展的历史使命紧密相连，也是推动首都经济高质量发展、全面深化改革开
放、稳步推进社会主义民主法治建设、着力保障改善民生、切实维护首都稳
定发展的重要路径之一。

一　北京国际交往中心建设现状

经过 40 多年的改革开放，我国北京已初具国际交往中心雏形，在国内
城市对外交往活力指数排行中位列第一，在全球城市文化指数排行中名列前
三。现在的北京已充分具备成为世界级国际交往中心的基础和潜力，主要体
现在以下几方面。

（一）外交机构、友好城市、商业机构

北京是我国重要的国际交往平台，国际交往中心的建设对贯彻大国外交
新战略、实现中国特色大国外交、营造新型友好国际环境有着重要意义。根
据北京市统计局和外事办的数据，北京现有 3 个使馆区，驻京外国使馆、领事
馆共 134 个。北京与 50 个国家的 56 个城市建立了市级友城关系，另有区级友
城及友好交流城市 173 个，其中包括"一带一路"沿线的 24 个城市。拥有世
界 500 强企业总部 56 家、在京分公司 244 家；与之相比，东京仅拥有世界 500
强企业总部中的 38 家，巴黎有 27 家，而纽约则只有 18 家。总体而言，北京
拥有为数较多的使领馆、友好城市和国际商业机构。但驻京国际组织及分支
机构数量明显偏少，特别是缺乏核心性的、具有强大影响力的国际组织。

（二）国际会议

全球会议目的地竞争力指数是对城市的经济水平、营商环境、治安水平、硬件支撑能力与和国际形象等进行评价的指标。2020 年 12 月，《全球会议目的地竞争力指数报告》正式发布，该报告显示全球 53.1% 的国际会议由欧洲举办，虽然北京目前是大陆地区举办国际会议最频繁的城市，但近年来北京市举办国际会议的数量未有上升，基本稳定在年均 90 余场（见图 1），与举办国际会议前 10 名的城市（巴黎、伦敦、新加坡、巴塞罗那、东京、维也纳、柏林、曼谷、纽约、里斯本）相比还有较大距离。

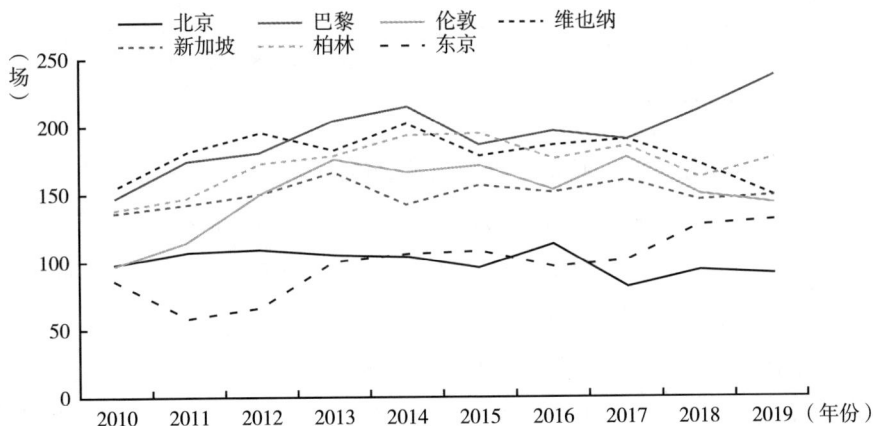

图 1　世界部分主要城市举办国际会议数量

（三）在京外籍人员

城市中外籍人口比例是评判一个城市是否国际化的重要指标之一。随着北京国际化程度的加深，来京的外籍人士总数呈上升趋势，但较之欧美知名城市而言，北京市外籍人员占总人口比例明显偏低。目前，在京外籍人口有 20 多万人，占全市人口的 1% 左右，且以商务、访问、旅游人群为主。与之相比，纽约、伦敦、巴黎的外籍人口比例则要远高于北京（见表 1）。如何更好地吸引国际优秀人才为我国的现代化建设服务，如何让在京外籍人员更好地融入北京的生活，感受到北京的开放和包容，从而让他们成为宣传我国国际形象的民间大使，这些仍需要借鉴其他国际大都市的经验。

表1　世界部分主要城市的外籍人口规模

单位：万人，%

城市	总人口	外籍人口	外籍人口占比
北京	2154	20	1
伦敦	1400	518	37
纽约	837	309	37
巴黎(市区)	225	45	20
东京	1350	55	4

（四）英语普及度

作为国际通用语言，英语是国际会议、国际交流使用最频繁的语言，英语高普及度也是一个城市国际化的标志。首都市民英语普及度的提升有利于增进中外交流，有助于我国人民和外国民众之间的相互了解，能够促进经济、教育、文化、科技等领域的交流，有助于国际交往和"民间外交"。

英语在北京市的推广、普及与大型国际活动的举办息息相关、相辅相成。自申奥成功后，北京于2002年开展了"北京市民学外语"活动，并成立了相应办公室。至2008年奥运会前夕，北京市能够使用英语的人口已从2002年的300万人激增至550多万人，超过市内常住人口的35%。虽然如此，与世界上其他大型国际都市相比，英语在北京市的普及度仍有很大的提升空间。

（五）城市标识

北京市内的引导性标识牌、街道标识牌等语言景观中，采用英汉双语标识的占比约为86.66%，而采用汉语与其他外语进行标识的占比则不足4%[1]。

---

[1]　袁媛：《国际化大都市的城市语言景观研究——以北京为例》，《宁夏大学学报》（人文社会科学版）2018年第4期。

一些标识牌存在翻译错误、译法不统一、意译与拼音并存等问题。2020 年，北京颁布了《北京市公共场所外语标识管理规定》，旨在进一步推广外语（尤其是英语）在公共场所的使用。

二　北京国际交往中心建设路径

（一）硬件设施

1. 完善交通网络，解决拥堵问题

基础设施的完善和轨道交通的畅通是北京成为世界交往舞台的硬件保障。目前，北京拥有全国最发达的城市道路交通网络、轨道交通网络、铁路枢纽和航空港，但也存在诸多问题。北京目前"圆环套圆环"的交通网络布局极易造成道路堵塞。市区交通拥堵、市外空间得不到合理利用、居住密度上升、宜居程度下降等一系列大城市病尤为明显。国际交往中心建设需要完善配套设施的支持，需进一步合理化道路布局、城市功能规划、停车场地供应、功能区域划分，加快重大交通基础设施建设，引导城市整体功能布局优化，大力推进轨道交通体系建设，促进各功能区域之间的便捷联系，进一步加密城市轨道网，对主要换乘站进行便利化改造，实现人员的快速进出、便捷通勤，强化地铁、公交与其他公共交通方式的便利衔接，有效提高以轨道交通为主的公共交通承载量。同时加快市郊轨道建设，充分利用既有铁路线和新建城际铁路资源，开行市郊铁路列车，建立怀柔、密云、延庆、平谷等远郊新城到中心城的快速轨道交通网络，实现"区区通轨道"。加快机场联络轨道系统建设，加强北京新机场与首都国际机场及中心城的联系，加大部分对外交通枢纽外迁力度，引导部分功能的疏解，并逐步外迁中心城区内的长途客运站。"十四五"期间应进一步完善城际高速铁路和城际轨道交通、车联网、新能源充电桩的建设，使北京城市硬件达到科技化、智能化、国际化水准，并运用大数据、人工智能、工业互联网、5G 科技、虚拟科技等高新科技，创建对外开放、兼容并包的国际智慧城市；结合我国外交需要，深度融合"一带一路"倡议和海外布局，优化北京的国际航线网络，持续改善首都国际机场、大兴国际机场的硬件设施并提升服务水平。

2. 建设并合理利用大型场馆

在中华民族伟大复兴和中国重返世界舞台中心的历史进程中，首都北京需要承载更多的国际交往职能，推进国际交往中心建设首先要发挥北京的首都功能，提高重大国事活动的综合承载和配套服务能力，将北京打造成全球性的政治、文化、科技创新中心，这对我国实现大国外交、参与全球治理、创建新型国际关系有着重大意义。作为国际交往中心，北京需要拥有足够数量的能够承办国际活动的会议场馆、会展中心、体育赛事场馆，完善对外国使团和外交人员的服务保障，建设第四使馆区，为国际交流活动提供场所设施、配套服务，以良好的硬件设施、轨道交通吸引国际组织、代表机构在北京落户，这对推动国际标准、国际规则在北京发布，增加国际会议、会展在北京的举办数量，提升北京参与全球治理的能力都能起到长期而积极的作用。

2022 年北京冬奥会是我国重大的、标志性国际体育赛事活动，可以此为契机，统筹考虑赛事需求、赛后利用等因素，高水平、高质量地规划建设各类场馆和基础设施。不断完善各类硬件设施，优化首都会展布局，培育高质量的会展品牌，提升北京会展业的国际化、专业化水平。在完善会议会展配套设施的同时，还可根据具体需要和用途兴建一批新的硬件设施。

3. 完善雁栖湖国际会都

雁栖湖国际会都主体之一雁栖湖国际会议中心在 2014 年 11 月、2017年 5 月成功举办了亚太经合组织领导人非正式会议及"一带一路"国际峰会。雁栖湖国际会议中心的建筑风格、景观设计和内部装潢充分吸收了我国传统建筑和中式园林的精髓，不仅对外展示了北京形象和中华文化，更为国际高端会议、国际大型论坛、国际政治及经济年会的承接、举办提供了必要平台，后续可进一步加强国际会都建设，持续改善雁栖湖区的生态环境，提高配套服务能力，将会展业规模化、专业化、品牌化、国际化。未来亟须建立完善的规章制度，加强与国际组织之间的交流与合作，提升北京绿色会展产业的国际影响力，积极吸引外资企业进行投资与人才培训，将雁栖湖国际会都打造成"东方达沃斯"。

4."两区一街"建设

首都功能核心区聚集了北京市政治、文化、对外交往等多重功能，主要包括东城区与西城区，以长安街为东西轴线。作为北京城市化程度最高的城区，东、西城区的基础设施较为老旧，可开发利用的土地数量也较少，重大国事活动的服务保障能力仍有所欠缺，国际医疗、国际教育等配套设施的建设尚不完善。同时，长安街作为北京市对外展示形象和发挥国际交往功能的重要载体，其文化独特性并未得到完全展现，文化设施比重较低、特征单一，作为国际交往中心的相关设施布局仍不完善。在优化产业结构、发展现代服务业的同时，还应依托王府井商业区、长安街等地的集聚、吸纳、辐射效应，不断扩大北京"两区一街"的城市名片效应和国际影响力。通过对北京核心区的积极宣传，塑造北京包容、大气、厚德、多元、创新的国际形象，良好城市形象的宣传和营造将有利于北京进一步聚集大型国际组织、跨国企业、社会团体等国际交流主体，并合理布局国际组织、机构及分支代表机构、跨国公司、外国驻华使馆等，在北京市特定区域内形成集聚效应。

5.建设国际产业发展平台

随着世界主要大国在国力上的此消彼长，近年来国际形势风云变幻，旧有的国际关系和治理机制正在不断受到挑战和冲击，唯有建立新的全球治理体系才能顺应时代发展需求，我国应紧密结合北京政治中心、文化中心、国际交往中心、科技创新中心的"四个中心"定位，审时度势、把握时机，及时引入更多以北京为总部的国际组织、研发中心、跨国公司。

建设国际交往中心，需不断推进服务业开放，发展数字经济，扩大数字贸易，并结合京津冀区域的协同发展，进一步加强 CBD、天竺综保区、运河商务区、金盏国际合作区、河北自贸区大兴机场片区（北京区域）等对外开放区的建设，提升北京市不同区域各具特色主导产业的对外开放水平，推动经济高质量发展。鼓励海外投资者和跨国公司在北京设立研发机构，引导创新创业投资机构和孵化机构的健康发展。招引优质跨国公司，鼓励跨国公司在北京设立总部，推动首都总部经济的进一步发展。与此同时，融合供给侧结构性改革，推进产业国际化、数字化、智能化、绿色化，优化制造业产业结构，大力发展战略性新兴产业，建设国际产业发展平台。

6. 兴建国际人才社区

国际人才是建设首都国际交往中心的栋梁，随着新的产业革命、科技革命的兴起，许多国家都加大了对高端人才的引进力度，并加强了对本国核心技术的专利保护。中美大国竞争也从以往的"贸易战"过渡到了现今的"科技战"，尤其是在通信和网络技术领域，中美两国的竞争态势已十分明显，为应对新形势，我国在"一带一路"的基础上又提出了"数字丝绸之路"的概念。由此可见，未来国与国之间的竞争是国与国科技实力的竞争。为应对未来的科技竞争，我国应制定与时俱进的人才招募策略，完善高等院校和研究机构的管理制度，促进国与国之间的学术交流，鼓励国际高端人才流动。通过优良的科研环境和有效的激励措施，留住本国精英人才，吸纳海外高端人才，优化科研团队，打造包容、开放、自由的学术氛围，增加首都对中外精英学者的吸引力。北京需加速国际人才社区的兴建，迅速提高北京对高端国际人才的吸引力，吸引海内外高科技人才留京，提升北京市外籍常住人口比例，为国际人才创新、创业提供硬件配套和广阔舞台。通过高校、企业、社会组织等多重主体，为海外人才提供求学、深造、就业和发展机会，合理完善海外人才出入境、签证、停居留等政策，针对现有不足，合理改善留学生、外籍职工的生活、居住、教育、医疗条件。特别是通过在顺义、怀柔等地兴建一批配套设施完备的国际人才社区，为国际人才创新、创业搭建承载平台，实现"人才＋资本"良性互动，推动首都的高质量发展。在顺义国际人才社区、雁栖国际人才社区竣工后，还需通过配套政策加强北京对国际人才特别是科技创新类人才的吸引力。国际人才社区不仅要满足海内外高端人才多元化的住房需求，为其提供短租与长租住房，还要不断完善教育、医疗、就业、养老、婴幼儿保育等各方面的社会保障，打造国际化的多元生活环境，为国际人才提供安居北京的硬件配套和各类服务。

7. 打造绿色城市

城市的宜居程度、空气质量、绿化水平是影响国际组织选址、国际会议举办、外籍人员留京的重要影响因素之一，也是建设国际交往中心的基石。北京市生态环境近年来已有大幅改善，但依然存在一些问题，在一定程度上制约了北京国际交往功能的实现。首先，大气污染问题。由于化石能源消耗量较大、城市建设规模大、城市周边高污染企业众多，北京的大气污染问题较为突出。主要污染物浓度虽在近年来持续下降，但PM2.5含量仍超国家二级标准。目前，北京市人均二氧化碳排放量在亚洲城市中仍居于前列。其次，生活垃圾的处理问题。北京市生活垃圾总量庞大，垃圾分类措施在2020年刚刚颁布实施。在垃圾处理的基础设施建设、垃圾分类投放、垃圾运输处理等一系列问题上尚需持续改进，不断推进垃圾分类和回收利用项目。最后，城市宜居程度问题。在英国经济学人智库对全球140个城市进行综合评分的"最适合人类居住城市"排名中，北京仅居第74位。与墨尔本、东京等国际都市相比，北京在绿地建设、公园布局、城市宜居程度方面仍有一定距离。

在建设国际交往中心的过程中，北京应当朝着"绿色、低碳、宜居、高效、便捷"的方向发展。优化调整能源结构、产业结构，推进能源技术进步和能源结构转换，加快低碳发展。北京可借鉴墨尔本经验，设计"绿楔"和"生态红线区"，将城市增长边界内的城市建设分隔开来，抑制城市的无序蔓延。同时，鉴于北京市用地紧张的现状，还可在市内增加具有选址灵活、占地面积小、离散分布性强等特点的"口袋公园"，以提升城区的绿化率和景观效果，改善城市的生态环境。在建设国际交往中心的过程中还应持续推进造林绿化工程和京津风沙源治理等年度造林工程，持续控制市内PM2.5和臭氧污染，实施二氧化碳控制专项行动，对标国际环保一流水平，建设绿色、和谐、宜居的国际交往中心。

8. 完善城市标识系统

城市标识体系的完善是北京成为国际宜居都市的基础和必要条件之一，多语种标识的普及能够很好地体现北京的现代与文明程度，有利于大国首都形象的塑造，有助于推进国际交往中心建设。目前，北京的城市标识系统基本做到了中英双语的规格，道路标识、建筑物名称、地铁站点名称、地铁站内的周边建筑标识等，均为中英双语配置，能够满足基本的功能需求。但在人性化、智能化等方面还有巨大改善空间。北京城市标识还存在一些典型问题，如：街道名称、地铁站点名称等对拼音的使用不统一；同一汉字在不同地铁线路播报中存在差异；完全拼音化和相对拼音化的使用方式并存、混用；带有特殊历史性和文化性的街道名称称谓不统一。2021 年 4 月，北京市外办、市广播电视台、北京外国语大学联合主办的"外语标识全民纠错月"活动成果斐然，不仅调动了广大市民的参与积极性，还有效优化了北京的国际语言环境。虽然北京市内重要的、具有指示性和引导性的标识已基本上有英语翻译，然而美中不足的是市内标识鲜少有小语种、多语种翻译。对比邻国日本，日本政府在机场、市内、景区等重要地点的指示牌上均采用了中、日、韩、英四种语言进行标识。

实现标识设置统一可使城市标识系统更加有序，起到展现城市文化风貌的作用。北京可从以下 6 个方面改善、优化城市标识系统。第一，将整体性、系统性整合统一起来，建立地点译名选择的具体标准，减少翻译错误，统一翻译方式。第二，在现有的视觉标识元素上进行更改，根据不同标识的不同作用进行适当调整。第三，当前非英语区入境人次稳步增加，可考虑将小语种纳入标识改善的范围之中。特别是应丰富机场、车站、地铁、医院、学校等处的小语种、多语种翻译，以服务各国民众。在条件允许的情况下，还可在各大景点、路口设置用其他小语种标识的电子滚动播放牌。第四，增加美学元素，丰富城市标识的图像表现形式，最大限度地体现"国潮"设计和中华文化传统。第五，提高标识的人性化、智能化程度，增加电子标识，合理使用 VR 技术，突破静态宣传设计的壁垒。第六，关注残障人士和特殊人群的需求，实现城市内的无障碍出行。

（二）软件建设

1. 提高英语普及度

综观国际外交舞台上的重量级城市，其普遍具有较高的文明程度、受过良好教育的市民和友好的外语环境。其中，友好的外语环境是提高一个城市国际交往能力的重要软实力之一。作为世界上使用范围最广的语言，英语是绝大多数国际会议、外事活动和学术交流活动的通用语言。英语的普及有助于吸引更多国际精英人才访京、爱京、留京。自2003年以来，北京市政府已出台《北京市民讲外语活动规划（2003~2008年）》《首都国际语言环境建设工作规划（2011~2015年）》等一系列相关政策，以提高英语普及度，虽有一定效果，但与其他国际性城市相比仍有一定差距。2019年第九版英孚英语熟练度指标（EF EPI）显示，北京市民的英语熟练度得分仅为55.68分，与之相比，荷兰首都阿姆斯特丹、德国首都柏林、法国首都巴黎市民的英语熟练度则高达71.35分、65.51分和60.28分（见图2）。

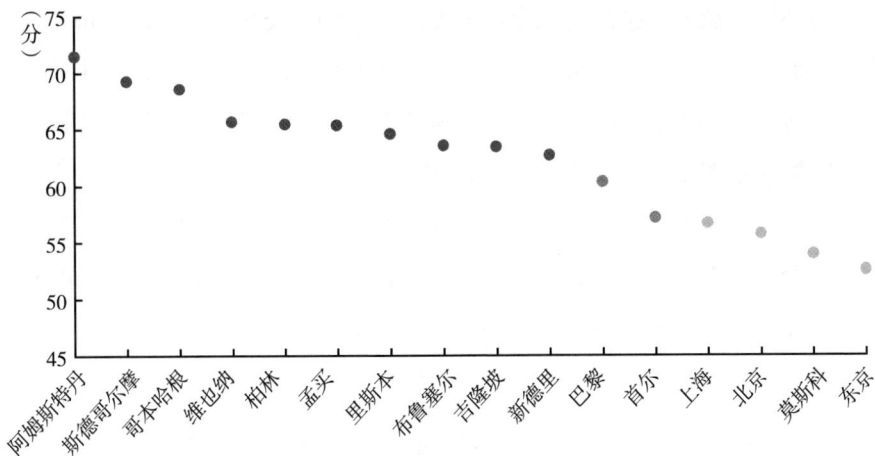

图2　2019年世界部分主要城市的英语熟练度

英语普及度不仅与国际交流的频繁程度正相关，也与城市的竞争人才储备、科研能力等促进国际交往中心建设的重大因素明显正相关。例如，纽约、伦敦两大英语城市的国际交往中心人才竞争力排名分别位列世界第一和第二，而英语普及度较高的城市（如巴黎、哥本哈根、阿姆斯特丹）均排在世界前20名。因此，提高北京市民的英语普及度是完善北京国际交往中心功能体系的必要前提。为营造外语环境，丰富国际文化，可在市政服务机构内开辟多语言服务窗口，在北京市民中开展免费学英语活动，并通过外语免费线上教学来提高城市的英语普及度和语言服务便捷度。开展社区英语活动,不断提高公共服务部门、对外接待机构、旅游景点等的外语翻译水平和工作人员的工作能力,举办国际化活动,塑造城市的国际形象。

2. 大力推广汉语和中国文化

除提高市民的英语水平外,积极推动汉语走向世界也是促进国际交往中心建设的重要一环。汉语作为世界上使用人数最多的语言,其使用人口主要集中在我国境内,而将汉语作为非母语使用的人口仅占总汉语使用人口的16.91%,相比之下,以英语为非母语的使用人口占全球英语使用总人口数量的66.52%。由此可见,推动汉语国际化任重而道远,仍需通过各种手段、渠道来大力推广汉语,并在语言教学中做好中国文化的对外宣传与传播。对外汉语教育的推广对北京市成为世界级国际交往中心有着不可估量的作用,而中华文化在世界范围内的积极传播有助于增强海外民众对中国、对北京的认知,起到促进民间交往、增进相互理解、形成价值认同的作用,符合我国构建新型全球发展伙伴关系的愿景和目标。

3. 注重涉外人才培养,吸引国外高端人才和留学生

据 INSEAD 统计,在全世界 155 个城市中,北京市人才竞争力仅排第 35位。世界部分主要城市的人才竞争力影响因素如图 3 所示。

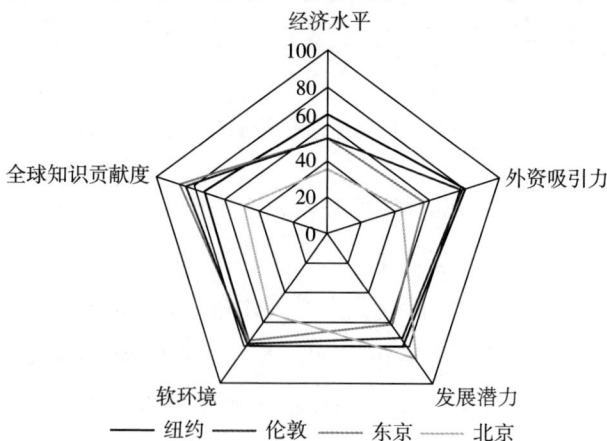

图3 世界部分主要城市的人才竞争力影响因素

北京作为我国首都，既是国际交往中心，也是政治中心、文化中心、科技创新中心，"四个中心"建设是"十四五"时期的工作重点和首都战略定位。国际交往中心建设要与其他三个中心的建设相结合，在建设完善国际交往中心过程中可有效利用北京市身为全国文化中心的特点，利用丰沛的高校资源，结合"一带一路"倡议，优化高校内的课程体系，合理设置相关专业，培养国际交往中心急需的人才，特别是外语、外贸、外交等涉外人才，同时继续吸纳世界各地优秀留学生来华学习或进行短期交换（世界部分主要城市的留学生规模见图4）。我国可根据国际形势和疫情管控需要，适时更新签证政策，在确保我国国内防疫安全的前提下，对来华人员提供更人性化的疫情防控安排。利用在京高校、研究会等学术研究机构的影响力邀请外国专家、学者来华交流访问，加强中外高端人才交流、沟通、协作。

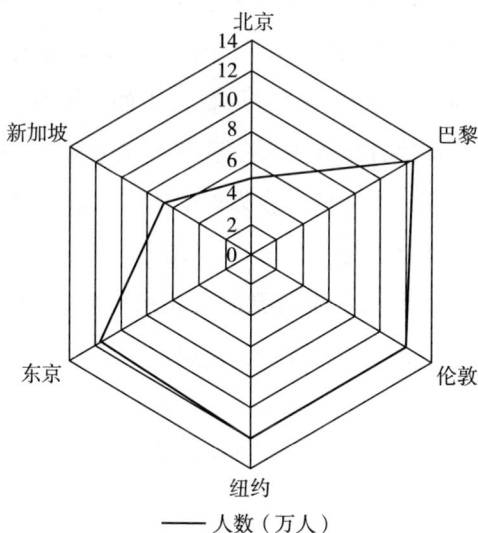

图4 世界部分主要城市的留学生规模

自2008年起实施的"千人计划""外国专家千人计划""万人计划"等多项海外高级别人才引进政策起到了良好效果，各地区政府部门还可通过建设高新科技园区，完善落户、医疗、保险、出入境等服务政策，以及提供奖励津贴等多项措施来吸引高端人才。

4. 完善城市服务体系

国际交往中心的建设和高水准的城市服务体系密不可分，城市服务体系的完善是建设国际交往中心的重要环节，也是吸引优秀海外人才来华的必要条件，特别是在促进中外民间密切交往、民间组织友好交流上可以起到持久性的、至关重要的作用。提升北京服务业的专业水平，改变目前一些服务机构在接待方面存在的"重经营、轻服务"现象，提升从业人员的专业素质，建立满足外籍人士生活、工作、交流等多方需求的信息服务系统，为来华旅游、探亲、工作、定居者提供便利的生活条件和包容的社会环境，尽量消除文化、语言、宗教、生活、习俗等方面的差异带来的冲击。在实现外语标识规范化、提高外语服务水平的同时，为在京外国人提供城市旅游、天气、医疗急救、餐饮、购物、住宿、出行、法律咨询等各方面的便捷服务，在北京市外籍人士聚居区定点设立面向国际人士的一站式服务大厅，协助来华人员办理相关手续；开通并完善专门服务外籍人士的多语种"北京生活"App，通过手机、网络便捷解决外籍人士来华后有可能遇到的各类生活问题；鼓励在国际组织、外国使团、跨国公司较为集中的区域形成丰富、多元的文化区块，甚至可考虑营造类似海外"唐人街"式的"欧美街""东南亚街""日韩街"等，在打造多元北京、丰富旅游文化的同时，为各国来华人士创造良好的学习、工作、生活环境；开通更丰富的国际金融支付手段；在公共交通设施区的自助购票处设置便利外籍人士使用的选项。通过以上措施，逐步完善北京的城市服务体系，提升北京的国际服务能力，增强城市包容性，促进多元文化和谐融合。

5. 塑造城市对外形象

通过积极举办国际合作高峰论坛、大型国际会议、国际体育赛事、国际文化节、国际电影节、国际音乐节等活动，加大城市宣传力度，创新宣传方式，扩大北京国际设计周等文旅品牌在海外的影响力，推进北京与更多海外友好城市之间的交往合作，促进民间交流。利用新兴媒体、融媒体优势，讲好北京故事，逐步提升国际话语权，引导国际舆论，积极构建新的国际话语体系，重塑北京在外媒报道中的形象，展现首都开放、友好、活力、包容的积极形象，增强海外普通民众对北京的好感和认同，促进跨文化人际交流，提升北京在国际舞台上的影响力和话语权。拓宽合作渠道，加快对外发展步伐，形成全方位、多层次、立体高效的对外开放体系，增强北京作为国际交往中心在全球治理和大国外交中的核心承载能力，为我国的改革开放和对外交往事业再立新功。

三　结语

2021 年是"十四五"开局之年，是我国开启全面建设社会主义现代化国家新征程的第一年。在新的起点上，首都国际交往中心的功能建设与国家发展、民族复兴的历史使命紧密联结在了一起。将北京打造成国际交往中心可为我国未来的大国外交提供必要的平台，促进我国深入参与全球治理，有利于新型国际关系的构建和人类命运共同体的实现。作为大国首都，北京需率先实现社会主义现代化，开拓城市发展新格局，坚持以开放促改革、以交流促发展，不断提升在国际舞台上的影响力。北京在国际交往中心建设中应蹄疾步稳、稳扎稳打；面临百年未有之大变局，要不畏危机、转危为机。由上至下统筹规划，由下至上自发实施，进一步释放千年古都北京作为大国首都和国际性现代都市的内生活力，在对外交往的过程中，中央与地方协同、官方与民间配合，多主体、多层次、全方位、立体化地推动首都国际交往中心的建设与发展，提高北京的国际地位和对外影响力，打造重量级的大国外交舞台和世界级的国际交往中心。

参考文献

[1] Ariana Dickey, Michele Acuto, Carla-Leanne Washbourne, *Urban Observatories：A Comparative Review*, United Nations Human Settlements Programme （UN-

Habitat），2021.1.

［2］Eduardo Moreno（Branch Coordinator），Ben Arimah（Task Manager），Raymond Otieno Otieno，Udo Mbeche-Smith，Anne Klen-Amin，Marco Kamiya，Richard Stren，Patricia McCarney，Graham Tipple，Sai Balakrishnan，Vanesa Castán-Broto，Edgar Pieterse，Bruce Stiftel，Sarah McCord Smith，Brian Roberts，Trevor Kanaley，Michael Cohen，*World Cities Report 2016*：*Urbanization And Development*，United Nations Human Settlements Programme（UN-Habitat），2016.

［3］Shuwen Zhou，Samantha Anderson，Boshu Cui，Shenglin Zhang，*Smart Cities and Social Governance*：*Guide for Participatory Indicator*，UNDP，2017.

［4］UN Habitat，*World Cities Report 2020*：*The Value of Sustainable Urbanization*，*Key Findings and Messages*，United Nations Human Settlements Programme（UN-Habitat），2020.

［5］赖长强：《粤港澳大湾区城市群全面开放的战略路径研究——基于广州、深圳的开放水平测度》，《产业创新研究》2019年第6期。

［6］唐磊：《深圳国际城市形象：域外"专家意见"与"大众感知"》，《深圳大学学报》（人文社会科学版）2020年第3期。

［7］于宏源、练姗姗：《共商共享全球治理：吸引国际组织入驻成为城市发展新路径》，《上海城市管理》2017年第1期。

［8］俞新天：《上海都市民间外交的理论思考》，《国际关系研究》2020年第6期。

［9］周士新：《上海城市外交的全球布局与特色定位》，《上海城市管理》2018年第1期。

专题报告
Special Reports

B.8
推动北京市服务业高质量发展
路径及举措研究

万 璐　张羽婷*

摘　要：　作为超大规模服务消费市场和国际科技创新中心，北京市有
　　　　　基础、有条件在构建国内国际双循环中加速提升发展能级。
　　　　　本报告从构建新发展格局背景下北京市服务业高质量发展的
　　　　　瓶颈出发，探讨北京市服务业与制造业的深度融合及其对新
　　　　　型服务业高质量发展的作用，剖析北京市服务业开放对服务
　　　　　业高质量发展的直接促进作用和产业关联影响，挖掘并分析
　　　　　北京市服务业高质量发展的结构升级、就业质量提升、全要
　　　　　素生产率提高等重要动力机制，在此基础上提出畅通服务业

---

* 万璐，经济学博士，北京林业大学经济管理学院副教授，主要研究方向为金融发展与贸易边
际结构、亚太经济一体化、林产品贸易、林业服务贸易；张羽婷，北京林业大学经济管理
学院硕士研究生，主要研究方向为服务业增长及生产率评估。本报告是北京市社会科学基金
项目"北京市服务业高水平开放与服务业制造化、服务业生产率的关联效应研究"
（20JJC026）阶段性研究成果。

高质量内循环、促进产业深度融合、实现更高水平服务贸易外循环、营造服务业高质量竞争环境四方面的建议及系列配套举措，以推动北京市服务业高质量发展。

关键词： 北京市服务业　新发展格局　高质量发展　服务业开放

一　构建新发展格局背景下北京市服务业高质量发展的瓶颈

根据十九届五中全会的全面部署，"十四五"时期我国经济社会发展围绕推进高质量发展的主题，进一步深化供给侧结构性改革，充分发挥改革创新动力，加快构建"以国内大循环为主体、国内国际双循环相互促进"的新发展格局。在发展新阶段、新形势、新要求下，北京市将深入贯彻新发展理念，与国家重大战略部署同向发力，依托产业结构优化、创新发展动能提升、消费升级潜力释放、体制机制障碍破除等，加快建设现代化的经济体系，在构建国内国际双循环过程中实现经济高质量发展。

从经济结构供给侧来看，北京市三次产业构成以第三产业为主，占比过八成，形成了服务业为主导的产业结构。服务业已经成为构建新发展格局背景下北京市经济高质量发展的"推进器"。在全面推动国家服务业扩大开放综合示范区和中国（北京）自由贸易试验区建设中，服务业高水平开放将为服务业高质量发展深度赋能。深入理解构建新发展格局下北京市服务业高质量发展的内涵，科学指导发展实践，需要把握服务业发展问题与规律，以及服务业开放对服务业发展的作用机制。

进入 21 世纪以来，北京市第三产业的贡献率稳定在 55% 以上，就业比重在 54% 以上，表现出了典型的服务经济特征，尤其是在 2008 年金融危机之后，北京市第三产业贡献率持续在 70% 及以上，2019 年达到 87.8%，与此同时，就业比重也不断提高，2019 年提升至 83.1%（见表 1）。服务业在北京市国民经济中的地位不断上升，与已有关于服务业发展的理论预期相一致。

表1 2000～2019年北京市第三产业贡献率及就业比重

单位：%

年份	第一产业贡献率	第二产业贡献率	第三产业贡献率	第一产业就业比重	第二产业就业比重	第三产业就业比重
2000	1.0	43.4	55.6	11.8	33.6	54.6
2001	0.7	23.8	75.5	11.3	34.3	54.4
2002	0.6	20.2	79.2	10.0	34.6	55.4
2003	-0.3	27.0	73.3	8.9	32.1	59.0
2004	—	33.7	66.4	7.2	27.3	65.5
2005	-0.2	23.3	76.9	7.1	26.3	66.6
2006	0.1	20.7	79.2	6.6	24.5	68.9
2007	0.2	21.5	78.3	6.5	24.2	69.3
2008	0.2	0.8	99.0	6.4	21.2	72.4
2009	0.4	23.4	76.2	6.2	20.0	73.8
2010	-0.1	30.2	70.0	6.0	19.6	74.4
2011	0.1	17.6	82.3	5.5	20.5	74.0
2012	0.3	18.7	81.0	5.2	19.2	75.6
2013	0.3	21.0	78.7	4.8	18.5	76.7
2014	—	19.4	80.6	4.5	18.2	77.3
2015	-0.1	8.5	92.6	4.2	17.0	78.8
2016	-0.7	13.8	86.9	4.1	15.8	80.1
2017	-0.3	10.8	89.5	3.9	15.5	80.6
2018	-0.1	10.0	90.2	3.7	14.7	81.6
2019	-0.2	12.4	87.8	3.3	13.6	83.1

资料来源：《北京统计年鉴》（2020）。

已有服务业发展理论也提出，随着服务业的发展可能会出现非均衡增长弊病，即与制造业相比，服务业存在劳动生产率增长滞后、就业增加过快、需求价格缺乏弹性等问题。这就是针对城市服务经济发展问题提出的"鲍莫尔－福克斯假说"，其后学者将研究对象在跨国、跨部门方面拓展，先是以发达国家服务业增长验证为主，结果支持了该假说。对发展中国家的研究较晚出现,程大中(2004)利用细分行业数据,得出中国服务业劳动生产率增长滞后、就业份额增长过快、服务需求与服务部门发展极不均衡的结论。然而由于服务业本质上存在难以度量或测算,诸多学者指出服务业劳动生产率或全要素生产率的计算可能存在较大偏差,需要更准确地测度生产率,并且将服务视为最终品的思路可能忽视服务作为中间品对与其相关部门生产率的积极作用(OECD,2003)。郭凯明等(2020)运用中国省级层面数据基于多部门多地区一般均衡模型进行模拟,发现北京市服务业存在较为显著的鲍莫尔病效应,但和其他省级地区相比表现出差异性特征,其鲍莫尔病对产出比重及就业比重的负向影响,相较于大多数其他地区来说更低(见表2)。

表 2 中国部分省级地区的鲍莫尔病效应(1992~2018 年)

单位:%

地区	产出比重	就业比重	地区	产出比重	就业比重	地区	产出比重	就业比重
广东	-23.1	-25.4	河南	-22.8	-23.1	四川	-28.9	-29.2
江苏	-30.9	-31.9	湖北	-29.5	-30.2	陕西	-26.7	-27.4
山东	-25.9	-25.9	湖南	-26.6	-26.7	广西	-23.4	-23.5
浙江	-26.0	-27.1	安徽	-16.4	-18.7	内蒙古	-33.3	-35.3
河北	-16.5	-22.4	辽宁	-25.8	-27.3	重庆	-26.8	-27.9
福建	-23.0	-23.2	江西	-20.4	-20.8	云南	-19.2	-18.0
上海	-12.6	-13.3	黑龙江	-27.2	-27.1	贵州	-31.9	-26.8
北京	-16.7	-17.6	吉林	-27.4	-28.8	甘肃	-31.8	-28.7
天津	-21.9	-20.7	山西	-27.3	-19.7	宁夏	-14.3	-14.8
海南	-16.0	-17.4						

资料来源:郭凯明、杭静、徐亚男《劳动生产率、鲍莫尔病效应与区域结构转型》,《经济学动态》2020 年第 4 期。

二 北京市服务业与制造业的深度融合及其对新型服务业高质量发展的作用

从产业发展规律来看,服务业和制造业经历了从分工深化到两个产业高度融合的过程。技术进步推动金融、运输、分销等生产性服务业从制造业中分离，并为制造业提供支撑，而制造业则为服务业提供需求。随着数字革命的加深，服务业快速发展的需求又推动制造业发展，如互联网基础设施在云计算服务中的需求等。服务业与制造业的融合能够产生生产效率提升、产业转型等积极影响，并形成制造业服务化和服务业制造化两种趋势，其中制造要素在服务业投入和产出中变得越来越重要的现象（如人工智能在服务业的应用），被称为"服务业制造化"（裴长洪、刘斌，2019），它促进了两个产业在更高层次深度融合，重塑了产业链和价值链的形态（如"蛇形"模式和"蛛形"模式），产生了服务业新的增长点、提供了新动能（郑小碧等，2020）。

在数字经济时代，个人和企业都变成网络社群的虚拟节点，传统交易模式向网络复杂分工模式转变。郑小碧等（2020）在理论研究层面将其抽象为从传统服务外包模式转到网络外包模式再转到网络众包模式，利用超边际模型对其分工结构的演变机制进行分析，发现其分工结构的演变取决于交易效率，交易效率的提升会产生多重正向关联效应，如优化劳动力配置、提升劳动生产率、扩大市场规模、提高人均网络连接红利、增加人均真实收入，从而推动高质量数字化经济发展。另外，从服务业发展的鲍莫尔病效应来看，数字经济使服务业可以克服劳动生产率难以显著提高的困难，并且能够摆脱空间距离的限制，为全球消费者提供服务，会极大地发挥规模经济效应，与此同时，全球消费者也可以享有丰富的服务产品选择，发挥范围经济效应。

根据对全国 300 余个直辖市、地级市的 20 余个数字经济相关细分指标的综合评估，北京市数字经济发展以 92.4 分位列第一（见表 3）。衡量指标包括数字化基础设施、城市治理、城市服务、数字产业化、产业数字化 5 个维度，每个维度反映的指标内涵、覆盖的子项指标如表 4 所示。特别地，数字产业化与产业数字化都是服务业与制造业融合的直接体现，也可以成为表达服务业制造化以及制造业服务化的具体实例。"十四五"时期，北京市将聚焦数字产业化和产业数字化，实现数字经济增加值年均增长 7.5%，推动数字经济与实体经济进一步深度融合，打造具有国际竞争力的数字产业集群。从北京市服务业高质量发展的新动能来看，在数字技术的支撑下，全球产业链不断扩展、深化，北京市将在更高的水平上参与全球创新分工，成为全球创新网络的关键节点（见图1）。

表3 中国城市数字经济发展前20强

单位：分

排名	城市	得分	排名	城市	得分	排名	城市	得分	排名	城市	得分
1	北京	92.4	6	成都	89.8	11	青岛	84.8	16	宁波	83.5
2	上海	92.1	7	武汉	86.3	12	贵阳	84.4	17	无锡	83.2
3	深圳	91.6	8	重庆	86.1	13	南京	84.2	18	福州	83.1
4	广州	91.2	9	苏州	85.7	14	合肥	84.0	19	长沙	82.6
5	杭州	90.4	10	天津	85.6	15	郑州	83.7	20	佛山	82.3

资料来源：数字经济发展研究小组、中国移动通信联合会区块链专委会、数字岛研究院共同出品《中国城市数字经济发展报告（2019~2020年）》。

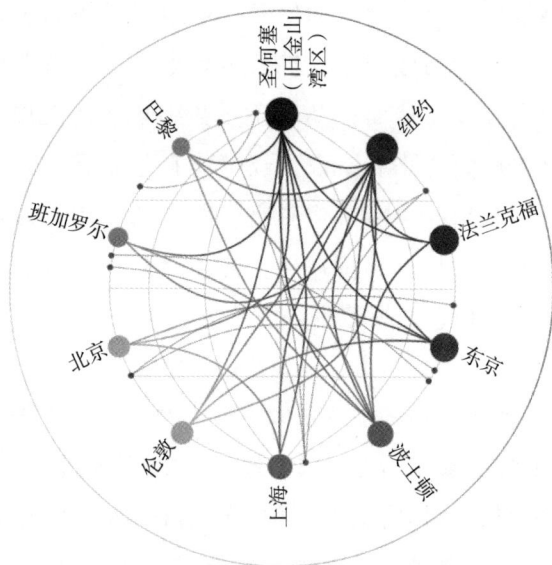

图1 全球创新网络中的前十大关键节点

资料来源：《2019年世界知识产权报告》。

表4 城市数字经济发展指标的构成

指标维度及内涵	细分指标
1. 数字化基础设施:反映支持城市数字化建设及发展的数字化基础设施发展水平	1.1 信息基础设施;1.2 数据基础设施;1.3 设施运营
2. 城市治理:体现政府在数字化建设及发展中的作用	2.1 数字化城市支持/扶持政策及规划数据基础设施;2.2 数字化政务建设;2.3 数字化政务应用
3. 城市服务:数字化城市社会民生工作成果的综合评价	3.1 数字化教育服务;3.2 数字化医疗服务;3.3 数字化公共交通;3.4 移动支付及生活缴费;3.5 其他人社民政服务
4. 数字产业化:反映数字化产融结合,是数字经济对经济发展的直接体现,数字产业化即电子信息产业、软件和信息服务业等ICT产业,通过新一轮科技革命和产业变革中形成的经济社会发展新动力、新技术、新产业、新业态、新模式等发掘新的经济增长点	4.1 城市整体ICT产业发展水平;4.2 特色ICT产业发展水平;4.3 新动能发展水平;4.4 资本及人才;4.5 重点企业
5. 产业数字化:反映数字化产融结合,是数字经济对经济发展的直接体现,产业数字化即通过数字化应用、改造带动传统产业转型或实现新旧动能转换等业态,通过新的科技革命和产业变革来转换掉传统的经济发展模式,实现新旧动能转换,持续推进供给侧改革	5.1 城市整体传统产业发展状态;5.2 特色/重点产业发展状态;5.3 旧动能转换水平;5.4 资本及人才;5.5 重点企业

资料来源:数字经济发展研究小组、中国移动通信联合会区块链专委会、数字岛研究院共同出品《中国城市数字经济发展报告(2019~2020年)》。

三 北京市服务业开放对服务业高质量发展的影响及其作用途径

北京市服务业开放主要涉及两个角度:服务贸易自由化以及服务业国际资本流动自由化。从度量的角度来看,在服务贸易自由化方面,现有研究主要使用总体服务贸易依存度或分行业的服务业贸易渗透率进行度量。在服务业国际资本流动自由化方面,多数研究主要使用服务业外商投资依存度进行度量,为了更加准确地反映对服务业外商投资的限制减少情况,孙浦阳等(2018)基于外商投资参股比例限制条件改变构建了层次累进的服务业外资开放指数。从表5可以看出,北京市的服务贸易自由化整体经历了先上升、后下降、再平稳的发展阶段;北京市服务业国际资本流动自由化的变化范围相对有限,在经历了小幅下降后逐渐回稳。这些表现与世界贸易和中国外贸外资发展整体形势息息相关,这再一次印证了在新发展阶段加快构建新发展格局的重大意义。

表5 北京市服务业开放程度(服务贸易自由化及服务业国际资本流动自由化)

年份	服务贸易总额(亿美元)	服务贸易自由化(%)	实际利用外资额(亿美元)	服务业国际资本流动自由化(%)	劳动生产率(元/人)
2000	—	—	22.2	8.5	65302
2001	—	—	12.8	4.0	78046
2002	—	—	12.5	3.2	89352
2003	162.24	36.0	14.0	3.1	94215
2004	235.70	44.4	19.2	3.6	90158
2005	300.74	48.3	23.0	3.7	90091
2006	393.23	51.0	34.5	4.5	102203
2007	503.06	49.6	40.8	4.0	122898
2008	691.92	55.0	44.4	3.5	134512
2009	644.10	43.8	52.0	3.5	138876
2010	798.29	47.0	56.3	3.3	154363
2011	895.40	43.9	62.4	3.1	173084
2012	1000.20	42.0	69.1	2.9	184434
2013	1023.30	38.3	70.1	2.6	196326
2014	1106.10	37.1	79.3	2.7	207269
2015	1302.78	40.1	123.2	3.8	221046
2016	1508.60	45.0	123.2	3.7	232634
2017	1434.26	39.2	232.0	6.3	249274
2018	1606.19	38.6	148.6	3.6	272980
2019	—	—	135.0	3.2	285674

资料来源:根据《北京统计年鉴》(2020)计算,其中服务贸易自由化使用服务贸易依存度衡量,服务业国际资本流动自由化使用服务业外商投资依存度衡量。

进一步地,北京市服务业开放可以从两个方面影响北京市服务业高质量发展。第一,直接提升服务业本身发展质量:①推动全球要素资源在本国服务业有效配置;②通过促进技术外溢提升本国服务业技术水平(陈明、魏作磊,2018);③通过较少固定贸易成本促进可提供服务种类的增加;④通过提供优质就业机会提高本国就业质量（陈丽娴、魏作磊，2016）。第二，通过产业关联促进服务业和制造业的融合：①通过服务要素的优化配置降低制造业中间投入的成本（张艳等，2013）；②通过增加服务投入的种类、提升服务投入的质量以及促进产业关联技术溢出来提高制造业生产效率（Beverelli et al.，2017）；③通过服务投入的低成本、高质量等提升制造业的贸易收益（Bas，2014）；④通过制造业技术水平的提高来改善服务业产业绩效并推动服务业升级（钱龙、何永芳，2019）具体作用路径如图2所示。

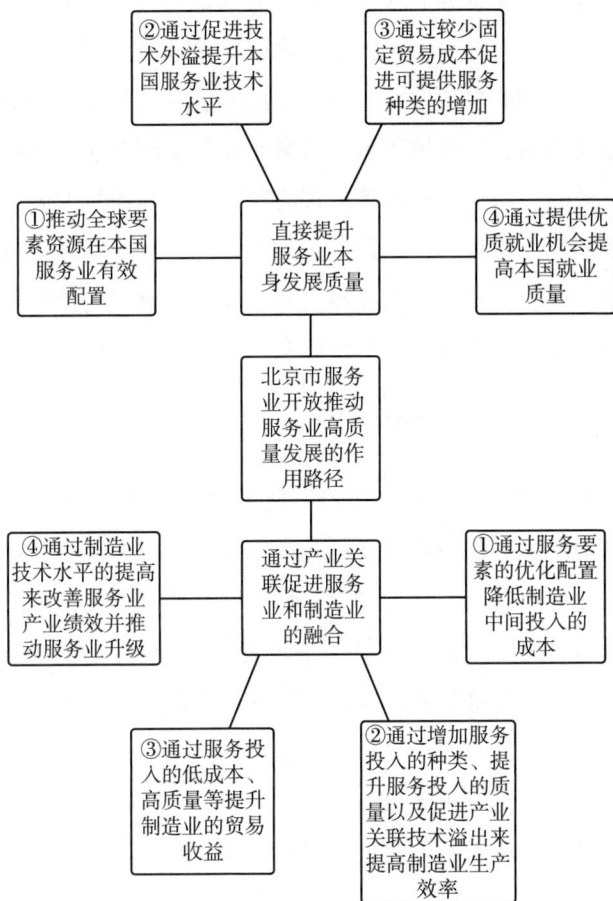

图2　北京市服务业开放推动服务业高质量发展的作用路径

资料来源：作者分析已有研究成果及动态后绘制。

四 北京市服务业高质量发展的重要动力机制

党的十九大报告明确指出我国经济从高速增长转向高质量发展，处在转变发展方式、优化经济结构、转换增长动力的攻关期。结合高质量发展的科学内涵、构建新发展格局的关键问题，以及对外开放影响服务业发展的渠道，可以得出通过扩大开放实现服务业高质量发展有以下 3 个动力机制：①服务业结构升级；②服务业就业质量提升（张志明，2017）；③服务业全要素生产率提高。2018 年中央全面深化改革委员会第四次会议审议通过《关于推动高质量发展的意见》，强调要加快建立高质量发展的指标体系、政策体系、标准体系、统计体系等，抓紧研究制定制造业、高技术产业、服务业等重点领域的高质量发展政策。现阶段服务业高质量发展的评价量化体系还处在探索及建立过程中，但是以扩大开放促进服务业高质量发展的政策设计需求已十分迫切，深入研究推动服务业高质量发展的机制对在实践中设计政策路径及制定实施措施有科学指导意义。

（一）北京市服务业结构升级

从北京市服务业结构来看，知识、技术密集的现代服务业比重不断上升，服务业结构向高端化快速发展，金融服务业显现出优秀的竞争力，软件和信息服务业表现出杰出的增长能力，科技服务业显示出强劲的创新增长动力。如图 3 所示，按生产总值计算，2019 年北京市排名前四的细分服务业类别分别是金融业，信息传输、计算及服务和软件业，批发与零售业，科学研究和技术服务业。其中：信息传输、计算及服务和软件业的生产总值从 2001 年的 233.0 亿美元增长到 2019 年的 4783.9 亿美元，增长了近 20 倍；金融业、科学研究和技术服务业分别增长了 12 倍、14 倍左右。从图 3 可以进一步看出，相比于批发与零售业的明显萎缩，另外三类名列前茅的现代服务业的比重显著增加。服务业结构升级已经成为北京市服务业高质量发展的强大动力。

图例：

□ 信息传输、计算及服务和软件业　□ 批发与零售业　　　■ 住宿和餐饮业
■ 房地产业　　　　　　　　　　　■ 租赁和商务服务业　▦ 金融业
■ 交通运输、仓储和邮政业　　　　⊞ 科学研究和技术服务业　▷ 水利、环境和公共设施管理业
▨ 居民服务、修理和其他服务业　　□ 教育　　　　　　　□ 卫生和社会工作
◨ 文化、体育和娱乐业　　　　　　▤ 公共管理、社会保障和社会组织

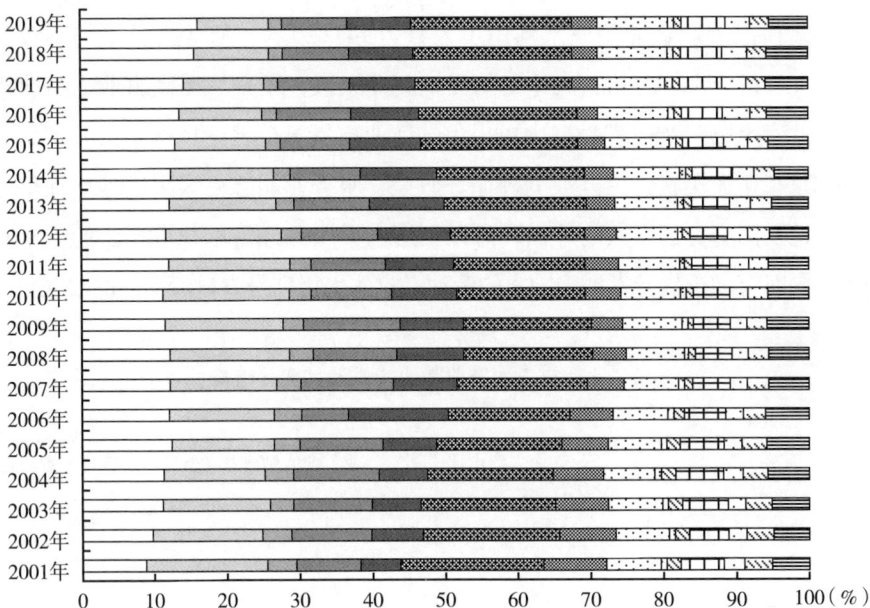

图3　北京市第三产业分行业生产总值构成情况

资料来源：根据各年《北京统计年鉴》数据绘制。

（二）北京市服务业就业质量提升

从北京市服务业就业情况来看，第三产业就业吸纳能力持续上升，从变化趋势来看，三次产业就业人数占比中，第一、第二产业的就业人数占比整体呈下降趋势，第三产业就业人数占比整体呈上升趋势，从2000年的54.6%上升至2019年的81.3%（见表6）。与此同时，全市居民人均可支配收入显著增加，2019年达到67756元。具体来看北京市服务业各细分行业，如图4所示，2019年规模以上第三产业法人单位平均用工人数排名前四的分别是租赁和商务服务业，信息传输、计算及服务和软件业，批发与零售业，金融业，

用工人数分别为 106.2 万人、97.8 万人、75.4 万人、61.8 万人。然而，从从业人员平均工资来看，排在前四位的是金融业，信息传输、计算及服务和软件业，卫生和社会工作，文化、体育和娱乐业，从业人员平均工资分别为251432 元、216842 元、200164 元、178266 元（见图5）。与之相对，2019 年北京市规模以上制造业企业平均用工人数为 74.2 万人，从业人员平均工资是123448 元。综合上述分析，无论是从吸纳就业人数，还是从提高就业人员收入来看，北京市第三产业都表现出更出色的就业质量。在理论规律上，尤其是考虑到北京市正在实施扩大开放的外循环政策，服务业能够更大限度地增加就业岗位，这是因为更加广大的外循环可以利用世界服务经济增长更广泛的需求和动力，同时有助于提升发展中国家的劳动者收入，特别是农村劳动力的收入。

表6 北京市三次产业就业构成及其变化趋势

单位：%

年份	第一产业就业人数占比	第二产业就业人数占比	第三产业就业人数占比
2000	11.8	33.6	54.6
2001	11.3	34.3	54.4
2002	10.0	34.6	55.4
2003	8.9	32.1	59.0
2004	7.2	27.3	65.5
2005	7.1	26.3	66.6
2006	6.6	24.5	68.9
2007	6.5	24.2	69.3
2008	6.4	21.2	72.4
2009	6.2	20.0	73.8
2010	6.0	19.6	74.4
2011	5.5	20.5	74.0
2012	5.2	19.2	75.6
2013	4.8	18.5	76.7
2014	4.5	18.2	77.3
2015	4.2	17.0	78.8
2016	4.1	15.8	80.1
2017	3.9	15.5	80.6
2018	3.7	14.7	81.6
2019	3.3	13.6	81.3

资料来源：《北京统计年鉴》（2020）。

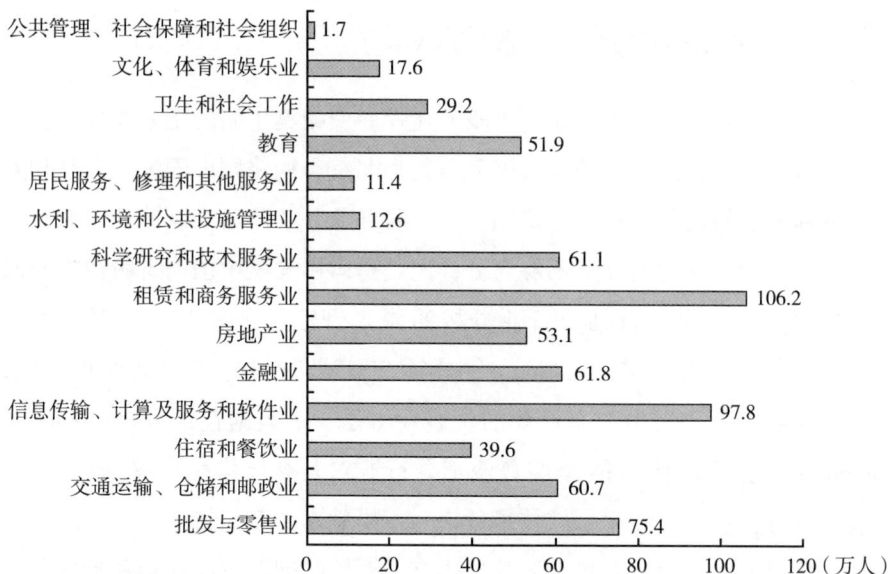

图4 2019年北京市规模以上第三产业法人单位平均用工人数

资料来源：《北京统计年鉴》（2020）。

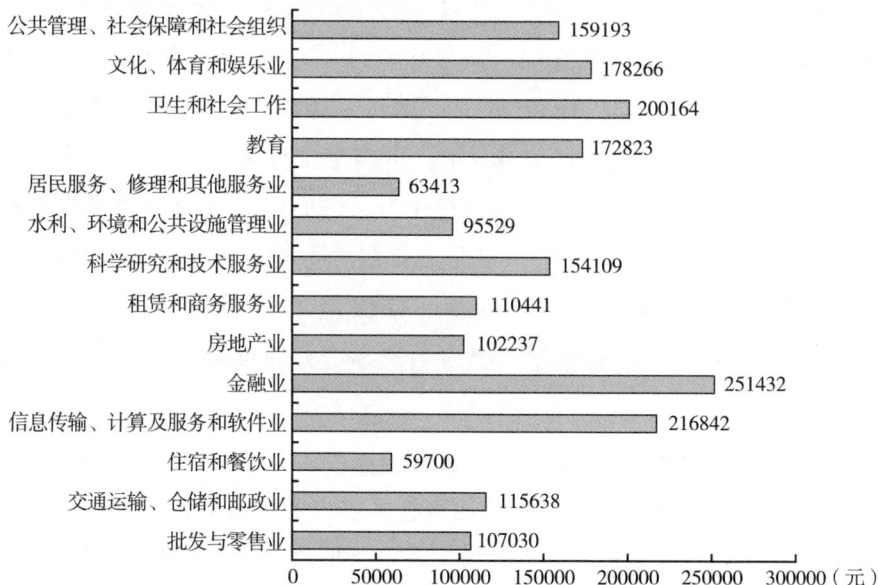

图5 2019年北京市规模以上第三产业法人单位从业人员平均工资

资料来源：《北京统计年鉴》（2020）。

（三）北京市服务业全要素生产率提升

生产率提升不仅是解决北京市服务业发展中鲍莫尔病的主要途径，也是北京市服务经济长期增长的关键因素，更是北京市构建国内国际双循环相互促进的新发展格局的根本动力机制。由于服务业开放落后于制造业，对重要指标进行准确量化的研究还不够充分，尤其是运用发展中国家省级数据对服务业全要素生产率进行细分行业分析的深入研究亟须补充。本部分利用2005~2017年《北京统计年鉴》《中国第三产业统计年鉴》的面板数据，通过产业层面全要素生产率计算的代表性方法——数据包络分析（DEA - Malmquist）方法，基于14个服务业细分行业对其全要素生产率进行估计，并进一步分析技术进步率、纯技术效率、规模效率的变化特征，为北京市服务业高质量发展和服务业扩大开放提供有针对性的问题解决途径和动能释放途径，加快实现北京市服务业发展的高能级产业结构、高效率服务供给、高水平就业回报。

从估计结果来看，如表7所示，北京市服务业全要素生产率除2008~2009年以外每年都在提升，年均增长3%。其中，2005~2008年全要素生产率的增速处于较高水平，2008~2009年全要素生产率出现下滑，但下滑幅度较小，仅为0.1%，可能是全球金融危机导致了金融业、房地产业等服务业细分行业受到冲击，进而使服务业全要素生产率总体上受到影响。2009~2010年北京市服务业全要素生产率经历了短暂的快速增长，2010~2013年进入较缓慢增长的阶段，增速约为0.4%。2013年之后，服务业全要素生产率提升速度进入较高水平，且保持稳定。

进一步对各分解指标进行分析，北京市服务业全要素生产率的提升主要是由技术效率的增长驱动的，平均而言技术进步变化为1.00，即基本不存在波动，意味着服务业的技术利用效率较高，但是技术进步水平有待提升。除此以外，纯技术效率在多个年份表现出下降趋势，平均下滑0.4%，规模效率则正向增长，平均改进3.4%，这意味着规模增加带来了投入产出的规模效率提升,可以扩大产业规模来进一步提升服务业回报水平。由此可见,北京市服务业的纯技术效率和技术进步水平都还有待提高。

表7 北京市服务业全要素生产率变动估计及其分解

年份	全要素生产率变化	技术进步变化	技术效率变化	纯技术效率变化	规模效率变化
2005~2006	1.075	0.952	1.129	1.035	1.091
2006~2007	1.039	1.076	0.965	0.958	1.008
2007~2008	1.051	0.991	1.061	0.924	1.148
2008~2009	0.999	0.951	1.051	1.046	1.004
2009~2010	1.044	0.999	1.045	0.987	1.058
2010~2011	1.004	0.887	1.132	1.032	1.097
2011~2012	1.003	0.983	1.021	1.066	0.958
2012~2013	1.005	1.072	0.938	0.979	0.958
2013~2014	1.048	1.018	1.029	0.993	1.036
2014~2015	1.020	1.064	0.958	0.966	0.992
2015~2016	1.046	1.001	1.045	0.987	1.059
2016~2017	1.034	1.023	1.011	0.991	1.020
平均值	1.030	1.000	1.030	0.996	1.034

注:全要素生产率变化=技术进步变化×技术效率变化;技术效率变化=纯技术效率变化×规模效率变化。
资料来源:根据各年《北京统计年鉴》和《中国第三产业统计年鉴》数据计算。

从细分行业估计结果看,如表8所示,在发展趋势方面,除房地产业和金融业以外,其他12个细分服务行业的全要素生产率处于上升或不变的状态。在实现全要素生产率增长的行业中,增速最大的是居民服务、修理和其他服务业,最小的是住宿和餐饮业。值得一提的是,当前方兴未艾的教育行业及疫情下受到诸多关注的卫生和社会工作行业的全要素生产率在样本期间呈现较高的全要素生产率增长率,达到5.9%。总体而言,北京市服务业细分行业基本实现了全要素生产率的提升。

进一步关注各分解指标,房地产业技术效率的降低造成全要素生产率下降,其中纯技术效率和规模效率都表现出降低,可能是劳动或资本要素投入过多造成了冗余，影响了房地产业的规模效率。分析房地产业的劳动生产率以及资本生产率可以发现，在样本期间均呈现明显的下滑趋势，进而导致全要素生产率的下降，金融业则因技术进步变化导致全要素生产率下降。

为达到全要素生产率的提升，需要在技术效率和技术进步两个方面共同发力，二者共同作用才能实现全要素生产率的提升。深入探究二者的重要性后可以发现，北京市多数服务行业如教育，卫生和社会工作，文化、体育和娱乐业，公共管理、社会保障和社会组织等，其技术效率的提升皆大于技术进步的增长，成为这些细分行业全要素生产率提升的主导因素。

表8　北京市服务业细分行业全要素生产率变动估计及其分解

细分行业	全要素生产率变化	技术进步变化	技术效率变化	纯技术效率变化	规模效率变化
信息传输、计算及服务和软件业	1.000	1.006	0.994	0.977	1.017
批发与零售业	1.042	0.992	1.050	1.051	0.999
住宿和餐饮业	1.009	1.006	1.004	0.978	1.027
房地产业	0.988	1.000	0.982	0.986	0.997
租赁和商务服务业	1.054	1.006	1.048	1.001	1.047
金融业	0.941	0.941	1.000	1.000	1.000
交通运输、仓储和邮政业	1.019	1.006	1.013	0.994	1.019
科学研究和技术服务业	1.049	1.006	1.044	1.001	1.042
水利、环境和公共设施管理业	1.063	1.006	1.057	0.982	1.076
居民服务、修理和其他服务业	1.067	1.006	1.061	1.000	1.061
教育	1.059	1.006	1.053	1.020	1.033
卫生和社会工作	1.059	1.006	1.053	0.972	1.083
文化、体育和娱乐业	1.043	1.006	1.037	0.990	1.047
公共管理、社会保障和社会组织	1.040	1.006	1.034	0.998	1.036
平均值	1.030	1.000	1.030	0.996	1.034

资料来源：根据各年《北京统计年鉴》和《中国第三产业统计年鉴》数据计算。

五 推动北京市服务业高质量发展的建议与举措

尽管世界经济波动性和不确定性持续提升，我国仍坚定以高水平开放实现经济高质量发展，在构建新发展格局的背景下，随着互联网、人工智能向服务业深度渗透，开放经济影响服务业产业链、价值链的模式随之发生改变。本部分基于前述北京市服务业高质量发展瓶颈、产业深度融合及其作用、服务业开放的作用途径、推动服务业高质量发展的动力机制等分析，提出促进北京市服务业高质量发展的建议及举措。

（一）畅通北京市服务业高质量内循环，促进服务业供给侧改革与消费需求更好匹配

根据《北京市第七次全国人口普查公报》以及《北京市2020年国民经济和社会发展统计公报》，2020年末北京市常住人口为2189.3万人，人均可支配收入为69434元，进入社会主义建设新阶段后，人民群众的美好生活愿望更加丰富，消费的档次不断提高，要实现北京市服务业发展，首先要实现高质量的内循环，以深化供给侧结构性改革，激发内生活力，引领和创造新需求，促进服务业供给侧改革与消费需求更好匹配，推动传统服务业的数字经济、绿色经济赋能以及现代服务业的智慧化升级。深化数字基础设施建设，建立可信数字基础设施、国际大数据交易所，促进数据的高效有序流动及深度开发利用；完善高精尖服务产业发展政策，壮大信息技术、区块链、先进计算、生物医疗、在线新经济（在线健康医疗、在线文化旅游、在线会展等）等服务产业规模，利用好首店经济、首发经济等消费拉动利器，全面畅通并实现北京市服务业更高水平的国内大循环。

（二）推动北京市服务业与制造业深度融合，激发国有企业创新活力，发挥民营经济创新潜能

现代信息技术的飞跃式发展大大促进了服务业与制造业的融合，并为二

者的深度融合提供多种可能。在这种背景下，北京市服务业高质量发展与制造业已经密不可分，两者相互影响、相互促进，只有两个产业领域深度融合，才能充分利用现代信息技术，更好地满足服务业新业态下的新需求，并实现更高的收益回报。特别是在贸易和增长放缓并叠加全球疫情负面影响的时代背景下，利用这种信息化赋能深度融合尤为重要。这其中的关键是实现北京市服务业的创新发展，激发创新活力、发挥创新潜能，加快北京市国际科技创新中心建设，深化创新体制改革，调动各类创新主体活力，包括国有企业、民营经济等，优化创新生态，积极建设公共科技服务平台，推动建立以企业为主体的科技服务创新联盟。与此同时，以数字化引领高精尖的产业融合，巩固北京市在全球创新网络的核心节点地位，形成北京市服务业高质量发展新优势。

（三）实现更高水平外循环，更深层次参与全球价值链分工，提升服务业高端化、先进化竞争力

北京市依托国家服务业扩大开放综合示范区，已实施超过400项开放举措，中国（北京）自由贸易试验区建设有序推进，服务贸易额颇具规模，占全国的1/5左右，未来"两区"将有力推动北京市服务业开放向纵深发展，实现更高水平的外循环。为达到这样的目标，需要全面提升服务业开放质量，包括服务贸易开放以及外资流动开放，特别是要通过加快数字贸易发展，着力引入高端服务类、高技术服务类外资，提升开放新能级。加快推进北京市服务业向价值链高端延伸，为全要素生产率加速增长赋能；优化服务业就业结构和就业质量，避免就业比重增长过快、生产率增长滞后的不平衡。

（四）营造北京市服务业发展的高质量竞争环境，以扩大开放推动更高水平双循环，促进服务业要素资源高效配置

经过"十三五"时期的突破与发展，北京市经济结构持续优化，人均生产总值达到2.4万美元，即发达经济体中等水平，进入了新的发展阶段，

除了已有的服务业政策性开放外，已经具备实施制度性开放的条件和环境。为构建具有首都特点的现代化服务经济体系，要以高水平开放创造高质量的服务业竞争环境，培育壮大新业态、新模式，形成高水平国内循环与国际循环的良好互动。依托"两区"建设，促进制度性开放体制的完善和定型，从根本上营造有利于提升北京市服务业全要素生产率的制度管理环境，包括完善北京市扩大服务业开放、促进服务业自由化的法律法规体系，提升法律实施和执法水平，有效保障各类主体的地位平等。通过利用广阔的国际服务贸易市场，融入服务业全球分工，通过各种要素资源的进口，提升国内服务业的技术水平与竞争力。与此同时，加大力度推行要素市场改革，破除要素市场的障碍，在国内国际双循环中实现要素资源的高效配置。

参考文献

［1］ M. Bas，" Does Services Liberalization Affect Manufacturing Firms' Export Performance? Evidence from India"，*Journal of Comparative Economics* 42（3），2014，pp. 569 – 589.

［2］ C. Beverelli，M. Fiorini，B. Hoekman，" Services Trade Policy and Manufacturing Productivity：The Role ofInstitutions"，*Journal of International Economics* 104，2017，pp. 166 – 182.

［3］ OECD，*ICT and Economic Growth：Evidence from OECD Countries，Industries and Firms*，2003，pp. 1 – 100.

［4］陈丽娴、魏作磊：《服务业开放优化了我国经济增长质量吗》，《国际经贸探索》2016 年第 12 期。

［5］陈明、魏作磊：《生产性服务业开放对中国服务业生产率的影响》，《数量经济技术经济研究》2018 年第 5 期。

［6］程大中：《中国服务业增长的特点、原因及影响——鲍莫尔 – 富克斯假说及其经验研究》，《中国社会科学》2004 年第 2 期。

［7］郭凯明、杭静、徐亚男：《劳动生产率、鲍莫尔病效应与区域结构转型》，《经济学动态》2020 年第 4 期。

［8］江小涓、罗立彬：《网络时代的服务全球化——新引擎、加速度和大国竞争力》，《中国社会科学》2019 年第 2 期。

［9］ 江小涓、孟丽君：《内循环为主、外循环赋能与更高水平双循环——国际经验与中国实践》，《管理世界》2021 年第 1 期。

［10］ 裴长洪、刘斌：《中国对外贸易的动能转换与国际竞争新优势的形成》，《经济研究》2019 年第 5 期。

［11］ 钱龙、何永芳：《中国服务业制造化的产业绩效研究》，《经济经纬》2019 年第 1 期。

［12］ 孙浦阳、侯欣裕、盛斌：《服务业开放、管理效率与企业出口》，《经济研究》2018 年第 7 期。

［13］ 张艳、唐宜红、周默涵：《服务贸易自由化是否提高了制造业企业生产效率》，《世界经济》2013 年第 11 期。

［14］ 郑小碧、庞春、刘俊哲：《数字经济时代的外包转型与经济高质量发展》，《中国工业经济》2020 年第 7 期。

B.9
"两区"建设背景下北京
金融业扩大开放研究[*]

薛 熠 郑文平 张晓田 聂 力[**]

摘 要： 在北京市开展服务业扩大开放综合试点和建立自贸区，是党
中央、国务院着眼于推进新一轮开放、构建全面开放新格局
做出的重大战略部署。自2020年9月北京自贸区成立以来，北
京围绕建设具有全球影响力的科技创新中心，加快打造服务
业扩大开放先行区、数字经济试验区，着力构建京津冀协同
发展高水平对外开放平台等出台了一系列政策，成效显著。
本报告在回顾北京自贸区金融业发展的基础上，对重点发展领
域的成果和金融业开放现状进行了总结，并测算了北京金融业
的开放程度。本报告发现北京自贸区金融业开放程度与国内其
他领先自贸区相当，整体上呈现金融部门开放程度较高但资本
账户开放程度不足的情况。本报告认为北京市应以加强绿色金
融改革、建设国家金融管理中心、打造资本市场"北京样
板"、持续吸引中外资产管理总部聚集等为着力点，通过强化
自身开放目标的导向性、提升金融服务实体经济能力、加快推
动金融开放的地区平衡和结构协调、积极对标 CPTPP 等高水平
自贸协定新标准等措施进一步扩大金融业开放。

---

* 本报告是国家社会科学基金重大专项(20VHQ016)的阶段性成果。

** 薛熠，对外经济贸易大学国际经济贸易学院教授、博士生导师、科研处处长，主要研究方向
为金融开放、中国特色金融市场、金融与实体经济的关系；郑文平，对外经济贸易大学国际
经济贸易学院副教授，主要研究方向为财税政策、国际贸易；张晓田，对外经济贸易大学金
融学硕士；聂力，对外经济贸易大学金融学硕士。

关键词： 自贸区　金融科技　绿色金融

在"两区"建设背景下，北京加快了金融改革开放的步伐，共计出台102项政策，实际落地72项，落地率高达70.6%，政策包含放宽市场准入、支持外资金融机构获得更多业务资质、突出金融服务实体经济功能、强化金融科技优势、扩大资本市场账户开放、打造国际一流营商环境等方面，伴随着这一系列政策的实施，北京金融业开放取得了巨大的成就。

一　北京金融业开放现状

（一）金融业总体运行情况

1. 北京金融业规模逐步扩大

近年来，全国自贸区金融业 GDP 稳定增长，上升趋势明显（见图 1），北京与上海金融业体量相近，其中 2018 年北京金融业 GDP 急速增长，同比增长 27.84%，2019 年和 2020 年北京市金融业 GDP 增速维持在 9.8% 左右，金融业平稳发展。

北京市金融业对 GDP 贡献较多，近十年北京市金融业增加值占 GDP 的比重都超过 10%，且呈上升趋势（见图 2）。2013 年，北京市金融业增加值占 GDP 的比重突破 15%，2020 年，北京市金融业增加值占 GDP 的比重突破 20%，而广东自贸区金融业增加值占 GDP 的比重仅为北京自贸区的一半。因此，从金融业对 GDP 的贡献方面来说，北京自贸区金融业增加值占 GDP 的比重最高。

北京市金融业整体呈西高东低、内高外低的发展特点，西城区金融业发展最成熟，金融业 GDP 占全市的比例接近一半，朝阳、西城、东城、海淀内四区金融业 GDP 占全市比例较高，其他各区金融业 GDP 较低。

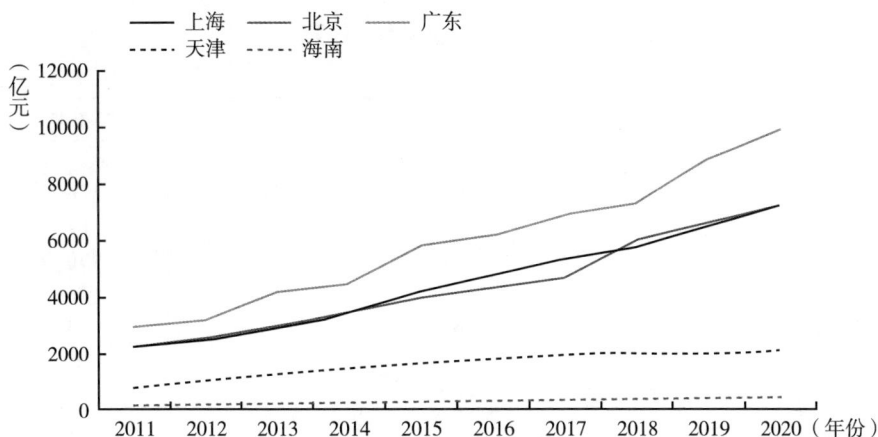

图1　2011～2020年各自贸区金融业GDP

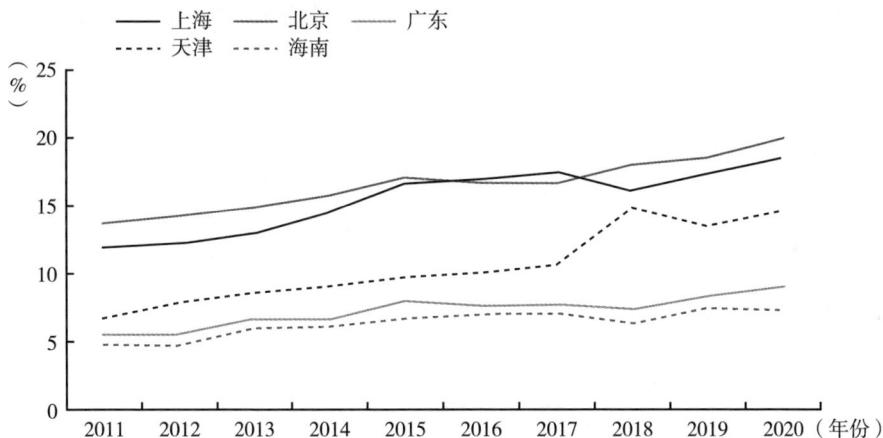

图2　2011～2020年各自贸区金融业增加值占GDP的比重

2. 北京金融机构数量稳中有升

近年来，北京自贸区基金公司数量大幅增长，证券公司、保险公司数量保持稳定（见表1）。从金融机构的数量来说，作为中国金融中心的上海优势明显，上海自贸区内证券、基金、期货公司数量最多，尤其是上海自贸区内基金和期货公司数量接近北京自贸区的两倍。广东、深圳、北京自贸区金融机构数量相近，海南与天津自贸区金融机构数量较少。

表 1　北京市金融机构数量

单位：家

机构类型	2018 年	2019 年	2020 年
银行业金融机构			
大型商业银行	1817	1797	1794
国家开发银行和政策性银行	18	18	18
股份制商业银行	862	813	810
城市商业银行	412	425	426
小型农村金融机构	673	673	673
财务公司	75	75	75
信托公司	12	12	12
邮政储蓄	574	574	574
外资银行	116	115	117
新型农村机构	38	40	146
其他	106	18	18
总计：	4703	4560	4663
证券业金融机构			
总部设在辖内证券公司	18	18	17
总部设在辖内基金公司	19	19	36
总部设在辖内期货公司	19	19	19
年末国内上市公司	316	334	381
保险业金融机构			
总部设在辖内保险公司	45	45	45
其中:财产险经营主体	15	14	14
寿险经营主体	30	31	31
保险公司分支机构	109	112	112
其中:财产险公司分支机构	47	49	49
寿险分支机构	62	63	63

资料来源：中国人民银行《北京市金融运行报告》。

3. 北京金融业持续创造就业岗位

随着北京金融业的不断发展，创造就业岗位速度持续加快，金融从业人员数量稳定增长。2019 年，北京市金融业从业人员达 64.48 万人，同比增长 18%，接近上海自贸区金融从业人员数量的两倍。

4. 北京金融业服务实体经济能力不断增强

近年来，北京社会融资规模稳中有增，其中人民币贷款金额保持稳定，外币贷款金额由负转正，北京市金融业服务实体经济能力不断增强。北京社会融资规模位列各自贸区第二，但相比于广东自贸区仍有差距。

（二）金融业重点领域发展情况

1. 国家金融管理中心建设名列前茅

国家金融管理中心是首都功能的重要组成部分。北京是国家金融管理部门、国家金融机构和重要金融基础设施所在地。在北京，金融机构具有总部型、功能聚集型特征，主要商业银行、保险公司总部、证券公司的实体经营都在北京。金融体系运行的平台和保障离不开金融基础设施建设，主要的清算机构、登记机构等重要金融基础设施基本布局在北京，存款保障、证券市场投资保障、保险保障等重要保障制度建设的实体也在北京落地，银行业信贷资产登记流转中心、央行数字货币研究所等一批新机构近期也在北京注册成立。北京参与金融业国际治理是国际交往中心建设的重要组成部分，也是国家金融管理中心建设的一个重要内容，例如金融街论坛在 2020 年被提升为国家级平台，就是服务金融国际交往的重要举措。

根据英国智库 Z/Yen 集团发布的第 29 期全球金融中心指数（GFCI 29），全球前十大金融中心排名依次为：纽约、伦敦、上海、香港、新加坡、北京、东京、深圳、法兰克福、苏黎世（见表 2）。北京全球排名第六，较上期进步一名，表明其国际金融中心地位日益巩固，越来越受到全球经济金融界的广泛认可。

表 2　第 29 期全球金融中心指数

中心	排名	评级	排名（+／－）	评级（+／－）	地区
纽约	1	764	0	－6	北美
伦敦	2	743	0	－23	西欧
上海	3	742	0	－6	亚太
香港	4	741	1	－2	亚太
新加坡	5	740	1	－2	亚太
北京	6	737	1	－4	亚太
东京	7	736	－3	－11	亚太
深圳	8	731	1	－1	亚太
法兰克福	9	727	7	12	西欧
苏黎世	10	720	0	－4	西欧

2. 金融科技全球核心竞争力优势明显

北京坚持把金融科技作为首都金融发展的核心竞争力，充分发挥全国科技创新中心和国家金融管理中心的资源优势、技术优势、人才优势、环境优势，聚焦聚力打造金融科技"八一工程"体系，大力推动金融科技产业发展，取得了显著成效。《2020 全球金融科技中心城市报告》显示，北京金融科技排名蝉联全球第一（见表3）。

表3　2020 年八大全球金融科技中心城市排名

城市	所在国家	总排名	较上年排名变动	产业排名	体验排名	生态排名
北京	中国	1	—	1	5	3
旧金山(硅谷)	美国	2	—	2	16	4
纽约	美国	3	—	3	32	2
上海	中国	4	1	4	4	7
伦敦	英国	5	-1	5	18	1
深圳	中国	6	1	7	2	6
杭州	中国	7	—	6	1	14
芝加哥	美国	8	—	8	41	11

资料来源：《2020 全球金融科技中心城市报告》。

一方面，北京生态基础雄厚，在整体经济基础、金融产业基础、科技产业基础、城市科研及名校综合实力等生态核心指标上均表现抢眼；另一方面，作为中国首都，北京是中国人民银行、银保监会、证监会等众多金融监管机构总部所在地，政策优势明显，不仅率先出台中国首份金融科技发展规划，启动国家级金融科技示范区建设，而且形成了"1 + 3 + N"的互联网金融监管体系，创新性地开发"冒烟指数"和监测预警平台，成立北京金融科技研究院。2019 年 12 月，央行支持在北京市率先开展金融科技创新监管试点，并选定涵盖数字金融等场景在内的 6 个创新应用作为首批试点项目。这一试点也被称为中国版金融科技"监管沙盒"。2020 年 3 月，"监管沙盒"试点在北京率先落地，对北京建设具有全球影响力的金融科技中心具有重要意义（见表4）。

表4　金融科技发展大事记

时间	事件	意义
2020年1月12日	北京发布《关于加大金融支持科创企业健康发展的若干措施》	大力推进科创金融建设,优化科创企业融资环境,更好地服务全国科技创新中心建设,推动首都经济高质量发展
2020年3月16日	北京金融科技创新监管试点第一批创新应用完成登记	北京是国内首个启动金融科技创新监管试点的城市,构建了中国版"监管沙盒"
2020年4月16日	北京市地方金融监督管理局发布北京企业"钻石指数"	"钻石指数"的成功发布,将进一步推动金融科技手段助力北京企业蓬勃发展

3. 绿色金融改革成果全国显著

大力发展绿色金融,不仅是践行绿色城市建设的重要举措,也是助力实现碳中和、碳达峰目标的关键支撑。2020年末,北京绿色信贷规模达1.2万亿元,绿色债券累计发行超过3000亿元,均居全国首位。北京绿色领域上市公司数量占全国的比重超过10%,居全国首位。近些年,北京市积极推动60余家外资金融机构落地,这些机构大多奉行ESG投资原则。2020年,北京环境交易所正式更名为北京绿色交易所,搬迁至北京城市副中心办公。同时,在副中心还设立了北京绿色金融与可持续发展研究院,为绿色金融发展提供支撑。"蓝绿交织,水城共融"是副中心的重点和亮点,北京市在副中心打造了一批绿色金融交流平台,致力于将副中心建设成为全球绿色金融示范区。

2021年1月29日,副中心引入北京北创绿色低碳科技基金,主要投资于科技创新驱动的节能环保领域,该基金首期规模5亿元,进一步推动了首都绿色金融的发展。2021年5月17日,生态环境部等8个部门发布了《关于加强自由贸易试验区生态环境保护推动高质量发展的指导意见》,明确鼓励北京自贸区设立全国自愿减排等碳交易中心。

根据英国智库Z/Yen集团发布的第29期全球绿色金融指数,北京在全球排名第14,与上期相比上升6名,在国内城市中排名最靠前(见表5)。

表5 全球绿色金融城市排名

城市	排名	评分	排名（＋/－）	评级（＋/－）	地区
阿姆斯特丹	1	567	1	－6	西欧
苏黎世	2	563	－1	－13	西欧
伦敦	3	562	0	0	西欧
奥斯陆	4	547	2	0	西欧
旧金山	5	546	4	3	北美
卢森堡	6	542	－2	－7	西欧
日内瓦	7	541	2	－2	西欧
哥本哈根	8	540	－4	－9	西欧
斯德哥尔摩	9	539	－3	－8	西欧
洛杉矶	10	538	8	16	北美
巴黎	11	537	－3	－8	西欧
赫尔辛基	12	534	1	8	西欧
东京	13	532	5	10	亚太
北京	14	531	6	10	亚太
慕尼黑	15	530	0	6	西欧
布鲁塞尔	16	529	－4	2	西欧
上海	17	528	－2	4	亚太
悉尼	18	527	2	6	亚太
蒙特利尔	19	526	－5	1	北美
新加坡	20	525	4	13	亚太

4. 财富管理领域持续吸引中外资产管理总部聚集

北京是国家金融管理中心，这为北京发展资产管理业务奠定了坚实基础。第四次全国经济普查数据显示，2018年末，北京市金融资产达148.63万亿元，中国人民银行发布的2018年末全国金融资产总量为293.52万亿元，北京占比达50.6%，这意味着北京的金融机构管理着全国一半以上的金融资产。

北京资产管理行业的发展首先得益于国家金融管理部门、各大金融机构总部的聚集。特别是目前中国资产管理市场中份额最大的是银行理财市场，而目前多家银行理财子公司的总部设立在北京。其次，在金融开放方面，北京是全国唯一的服务业扩大开放综合试点城市，多家外资金融机构将北京作为进入中国的首选地。2020年4月，北京市宣布将由多家银行理财子公司等重量级资产管理机构发起设立北京资产管理协会，资产管理行业进入规范发展的快车道（见表6）。本轮金融扩大开放以来，已有40余家外资金融机构落地北京，其中包括高盛、瑞银、橡树资本等国际资产管理行业的头部机构。

表6 财富管理发展大事记

时间	事件	意义
2020年3月31日	英国最大人身险公司保诚集团合资资管公司落地北京	将助力中信保诚在保险资管新规框架下更好地运用保险资金、开展保险资产管理业务，为首都经济社会发展添砖加瓦
2020年4月18日	由多家银行理财子公司等重量级资产管理机构发起的"北京资产管理协会"挂牌成立	北京资产管理协会首批创始会员含60家机构，是国内目前管理资产规模最大、综合实力最强、覆盖范围最广的第一家"大资管"行业自律组织
2020年6月16日	发布《外资资管机构北京发展指南》	向海外资管机构全面展示了北京的金融营商环境，吸引更多海外资管机构加大在北京的业务布局，利用服务业扩大开放综合试点与自贸区叠加的政策优势，为中国投资者提供全球化的资产管理服务
2020年12月18日	全国第五大金融资产管理公司中国银河资产管理有限责任公司落户北京	至此，全国五家金融资产管理有限公司齐聚北京

5. 资本市场发展打造出"北京样板"

北京市是全国直接融资的主阵地。在数量上，2010～2020年北京市企业共实现境内股票融资超2万亿元，交易所债券市场融资13.4万亿元，均位居全国第一。在政策支持上，证监会给予了北京多项先行先试政策，如批复股权投资和创业投资份额转让试点首次落地北京，支持北京市基础设施领域不动产投资信托基金（REITs）产业发展等。

立足首都功能定位，北京在推进资本市场深化改革措施落实落地过程中为中国资本市场发展打造出了"北京样板"。在持续巩固注册制改革成效方面，北京证监局启动科创类企业"钻石工程"强化培育辅导工作，为科创板企业上市辅导开辟绿色通道，实行"即报即办，即签即发"。开展创业板公司融资专题董事监事培训，及时为辖区公司抓住创业板注册制改革机遇进行舆论预热，倾斜资源重点做好企业辅导验收工作。截至2021年5月底，北京辖区共有上市公司393家，占全市场的9.09%，总市值15.96万亿元，占沪深两市上市公司总市值的18.79%，总市值居各辖区之首。新三板挂牌公司1002家，占全市场的13.33%，其中精选层企业8家，占全市场的15.38%。北京辖区新三板挂牌公司数量、总市值、精选层公司数量、创新层公司数量排名各辖区第一。近年来资本市场发展重大事件如表7所示。

表7 资本市场发展大事记

时间	事件	意义
2019年9月2日	德意志银行、法国巴黎银行可开展非金融企业债务融资工具A类主承销业务	银行间债市迎来首批外资A类主承销商，银行业领域对外开放步伐加速
2020年7月27日	新三板精选层设立，北京挂牌数量全国第一	作为北京唯一一家国家级证券交易场所，新三板改革成功落地，优化了北京的营商环境，是补齐首都金融市场短板的重要契机
2020年9月29日	《关于支持北京市基础设施领域不动产投资信托基金（REITs）产业发展的若干措施》印发	基础设施领域不动产投资信托基金产业发展的"北京样板"将为北京市经济社会发展贡献新的力量
2020年12月8日	北京外商投资企业境内上市服务平台正式上线运行	该平台旨在推动更多外商投资企业登陆资本市场，为外商投资企业在北京上市融资发展提供全方位的优质服务
2020年12月10日	证监会批复同意在北京股权交易中心开展份额试点	拓宽了股权投资和创业投资的退出渠道

6. 文化金融助力文化产业发展

在我国，文化产业作为战略性支柱产业，已经成为经济高质量发展的重要内生动力。我国金融体制改革逐步推进，多元化、多层次的投融资体系逐渐完善，为文化产业发展赋予金融动能。

2019年12月6日，文化和旅游部、中国人民银行、财政部正式批准东城区获得首批国家文化与金融合作示范区的创建资格，吹响了文化与金融合作健康发展的号角。2020年11月18日，北京市发布《关于加快推进国家文化与金融合作示范区发展的若干措施》，这是加快推进国家文化与金融合作示范区发展的纲领性文件，是打造在全国具有领先优势地位的文化金融发展高地的规划性文件。文件共含24条建议，包括建立文化企业贷款"白名单"管理制度、开展"监管沙盒"文化金融试点项目、实施"文菁人才"计划、增加文化金融专营机构等。

综上所述，北京在国家金融管理中心、金融科技、绿色金融、财富管理、资本市场、文化金融重点领域都取得了亮眼的成绩。多个智库研究报告显示，北京在重点金融领域的排名均位居国内前三，其中，金融科技、绿色金融、资本市场领域的排名全国第一（见表8）。

表8　重点金融领域国内城市排名

排名	金融中心	金融科技	绿色金融	财富管理	资本市场
1	上海	北京	北京	上海	北京
2	香港	上海	浙江	北京	上海
3	北京	深圳	广东	广州	深圳
4	深圳	杭州	江西	深圳	杭州
5	广州	广州	江苏	青岛	广州
6	成都	南京	四川	—	南京
7	青岛	武汉	福建	—	天津
8	杭州	成都	贵州	—	成都
9	天津	苏州	甘肃	—	重庆
10	大连	西安	新疆	—	武汉

资料来源：第29期全球金融中心指数、《2020全球金融科技中心城市报告》、《2020年中国地方绿色金融发展指数》、《2020中国财富管理金家岭指数》和《2021中国内地省市资本市场实力榜》。

（三）金融业开放情况

1. 北京外资金融机构进入标准逐步放开

随着北京金融业的进一步开放，北京市外资金融机构数量整体呈增长趋势，相对于天津与海南而言，北京外资优势明显，但相较于上海、广东而言，北京不具备数量优势。2020年，上海市共有外资金融机构209家，广东有外资金融机构189家，而北京仅有117家（见表9）。在"两区"建设背景下，随着北京金融业外资进入标准进一步放开，未来北京外资金融机构数量将会实现跨越式增长。

表9　2011～2020年各自贸区外资金融机构数量

单位：家

自贸区	2011年	2012年	2013年	2014年	2015年	2016年	2017年	2018年	2019年	2020年
北京	94	100	100	114	121	122	121	116	115	117
天津	46	24	26	56	56	52	51	45	21	19
上海	201	200	215	219	212	213	213	206	211	209
广东	181	221	246	259	261	265	257	258	249	189
海南	1	1	1	1	1	1	1	1	1	1

资料来源：Wind。

2. 北京资金跨境周转金额稳中有增

在跨境资金流动方面，上海、北京、深圳人民币跨境收付量位列前茅。2019年，三地跨境收付金额占全国人民币跨境收付金额的比重分别为50.1%、14.3%、8.6%。在资本与金融账户方面，上海自贸区作为资本账户开放先导区，其出台的一系列资本开放创新政策效果显著，2019年资本与金融账户人民币跨境收付金额达85045亿元，相比于2017年增长345%。北京2019年资本与金融账户人民币跨境收付金额达21132亿元，位列全国第二（见图3）。

近年来，北京市资本与金融账户在人民币跨境支付中的比例不断上升（见图4），说明北京市跨境金融投资不断增多，资金往来频率提升，金融业进一步开放，人民币国际化进程不断加快。

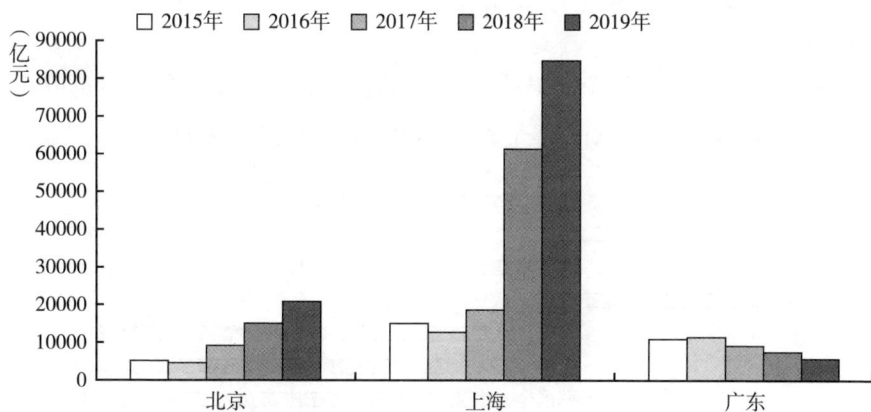

图3　2015～2019年人民币跨境收付金额：资本与金融账户

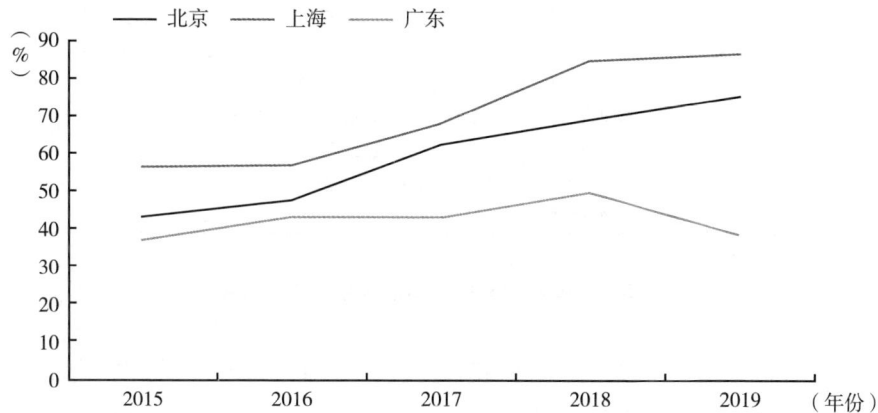

图4　2015～2019年人民币跨境支付：资本与金融账户占比

资料来源：Wind。

二　北京金融业开放测度

（一）金融业开放的法定测度

本报告依据 IMF 资本账户开放度的指标框架和相关政策，参照 Chinn-Ito 金融开放指数的计算方法，对世界主要国家和地区的金融开放程度进行了测度。

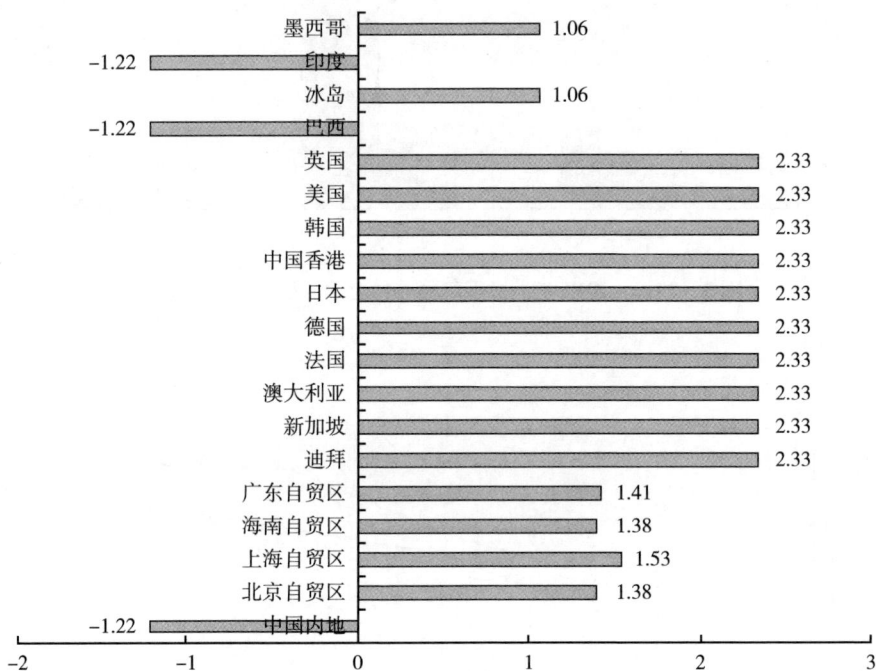

图 5　2020 年部分国家和地区金融开放指数

从图 5 可看出，2020 年新加坡、迪拜、美国、英国、日本等国的金融开放指数均为 2.33，金融开放程度最高，中国内地由于在资本账户开放方面仍有许多限制，金融开放指数仅为 -1.22，金融开放程度较低。国内自贸区作为金融开放先行区，出台了一系列创新性政策，尽管自贸区的资本账户并未完全放开，但相比于国内其他地区，金融开放进程较快。总体上来说，各自贸区的金融开放进程相差不大，上海自贸区、广东自贸区、海南自贸区的金融开放指数分别为 1.53、1.41、1.38。北京自贸区的金融开放指数为 1.38，与墨西哥、冰岛等国的金融开放程度相近。

金融开放已成为势不可当的全球趋势。在全球纳入统计的 174 个国家中，已有 52 个国家达到金融开放最高水平，87 个国家的金融开放指数为正。除美国、法国、英国、新加坡、迪拜等传统金融开放程度较高的国家，近年来，许多金融开放程度较低的国家相继出台一系列措施，加快推动金融开放进程。例如，原来金融开放程度较低的澳大利亚和韩国在 2016 年取消金融业准入门槛，金融开放达到世界先进水平。

近 20 年来，我国金融开放指数均为 - 1.22。2018 年，在全球纳入统计的 174 个国家中，仅有 14 个国家的金融开放程度低于中国。尽管在较长时间内中国金融开放程度都较低，但中国从未停止探索金融开放最优路径的步伐。中国始终遵循宏观审慎的原则，先在自贸区内积极试点开放政策，进而逐步推广至全国，以最终使金融开放达到世界先进水平。2013～2018 年部分国家和地区金融开放指数如表 10 所示。

表 10　2013～2018 年部分国家和地区金融开放指数

国家（地区）	2013 年	2014 年	2015 年	2016 年	2017 年	2018 年
中国内地	- 1.22	- 1.22	- 1.22	- 1.22	- 1.22	- 1.22
迪拜	2.33	2.33	2.33	2.33	2.33	2.33
新加坡	2.33	2.33	2.33	2.33	2.33	2.33
澳大利亚	1.57	1.82	2.08	2.33	2.33	2.33
法国	2.33	2.33	2.33	2.33	2.33	2.33
德国	2.33	2.33	2.33	2.33	2.33	2.33
日本	2.33	2.33	2.33	2.33	2.33	2.33
中国香港	2.33	2.33	2.33	2.33	2.33	2.33
韩国	1.13	1.13	1.13	2.33	2.33	2.33
美国	2.33	2.33	2.33	2.33	2.33	2.33
英国	2.33	2.33	2.33	2.33	2.33	2.33
巴西	- 0.15	- 0.15	- 1.22	- 1.22	- 1.22	- 1.22
冰岛	- 1.22	- 1.22	- 1.22	- 0.01	1.06	1.06
印度	- 1.22	- 1.22	- 1.22	- 1.22	- 1.22	- 1.22
墨西哥	1.06	1.06	1.06	1.06	1.06	1.06

资料来源：Chinn‐Ito 指数发布官方网站。

（二）金融业开放的典型事实

开放资本账户既是我国金融改革的发展方向，也是我国经济开放的必然目标之一。资本账户开放能够促进我国许多领域的改革，是不可阻挡的趋势。为防止系统性风险冲击，中国应根据自身需要和发展阶段稳步推进资本账户的开放。近年来，作为金融开放的先行区，各自贸区出台了一系列政策以促进资本账户开放。基于 IMF 评价体系，本报告将从资本和货币市场、衍生品交易市场、个人资本交易、账户管理、外商直接投资 5 个方面，分析北京自贸区、国内其他自贸区与世界金融开放程度较高国家（以迪拜为例）的政策差异。

第一，在资本和货币市场方面，迪拜与新加坡等金融业高度成熟的自贸区的金融开放程度较高，在权益、债务、货币类投资方面无居民和非居民限制，而我国各自贸区处于金融发展阶段，盲目开放会导致系统性风险，因此我国目前实行有选择、有限制的开放。其中上海自贸区的金融开放程度最高，允许区内境外金融机构进入当地证券交易所进行交易，允许区内企业开展境外证券投资业务。广东、海南自贸区相继开展 QDLP 试点，适当放开境外投资，其中广东自贸区的开放政策注重与粤港澳大湾区的联系，加大与香港金融市场的协同效应。2020 年 9 月，北京自贸区正式挂牌，在资本与货币市场领域，北京自贸区出台了 QDLP 试点和跨境交易试点等政策，以促进资本账户开放。

第二，在衍生品交易市场方面，迪拜同样没有居民、非居民及销售比例的限制，允许自由交易。而国内自贸区均实施有限制的开放，广东加大对港澳地区个人购买人民币理财及衍生品的支持，海南作为重要的离港自贸区，积极探索建设跨境金融资产交易平台，尤其是探索场外衍生品的交易，开放程度逐步提高。北京与上海的开放程度较高，允许符合条件的企业开展境外衍生品投资等业务。

第三，在个人资本交易方面，迪拜对个人贷款、捐赠、继承等多方面均无限制，为发展财富管理业务提供了政策便利，而我国各自贸区正逐渐放开境内个人开展境外证券投资、境外个人开展境内证券投资、个人对外支付等业务的限制。其中北京、上海自贸区允许个体工商户根据需要发放跨境贷款，开放程度较高。

第四，在账户管理方面，迪拜允许居民设立外汇账户，允许非居民持有本币账户，且对兑换无限制。而我国自贸区通过设立专业账户提升外汇结算便利程度，在居民账户管理方面，上海自贸区的开放程度最高，设立区内自由贸易账户（FT 账户）体系，并允许符合条件的区内企业设立国际外汇资金账户，其与境外资金往来自由，且与国内资金主账号可以实现一定限度的外汇划转。在非居民账户管理方面，上海自贸区的放款利率和币种转化汇率参照离案价格，和境外结算相对比较自由。海南和广东自贸区先后参照上海自贸区建立了 FT 账户体系。北京在账户管理方面的开放程度较低，目前尚未采用国内外资金主账户与 NRA 账户管理，资金投入范围有限制，且利率参照境内，未来北京将进一步建设 FT 账户体系，扩大金融开放。

第五，在外商直接投资方面，迪拜对外来直接投资和本国对外投资无限制，高度开放，而我国大部分自贸区实施准入前国民待遇加负面清单管理模式。近年来，我国在外商直接投资方面的开放程度不断提升，在 2020 年修订的负面清单中，取消了外资在证券公司、基金管理公司、期货公司、寿险公司的股比不超过 51% 的限制，有利于各自贸区吸引更多外资金融机构进入市场，加快我国金融业开放步伐。

综上所述，迪拜在各事实层面均达到金融开放的世界先进水平。在资本和货币市场、衍生品交易市场、个人资本交易和账户管理方面，上海自贸区的开放程度最高。广东自贸区在资本和货币市场、衍生品市场、账户管理方面的开放程度较高。北京自贸区在个人资本交易方面开放的程度较高，在账户管理方面，由于北京尚未建立 FT 账户体系，开放程度较低。从金融开放指数来说，2020 年上海自贸区的金融开放指数为 1.53，开放程度最高；广东自贸区次之，金融开放指数为 1.41；北京和海南自贸区的开放程度较低，金融开放指数均为 1.38。这与各自贸区在事实层面的开放结果基本一致（见表11）。

表 11 部分自贸区在事实层面的金融开放程度排名

	迪拜	上海	北京	广东	海南
资本和货币市场	1	2	4	3	4
衍生品交易市场	1	2	3	2	3
个人资本交易	1	2	2	3	3
账户管理	1	2	4	3	3
外商直接投资	1	2	2	2	2
金融开放指数	1	2	4	3	4

三 北京市金融业开放展望

金融开放在全球范围内已经进入新阶段,金融开放既要满足国内经济发展的需求,又要与当前全球金融开放的主要趋势相匹配,同时还需要应对来自其他国家的金融开放竞争态势,在践行高水平金融开放的承诺时仍需进一步深化开放内容和拓展开放领域,并且还需要在开放的同时积极探索高水平开放背景下的金融安全管控体系建设,防范化解系统性金融风险和避免国际金融风险的传染影响。可以说,在新发展格局下,金融开放朝着更高水平、更复杂、更系统的方向前进。

目前,北京在市场基础、营商环境等多方面具备金融创新和金融开放的领先优势,但同时也存在金融开放水平不足、金融开放领域相对有限、金融开放与经济发展需求对接度不高等不足之处,今后北京仍然需要对标高水平金融开放标准,补齐金融开放短板,多管齐下,在建设高水平金融开放试验区的道路上取得更加优异的成绩。

第一,对标 CPTPP 等高水平自贸协定关于金融开放的新标准,在相关制度建设领域持续发力,为对接 CPTPP 等高水平自贸协定进行前期准备和压力测试。目前,北京市金融开放的重点仍然是金融业务和主体资质的开放,与高水平自贸协定中侧重跨境金融开放制度性安排仍然存在明显差距。下一步,北京市应积极就最低待遇条款、准入前国民待遇、争端解决机制、数据本地化安排、高效率负面清单管理制度和综合性跨境账户动态一体化运行等方面进行研判和专项试点。同时，还应当在国内金融实践与 CPTPP 等高水平自贸协定不一致的重点领域进行压力测试，特别是涉及跨国公司境内外资本往来、外资金融机构准入和高水平自贸协定进行重点权益保护的领域。并且，北京市金融开放的负面清单建设仍然处在与上海、深圳等城市开放竞争的阶段，对于如何与高水平金融开放标准对接缺少成体系的前瞻性规划，对于压力测试和前期研判也处于分散状态。为此，北京市下一阶段需要制定目标任务表和保障措施安排表，为建设高水平金融开放高地提供更系统化的智力支持和规划指导。

第二，对标 CPTPP 等高水平自贸协定，在扩大开放领域的同时，进一步强化自贸区先行先试的历史职责，就建立高水平金融开放体系下的高质量动态金融监管体系进行探索性尝试。一方面，目前北京市相关金融开放基本以独立的业务开放为主，在这个过程中已经出台了相关基于业务的监管规定，如何将这些监管规定进行系统化梳理和制度框架整合已经成为下一阶段金融开放不可缺少的工作内容。针对相关领域的进一步开放，还应当前瞻性地开展监管一体化试点，始终保持开放深化与监管覆盖密切结合，构建一整套满足金融开放需求的动态监管框架和金融基础设施，以新技术强化金融监管科技赋能，以动态监管体系建设实现宏观审慎监管与金融开放领域微观监管的高效率配合，在补齐监管制度短板的同时，夯筑满足金融创新需求的监管"长城"，切实保证金融试点和进一步推广复制过程中风险可控、风险治理有效率，维护好全球金融震荡外部环境下的金融稳定大局。另一方面，对标 CPTPP，还应看到金融开放与金融监管二者之间的目标不一致性。在高水平金融开放背景下，金融监管也必然面临更严格的要求。既要在监管手段和监管模式上满足更多具有国际金融业务实践的国际金融机构对高水平金融监管的要求，从而推动真正对国际参与者具有吸引力的国际金融开放高地的建设，又要加快解决内外监管规则不匹配、监管体系中相关资质不能互换、多国监管机构之间协同监管的对接难题。

第三，北京市应加快推动金融开放的地区平衡和结构协调，提升金融开放背景下的综合竞争力。目前，北京市金融开放仍然存在较为明显的区域不平衡，北京自贸区内金融机构的主体仍然是商业银行和基金公司，其他金融主体的发展与上海、深圳等地金融主体的发展存在一定差距。同时，北京外资金融机构的主体增长速度明显超过外资金融机构的业务增长速度。对标迪拜等金融开放先进地区，北京金融开放在一些领域的短板依然十分明显。一方面，需要针对金融开放的地区不平衡现状进行结构性调整，提升除西城区以外其他区域的金融开放水平，根据各区域经济发展特色开展有针对性的金融开放试点；另一方面，北京应当在目前外资投资比例限制解除的基础上，进一步探索适合高水平金融开放格局下的金融业务多元化试点。既要注重主体多元化，也要注重实质性的开放深化。目前，虽然北京外资金融主体参与数量明显增加，但在跨境金融业务规模和产品种类等方面仍然存在明显短板，北京市可以考虑在这些维度进一步深化金融开放，以提升金融开放国际竞争力，并探索建设全球领先金融开放示范区的有效改革路径，打造中国金融开放可复制、可推广的"北京模式"。

第四，北京市在提升金融服务实体经济能力和模式建设上还应进一步开拓创新。目前来看，北京市金融服务实体经济的能力虽然有所提升，但与广东等地以及国际上相关示范区域相比仍然存在明显差距。基于这个现状，北京市应从以下三个方面着手。一是进一步加强金融产业综合服务能力建设，特别是突出其中对实体经济具有较高服务效率的结构性金融领域的作用。通过结构化改革，北京市可以在服务实体经济的金融模式和金融产品上做出更多的创新探索，从而推动金融服务实体经济的效率和规模维度上的双提升。二是充分挖掘实体经济潜力，夯实与金融发展相匹配的实体经济基础。过去一个时期，北京市在减量发展的背景下正经历经济结构转型、产业升级的过渡期，实体经济的整体规模相对增长缓慢，"十四五"期间，北京市正努力推动制造业提质增效，争取制造业占比增长至15%的目标也提醒我们，在推动金融业开放和金融创新的同时，也应当打造适合金融服务实体经济功能发挥的实体经济基本盘。对于北京市来说，在进一步推动金融开放的同时，也需要推进实体经济的结构偏向性发展，提升实体经济对金融服务的吸纳能力，形成二者协调一致的综合匹配发展新格局。三是探索在中国背景下如何打造一套富有地区特征的金融服务实体经济新模式。北京市金融开放的重要内涵之一就是为全国金融开放提供示范带动效应，那么，北京市金融服务实体经济的功能就不应局限于为北京市实体经济发展提供支撑，还应当按照中央对北京市金融开放的更高要求进行进一步探索，树立金融服务实体经济的新标杆。

第五，北京市的金融开放应进一步强化自身开放目标的导向性，突出重点。一方面，北京金融开放的核心内容在于打造国家服务业扩大开放综合示范区，金融开放不是独立的，而应与建设以科技创新、服务业开放、数字经济为主要特征的自由贸易试验区形成一体化系统。从本质上来说，金融开放是一个系统性工作，既不能求大求全，也不能千篇一律。北京金融开放需要根据北京自身金融发展基础和比较优势进行有针对性的试点，遵循金融产业结构性匹配规律，打造符合北京经济发展特征的金融开放格局。并且，北京市应以多类型金融领域产品和业务模式改革促进国家金融管理中心的建设，通过系统集成和体系化建设，为更高层次金融开放的战略目标制定和落实提供关键抓手。另一方面，北京金融开放的目标不仅是推动金融业规模增长，提升金融业对北京市经济的贡献率，更重要的是为国家经济发展实践中重要战略的落实提供支撑。一是北京金融开放要在满足北京经济需求的同时，积极融入更高层次改革开放新格局，以金融为纽带推动京津冀协同发展高水平开放公共平台建设，进一步推广金融服务实体经济的内涵，把北京金融开放与河北、天津两地的金融发展有效对接。二是金融开放要逐步从补短板走向建新板。在碳中和的生态发展新要求之下，如何发挥金融在这一过程中的重要作用目前依然处于探索阶段，在全球范围内也无法找到有效参照指标，这可能是我国在金融开放领域实现从跟跑到领跑的一个重要背景。北京的金融开放可以尝试从金融引导作用、价值发现功能等维度进行金融产品创新，建设具有国际吸引力的碳排放国际交易平台，从而为高水平金融开放提供新的内涵。

参考文献

［1］ M. D. Chinn, H. Ito, "What Matters for Financial Development? Capital Controls, Institutions, and Interactions", *Journal of Development Economics* 81 (1), 2006, pp. 163 – 192.

［2］ 马勇、王芳：《金融开放、经济波动与金融波动》，《世界经济》2018 年第 2 期。

新时代背景下北京扩大教育对外开放研究

秦冠英*

摘　要：　新时代北京扩大教育对外开放不仅需要应对新冠肺炎疫情、国际环境调整以及国际教育服务市场的变化，而且需要迎合国内新发展阶段教育消费需求的升级，以及高水平对外开放新格局的转变。北京教育服务市场兼具规模和质量优势，政策环境较好，但面临国内其他地区的竞争压力。为此，北京应当依托自由贸易试验区实施制度型教育对外开放，抢占跨境支付教育发展先机，把握"两区"和"三平台"建设契机，推进教育服务企业国际化转型发展，全面加强"稳留学"工作，并围绕新兴竞争力激发"留学北京"新发展活力，通过政策联动创新提升教育对外开放的系统性。同时，加强教育开放过程中的风险防范与管理。

关键词：　教育对外开放　教育服务贸易　自由贸易试验区

一　教育服务贸易与教育对外开放

本报告所论述的教育对外开放，是在国际服务贸易视域下教育服务贸易市场的开放。依据世界贸易组织制定的《服务贸易总协定》第13条规定，除了由各国政府彻底资助的教学活动之外（核定例外领域），凡收取学费、

---

* 秦冠英，博士，对外经济贸易大学北京对外开放研究院教育与开放经济研究中心国际部主任、副研究员，主要研究方向为教育服务贸易、教育对外开放。

带有商业性质的教学活动均属于教育贸易服务范畴。《服务贸易总协定》将教育服务分为 5 类，分别是初等教育服务、中等教育服务、高等教育服务、成人教育服务和其他教育服务。《服务贸易总协定》规定了教育服务贸易的4 种提供方式，分别是跨境交付（cross-border supply）、境外消费（consumption abroad）、商业存在（commercial presence）和自然人流动（presence of natural persons）。

一国教育服务贸易市场的开放，是通过该国签署《服务贸易总协定》时的具体承诺表体现的，并体现为承诺减让表。所谓承诺减让表，是一个国家用以表明它将履行《服务贸易总协定》的市场准入和国民待遇义务的服务部门的文件。以中国为例，中国正式签署的承诺减让表，对教育服务等 9个领域进行了承诺。中国对教育服务的承诺主要包括以下内容（见表 1）。

第一，教育服务承诺不包括特殊教育服务，如军事、警察、政治和党校教育等，也不包括国家义务教育。第二，对跨境交付的市场准入还是国民待遇均未做出承诺。第三，对境外消费的市场准入和国民待遇均没有限制。第四，对商业存在，在市场准入方面目前中国只承诺中外合作办学一种方式，且外方可以获得多数拥有权，但不允许外国机构单独在华设立学校及其他教育机构；在国民待遇方面则不做出承诺。第五，在自然人流动方面，要求外国个人教育服务提供者入境提供教育服务，必须受中国学校和其他教育机构邀请或雇用；外国个人教育服务提供者必须具有学士及以上学位，具有相应的专业职称或证书，具有 2 年专业工作经验。

二 北京教育对外开放的背景

（一）新冠肺炎疫情及国际关系变化严重影响国际教育服务的供给和消费

1. 新冠肺炎疫情对国际人才流动造成严重影响

新冠肺炎疫情的全球蔓延，使得各国均采取了较为严格的出入境管制措施，国际航空运输大幅缩减甚至停止，严重阻碍了国际人才流动，对留学生教育产生了不利影响。多数高校关闭校园，采取线上授课，部分学校延迟或取消了若干课程，一些高校甚至停止部分专业的招生。假期回国学生及新录取学生无法注册入学，院校聘请国际教师面临较大困难。

表 1　中国教育服务贸易具体部门承诺

国家	教育部门及限制条件			市场准入限制	国民待遇限制
中国	不包括特殊教育服务，如军事、警察、政治和党校教育	不包括义务教育	初等教育	1. 不做承诺 2. 没有限制 3. 将允许中外合作办学外方可获得多数拥有权 4. 除水平承诺中的内容和下列内容外，不做承诺:外国个人教育服务提供者受中国学校和其他教育机构邀请或雇用，可入境提供教育服务	1. 不做承诺 2. 没有限制 3. 不做承诺 4. 资格如下:具有学士及以上学位，具有相应的专业职称或证书，具有 2 年专业工作经验
			中等教育		
		高等教育			
		成人教育			
		其他教育服务（包括英语语言培训）			

资料来源：http：//images. mofcom. gov. cn/www/table/wto/Annex9. pdf。

2. 国际关系变化对留学教育造成较大干扰

和平稳定且不断深化的国际关系是留学教育发展的必要条件。近年来世界进入动荡变革期，逆全球化思潮、保护主义、民族主义和单边主义上升，多边国际贸易体制遭遇挑战，大国竞争格局越发显著，这对留学政策、留学意愿和留学体验等均产生了不利影响。身为全球最大的留学生接收国，美国对留学教育的态度发生了显著转变。美国对包括中国在内的部分国家，大幅收紧留学签证，剥夺全部课程均在网上完成的大学生的签证，加强出入境审查，对部分所谓"敏感"学科的留学生或学者进行监控、限制甚至驱逐。部分海外院校中原本开放、包容的文化和学术氛围也受到了国际政治的干预和影响。

3. 国际教育消费意愿受到一定程度的挫伤

第一，线上授课的方式在一定程度上影响了留学教育质量和留学体验；第二，生活和生产秩序恢复缓慢，导致留学生的生活成本增加；第三，海外就业前景较为黯淡，劳动力市场需求减少，人们对留学教育的回报预期下降；第四，人们对生命健康和人身安全的顾虑空前提高；第五，国内多种外语考试暂停，干扰了原有留学计划。这些因素挫伤了潜在留学群体的留学意愿。

（二）国际教育服务市场竞争激烈，教育服务新业态蓄势待发

1. 国际教育服务市场多极化发展趋势加强

在美国收紧留学政策之际，加、德、法、英、俄、日等国际教育服务强国则抓住此次契机，快速推进相关政策的改革，进一步便利留学、访学、临时工作和移民等签证申请的办理。部分国家通过延缓签证期限、放宽签证限制条件、实施在线课程，以及包机运送留学生等应对疫情挑战，最大限度地维持和争取留学生。在新冠肺炎疫情发生之前，国际留学生教育市场就已经开始出现分散化的趋势，赴美国留学的比例下降，英国、德国、加拿大等国则稳中有升。新冠肺炎疫情发生后，多极化的趋势更加明显。

2. 国际教育服务市场新业态快速发展

近年来，国际教育服务市场出现了新的发展趋势。一是"区域教育中枢"策略的提出和实施。"区域教育中枢"策略是指以国家所在区域为对象，通过建立教育特区和实施优惠政策，构建和争夺区域教育高地。"区域教育中枢"策略以中东地区的卡塔尔和阿联酋为典型代表，这两个国家在短时间内吸引了众多大学在此建立国际分校，使得该地成为全球国际分校最为密集的地区。二是在线教育得到快速发展和大规模普及。新冠肺炎疫情的蔓延加速了在线教育的正规化和合法化进程，各级各类教育机构广泛采用线上授课的方式应对疫情挑战。更重要的是，此次在线教育的快速发展，正在逐渐突破将线下内容"照搬"到线上的方式，线上教育的优势和劣势在大规模普及中更加清晰。在广泛的实践探索中，对于如何实现线上与线下教育的最佳"配置"，最大限度地发挥两种教育方式的效果，业已有了许多较为成功的经验。

（三）新发展阶段教育消费需求的变化：高质量与多样化

依据教育发展规律和国际经验，在人均 GDP 达到一万美元之后，社会教育需求的升级突出表现在高质量和多样化两方面。

1. 对高质量教育服务的需求进一步提升

我国已建成世界规模最大的教育体系，"双一流"建设稳步推进，部分专业已经走在世界前列，教育质量优势不断增强。但总体来看，我国在高质量教育服务的供给方面仍然存在不足。首先，我国在尖端和前沿科技领域、关键基础科学领域以及社会科学领域等的教育水平，与世界领先教育水平相比仍有较为明显的差距。其次，我国对创新型人才的培养仍有较大不足。最后，我国参与全球教育治理的水平较低，配置全球教育资源的能力不强，教育的区域及国际影响力较小。深入推进教育高质量发展，增加高质量教育服务的持续供给，将是新发展阶段中国教育的重要目标之一。

2. 对多样化教育服务的需求快速提升

多样化教育服务需求的出现和提升，是社会发展以及教育规模与教育质量发展到一定阶段的必然趋势。多样化的趋势体现在教育消费的内容和种类越发多样，教育消费业态更加丰富，消费目的不限于升学和职业发展，而更多地体现在个人的全面发展。从更深层次看，多样化教育需求的出现和发展，首先依赖教育的类型化发展，即不同种类的教育能够突破单一的评价维度，在各自类型范畴内实现多种维度的发展。其次，需要开拓教育的供给途径，吸纳更多主体加入教育消费市场，激发参与主体活力。最后，需要打通不同类型教育在评价和资质认可方面的制度障碍，破除"类型壁垒"，实现不同教育类型的互认和转化，促进教育和人才资源的畅通流动与优化配置。

（四）高水平对外开放新格局：从要素型向制度型开放转变

我国正在实施更大范围、更宽领域、更深层次的对外开放，教育作为国际服务贸易的一种类型，是构建高水平对外开放新格局中不可或缺的一环。

"十四五"规划多次提及,要推动教育消费提质扩容,持续扩大教育服务供给,有序推进教育领域相关业务开放。推进高质量教育对外开放,需要持续深化要素流动型开放,稳步拓展相关规则和制度的开放,发挥开放平台的功能,健全教育开放安全保障体系。

从服务贸易的角度看,中国自 2001 年加入世界贸易组织并签署《服务贸易总协定》以来,教育服务贸易具体承诺没有改变,即教育开放的规则体系没有发生变化。《外商投资准入特别管理措施(负面清单)》中对教育领域的外商投资规定与《服务贸易总协定》的具体承诺相一致。中国自 2013 年开始建立自由贸易试验区,作为扩大对外开放重要的先行先试平台。《自由贸易试验区外商投资准入特别管理措施(负面清单)》在教育服务开放方面并无明显突破,直到 2020 年的版本放宽了商业存在领域中对非学制类职业培训机构和学制类职业教育机构的限制。中国教育开放的成就集中在境外消费领域,我国已经成为全球最大的留学生输出国。来华留学的规模虽然有所扩大,但与出国人数相比相差巨大,且对来华留学生的经济贡献尚未有明确的研究,"引进来"与"走出去"的发展极为不平衡。在商业存在领域,中国坚持中外合作办学一种方式,在自然人流动领域尚有许多出入境政策需要改革,而跨境支付领域尚未承诺开放。

三 北京扩大与创新教育对外开放的优势与挑战

(一)"四个中心"定位和"四个服务"要求,为北京扩大和创新教育对外开放提供坚实政策支撑

北京市"四个中心"的核心功能定位,明确了北京市扩大和创新教育对外开放的方向。一方面,高质量的国际交往中心和科技创新中心建设,必然要求实施更大范围、更宽领域、更深层次的对外开放。囊括教育在内的服务业对外开放,将是北京对外开放建设的重点。可以说,扩大和创新教育对外开放是"四个中心"建设的应有之义。另一方面,高水平的教育对外开

放，不仅可以有效汇通国内外优质教育资源，推进各类资源优化配置，促进协同创新，而且可以汇聚全球高质量教育、科技和人才资源，持续助力北京高质量发展。

"四个服务"旗帜鲜明地提出了中央对首都工作的基本要求。扩大和创新教育对外开放，是提升"四个服务"能力的必经途径，也是落实"四个服务"的具体表现。高质量的教育对外开放，是助力教育高质量发展，培养和建设高质量人才队伍，以及提高科技自主创新能力的有效路径。高质量对外开放，能够满足人民群众对多样化、高质量教育服务的需求，丰富教育消费业态。教育质量与教育开放程度是国家实力的重要体现，教育交流本身就是国际交往的重要内容，在国际政治、经济和文化交流中扮演着重要角色。

（二）"两区"建设为北京扩大和创新教育对外开放提供具体抓手

坚持高标准、高质量，重点推进科技创新，推进服务业扩大开放，是北京自贸区的突出特点。北京自贸区的若干具体措施与扩大和创新教育对外开放在内涵上具有高度一致性。例如：优化人才全流程服务体系，探索建立过往资历认可机制，允许具有境外职业资格的专业人才在区内提供服务；营造国际一流创新创业生态，赋予科研人员职务科技成果所有权或长期使用权，鼓励跨国公司设立研发中心，探索优化对科研机构访问国际学术前沿网站的安全保障服务。此外，北京自贸区总体方案中还包含直接与教育开放有关的内容，如探索引进考试机构及理工类国际教材。

《深化北京市新一轮服务业扩大开放综合试点建设国家服务业扩大开放综合示范区工作方案》将推动教育服务领域扩大开放，作为推进服务业重点行业领域深化改革、扩大开放的主要举措之一。具体来看，一是加大国际教育供给，完善外籍人员子女学校布局，允许中小学按国家有关规定接收外籍人员子女入学。二是探索引进考试机构及理工类学科国际教材。三是鼓励外商投资成人类教育培训机构，支持外商投资设立经营性职业技能培训机构;推进一批职业教育国际合作示范项目。此外,工作方案中明确制定了为国际人才的工作、生活提供便利、强化知识产权保护与运用以及开展政策联动创新等与扩大教育开放紧密相关的政策。

(三)北京教育服务市场兼具规模和质量优势

北京汇聚了大量优质教育资源,教育服务市场体量大、发展水平高,兼具规模与质量优势。北京教育服务最突出的特点是高水平教育服务供给能力较强。以2019年为例,北京共有各级各类教育机构3640所,学历教育在校生数量达到412.49万人。从师资来看,北京地区高校中具有高级职称的人数达到2.21万人,遥遥领先于国内其他地区。北京地区高校中科研人员数量达到1.2万人,占全国的比例为28.51%。从平均受教育水平来看,北京地区每10万人口高等教育学校平均在校生数达到5320人,远超2857人的全国水平,并领先于全国其他地区。从在校生分布来看,北京地区在校研究生达到41.08万人,占全国研究生总额的14.35%;在校博士研究生11.33万人,是唯一超过10万人的省级行政单位,占全国在校博士生总数的26.71%①。

从高等教育排名也可以窥见北京地区的教育服务优势。美国《新闻周刊》2021年世界最佳大学排名显示,清华大学的化学工程、电子和电子工程以及工程专业均居世界首位,土木工程、计算机科学、能源、材料科学、机械工程以及纳米科学与纳米技术等位居世界前五。中国农业大学的农业科学、中国科学院大学的生物技术与应用微生物学、北京航空航天大学的机械工程、北京交通大学的土木工程等专业均位居世界前十。

北京市教育服务市场的优势还体现在教育服务市场较为发达。具体来看,北京教育服务供给充足,质量较高且类型丰富;教育服务消费能力强,市场成熟度高,对全国市场的示范效应显著;市场竞争趋于稳定,相关监管制度较为完善;教育服务的头部企业绝大多数位于北京,总部经济发达;教

---

① 2019年教育统计数据,中华人民共和国教育部,http://www.moe.gov.cn/s78/A03/moe_560/jytjsj_2019/gd/。

育服务相关产业发展较为充分，营商环境优良。发达的教育服务市场不仅有助于在教育对外开放过程中保持一定的比较优势，而且有利于吸纳更多教育消费业态，丰富教育消费市场。

（四）北京扩大与创新教育对外开放面临其他地区的竞争压力

在全国施行统一教育服务市场开放政策的背景下，具备先行先试政策优势的自由贸易区是有可能率先创新和扩大现有开放政策的地方。目前全国已经设立了 21 个自由贸易区（港），综观各自贸区的建设方案，已经有多个自贸区明确提出了旨在提升区域内教育服务开放程度、推进教育服务业发展的政策，对北京构成了竞争压力。

黑龙江、广西、河北、江苏、安徽和山东自贸区提出，支持外商独资设立经营性教育培训和职业技能培训机构。湖南自贸区提出要探索在教育服务等领域分层次逐步取消或放宽跨境交付、境外消费、自然人移动等模式的服务贸易限制措施。湖北自贸区提出要加快建设"互联网＋教育"产业园区，支持引进国外高水平学校来湖北合作办学，对自贸区引进的外籍人才和高层次人才简化申报程序和申请资料。

广东自贸区横琴新区规划建设文化教育开放先导区和国际商务服务休闲旅游基地。河南自贸区将与教育部合作共建教育国际化综合改革试验区，积极引进境外优质教育资源开展高水平、示范性合作办学。天津自贸区提出要推动教育部、天津市共建教育国际化综合改革试验区，支持引进境外优质教育资源，开展合作办学。

目前来看，实施教育对外开放改革最为突出的是海南自贸港。《中华人民共和国海南自由贸易港法》第四十条规定，境外高水平大学、职业院校可以在海南自由贸易港设立理工农医类学校。《海南自由贸易港建设总体方案》提出，建设海南教育创新岛，推动国内重点高校引进国外知名院校在海南自由贸易港创办具有独立法人资格的中外合作办学机构。《关于支持海南深化教育改革开放实施方案》进一步提出了打造"留学海南"品牌，实施教育人才引智计划等具体的教育扩大开放政策。

四　新时代背景下北京扩大和创新教育
对外开放的政策建议

（一）依托自贸区实施制度性教育对外开放，打通国内、国际教育资源双循环的"堵点"

在北京自贸区内实施高水平制度型教育对外开放，打造国际化的教育服务发展环境，培育自贸区教育消费新业态，建立本土化的国际教育供给机制，吸引国内和国际学生到北京自贸区"留学"，克服当前疫情和国际关系对留学教育发展造成的阻碍，使北京自贸区成为国内、国际优质教育资源循环的战略连接点，成为"一带一路"区域的留学中心，实现教育"引进来"和"走出去"的联动发展。

第一，创建"自贸区留学"品牌，打造北京自贸区教育消费新业态。放宽北京自贸区教育市场准入条件，鼓励国内外教育机构在自贸区设立面向全球招生的国际分校。发展"自贸区留学"，实现教育的本土国际化，使学生不出国门便能享受优质国际教育，国内教育机构在境内就可以实现"走出去"目标。对北京自贸区从事教育的相关外籍人才，在签证、出入境、停留和居留等方面给予优惠措施。

第二，全面开放北京自贸区的职业教育及培训。加快落实《自由贸易试验区外商投资准入特别管理措施（负面清单）》及北京自贸区建设方案中有关开放职业教育及培训机构的规定，完善相关配套措施，制定相应的落地方案和实施细则，鼓励国外优质资源积极参与职业教育与培训并享有相应权利。

第三，放宽北京自贸区高等教育市场准入条件。允许外方在自贸区单独设立高等教育机构，保障国际学校的办学自主权，在风险可控的前提下自主招生并进行教育教学活动。重点引进一批高质量的标杆性高等教育机构在自贸区设立国际分校，提升北京自贸区办学的国际影响力。对开设急需或紧缺专业的教育机构，给予一定政策优惠。

第四，逐步开放北京自贸区学前和普通高中教育市场。在风险可控的前提下，允许国内外教育机构单独设立面向全球招生的学前及高中教育机构，并与国际化高等教育机构有效衔接，丰富北京地区"高中＋大学""高中＋应用型本科"的本土国际教育供给，满足多样化的教育消费需求，有效解决留学"低龄化"和国际教育资源供给不足问题。

（二）探索"在线留学"的新发展模式，抢占跨境支付教育服务的发展先机

新冠肺炎疫情期间在线教育的大范围应用为留学教育改革和发展提供了抓手。北京应当创新消费模式，建立"在线留学"机制，并以此为契机把握发展跨境支付教育服务的战略先机。

第一，加快"在线留学"的制度建设。丰富北京留学消费模式，提高留学管理体制的灵活性和多样性，增设线上、线下相结合的新型留学模式，允许通过线上学习的方式，完成部分培养方案，并在学历和学位授予、留学签证、学籍管理等方面实施相应的配套性改革。待相关体制机制成熟，推进全部在线完成的留学教育项目，丰富教育供给类型。

第二，探索建立北京国际跨境支付教育服务中枢。结合在线教育的经验和优势，就跨境支付教育服务的开放程度和方式、信息管理与知识产权保护、风险防范与运行监管等进行战略准备工作。制定北京的跨境支付教育服务发展战略，以非学历教育为先导，以高等和职业教育为重点，以突破在线教育资质认证为核心，以"一带一路"为主要依托，聚焦国际规则制定，探索在北京自贸区建立国际跨境支付教育服务中枢，提升北京在该领域的国际话语权。

（三）把握"两区"和"三平台"建设契机，积极推进北京教育服务企业国际化转型发展

在国际关系紧张、部分孔子学院关闭的背景下，一些面向海外提供汉语

培训的在线教育机构却发展较快。中国教育企业在商业领域的"走出去"，将成为对外人文交流的重要路径。北京是全国教育服务企业，特别是在线教育企业最集中的地区，北京推进教育服务企业"走出去"具有显著优势。

第一，充分利用北京"两区"建设平台，推进北京教育服务企业"走出去"。着力将北京自贸区打造为中国教育服务企业"走出去"的跳板，加大自贸区对教育企业的支持力度，充分利用国家服务业扩大开放综合示范区相关政策。重点推进针对"一带一路"区域的教育"走出去"，推动"中国制造"和"中国建造"优势向"中国教育"优势转化，依托重大工程及项目中的维修升级、监测管理、运营开发等活动，配套以职业教育及培训为主的教育服务，提供从教材、教师和培养方案到境外合作或独立办学的一揽子教育服务。

第二，充分利用北京"三平台"建设契机，协助教育服务企业国际化转型发展。北京教育服务企业在教育教学研究、课程开发、教育技术、信息和网络技术、经营管理、人才培养等方面积累了丰富的成果。当前，教育服务企业，特别是教育培训类企业正面临较大的转型压力，国际化经营是一种合理的转型路径，也已经成为很多企业战略规划的重点。北京应当协助教育服务企业将在国内市场中形成的经验和竞争优势逐步向国际市场拓展，培养国际竞争力。一方面，搭建沟通桥梁，在"三平台"特别是中国国际服务贸易交易会上增加教育服务相关议题，激发和传播新思想，提炼新模式。另一方面，加大对中国教育服务企业在技术、服务和经营等方面优势的宣传力度，树立品牌经营意识，提高中国教育服务声誉；举办教育服务贸易专题展会，推进中外教育服务企业、行业协会、企业联盟等的交流合作。

（四）全面加强"稳留学"工作

持续深化要素流动型开放，利用北京丰富的本地教育资源，通过各级各类教育机构，特别是合作办学项目及机构，与境外教育机构保持密切联系，协助出国留学受阻人员在北京接受相应层级的教育。在条件允许且与外放教育机构达成一致的情况下，探索在北京地区完成留学中的预科教育。

作为重要的国际交通枢纽，北京应与各国保持密切联系，根据各国疫情防控进展情况，采取"一国一策"原则，在疫情可控且政策允许时，提高出入境手续办理的便利度，提供国际旅行、卫生防疫和健康检测等方面的专项支持。

（五）围绕新兴竞争力，激发"留学北京"新发展活力

安全、健康和友善的求学环境，稳步提升的教育质量，丰富的教育类型，以及开放包容的制度等，构成了北京教育的新兴竞争力，北京参与国际教育服务竞争的新优势明显增强，依托国内经济循环体系，形成了对全球要素资源的强大引力场。

首先，改革"留学北京"管理体制，广泛调动社会力量参与留学教育，赋予留学教育机构更大自主权。协同推进留学教育改革和新时代教育评价改革，加快建立跨境教育质量认证和监管机制。其次，强化"留学北京"品牌的建设和运营，提升留学服务水平，探索建立留学生学费保证金制度，营造具有北京特色的国际化留学环境。最后，借鉴当前国际留学教育的最新经验，打造"一带一路"区域的教育高地和留学教育中枢。

（六）提升教育对外开放政策的系统性，加强政策联动创新

加强教育对外开放同"两区""三平台"等对外开放平台的联动，提高教育对外开放同知识产权贸易，商业服务、金融服务、文化和体育服务等服务贸易，以及整体贸易领域开放政策的协调程度，提升教育对外开放政策的系统性。加强教育对外开放政策同建设现代产业体系、打造数字经济、构建开放型经济等北京重大发展战略的联动，以及与"三城一区"等科技创新建设平台的联动，积极对接经济发展和科技创新过程中的人才和教育需求，承接三大科学城对教育领域的创新效应外溢。加强京津冀地区教育对外开放的协同性，推进区域教育对外开放高质量发展。

积极推进试点经验，在自贸区施行的教育开放政策，凡符合北京发展定位的，北京市均可按程序报批后在进一步深化服务业扩大开放工作中进行试点。

五　风险防范与管理

（一）扎根中国大地办有特色的国际教育，确保教育改革和开放的正确方向

全面坚持和深入贯彻党的教育方针，加强党对教育开放事业的领导，坚持"四个意识"和"四个自信"，坚持社会主义办学方向，把立德树人作为教育的根本任务。坚持教育改革为人民、为中国共产党治国理政服务，为开启全面建设社会主义现代化国家新征程服务，为构建"双循环"新发展格局服务。

（二）加强教育对外开放相关立法工作

研究北京自贸区发展教育服务过程中产生的法律问题，探索现有国际规则框架下跨境支付教育服务的法律支撑，在遵循教育规律、遵守国际规则并体现中国特色的前提下为教育改革和开放提供法律保障。鼓励创新探索，加强北京自贸区教育法律政策制定的前瞻性、开放性和包容性，发挥好自贸区教育立法的灵活性，推动试点先行，建立改革和创新的容错、纠错机制，依法审慎开展教育执法。

（三）完善数字经济时代教育网络与信息安全监管机制

加强教育网络和信息安全监督，完善相关法规和政策，依法治理教育网络空间。提高跨境支付教育服务信息监管能力，强化教育系统数据安全防护，实施常态化的教育网络安全保障。推进教育知识产权的全链条保护，积极参与全球知识产权治理，维护知识产权领域的国家安全。加强对新技术应用规范管理、个人教育信息保护、未成年人网络保护等重点领域的监管，建立教育网络与信息突发安全事件应急机制。

（四）强化危机意识，提高开放背景下的风险防控能力

实施新发展格局下北京教育开放与改革风险研究，丰富政策储备，聚焦

意识形态、学生安全、教育质量、隐私保护、跨境金融等重点领域，制定相应的防控预案。建立常态长效排查制度，主动、定期做好风险隐患排查、安全评估和应急演练工作，提高风险化解和危机处置能力。

（五）建立联动机制，形成工作合力

制定北京教育对外开放与留学教育战略，强化部门的分工和协作，统筹协调推进。广泛吸纳相关方依法共同参与治理，支持各方积极参与改革、示范和试点。教育、工业和信息化、商务、科技等部门之间，各自贸区之间，自贸区与所在地政府之间，应建立信息共享和联动工作机制，及时反馈和推广实践经验，通过强化合力和协同作战，提升风险预判、应对和处置能力。

参考文献

［1］李立国：《后人均 GDP 1 万美元时代的中国高等教育体系》，《高等教育研究》2020 年第 9 期。

［2］徐小洲、阚阅：《跨入新全球化——新时期我国教育对外开放的挑战与对策》，《教育研究》2021 年第 1 期。

［3］周满生：《坚定不移地扩大教育对外开放与交流》，《教育与教学研究》2020 年第 12 期。

［4］陈婧、范国睿：《改革开放 40 年来我国教育对外开放政策变迁研究——基于国家角色观念视角》，《中国高教研究》2018 年第 9 期。

［5］黄福涛：《新阶段高等教育面临的挑战及其对策》，《清华大学教育研究》2021 年第 1 期。

［6］杨锐：《中国高等教育国际化：走出常识的陷阱》，《北京大学教育评论》2021 年第 1 期。

［7］赖庆晟：《我国从保税区到自由贸易试验区的渐进式扩大贸易开放路径研究》，博士学位论文，华东师范大学，2016。

［8］秦冠英、刘芳静：《海湾地区跨境高等教育发展状况及对中国教育"走出去"的启示》，《中国高教研究》2019 年第 8 期。

［9］邹晓东、程春子：《区域教育中枢建设：理念、模式与路径——马来西亚、卡塔尔和新加坡典型案例比较研究》，《比较教育研究》2017 年第 11 期。

B.11
提升北京文化服务贸易国际
竞争优势的实施路径

周金凯 *

摘　要：　目前，美国是全球最大的文化服务贸易强国和中国文化服务
贸易最大逆差来源国。通过分析中美文化服务贸易逆差的主
要影响因素和北京文化产业的发展现状，研究提升北京文化
服务贸易国际竞争优势的实施路径极具现实意义。本报告基
于国家竞争优势理论，分析中美文化服务贸易逆差的主要影
响因素，结果表明：中美文化服务贸易逆差由两国的产业竞
争力决定。其中，文化企业的战略、资源要素的投入和政府
的贸易政策为美国文化服务产业的发展提供了强大的动力和
保障，是促进美国文化服务出口的关键所在。基于此，北京
作为国家服务业扩大开放综合示范区，应该结合文化服务产
业的发展现状，构建"市场主导、政府引导、以企业为参与
主体、以核心要素投入为基础、以知识产权服务出口为主
力"的文化服务贸易发展模式，提升首都国际文化产业竞争
力，为建设文化服务贸易强国发挥领头雁作用。

关键词：　文化服务贸易　出口竞争优势　文化产业竞争力　文化强国

---

* 周金凯，经济学博士，北京青年政治学院讲师，主要研究方向为北京文化服务贸易开放、北
京国际交往中心建设和中美经贸关系。

一 引言

党的十九大报告提出我国要发展面向现代化、面向世界、面向未来的,民族的科学的大众的社会主义文化,建设新时代的社会主义文化强国。习近平总书记在亚洲文明对话大会上强调,交流互鉴是文明发展的本质要求①。因此,建设新时代的社会主义文化强国,必须使中国文化走向世界。要使我们的文化顺利走出去,必须建立文化与经贸的联动机制,既通过经贸的扩展来带动文化走出国门,又借助文化的对外传播来促进经贸的往来和发展②。2020 年,国家服务业扩大开放综合示范区的建设正是这一发展理念的具体实践。根据北京市统计局数据,2020 年北京市第三产业占 GDP 的比重已高达 83.9%,文化服务业贡献突出。未来,如何提升北京文化服务业的国际竞争力,将是北京建设全国文化中心和国际交往中心的重要内容。众所周知,提升文化服务出口能力是增强一国文化软实力和国际影响力的重要途径,也是建设文化强国的关键一环。文化服务出口数量少、质量低、增长慢,是中国对外文化贸易中的"短板"③。北京作为建设国家服务业扩大开放综合示范区的主力军,需要科学整合优势资源并借鉴国际成功经验,提升国家文化服务贸易竞争力。

目前,美国是中国文化服务贸易的第一大出口国,也是中国文化服务贸易逆差的最大来源国。根据美国经济分析局(BEA)数据,2019 年,美国对华文化服务贸易出口额为 393.8 亿美元,进口额为 53.1 亿美元,贸易顺差为 340.7 亿美元,占美国全球文化服务贸易顺差的 21.3%,中美在文化服务贸易领域的进出口额存在较大差距。美国在文化服务贸易领域的优势是

---

① 《习近平出席亚洲文明对话大会开幕式并发表主旨演讲》,新华网,2020 年 4 月 25 日,http://www.xinhuanet.com/2019 - 05/15/c_ 1124499008.htm。

② 丰子义:《中国文化如何走向世界》,《前线》2019 年第 6 期。

③ 李怀亮:《从市场占有率到价值引导力:中国对外文化贸易的新趋势》,《人民论坛》2018 年第 11 期。

其文化产业竞争力的具体体现。鉴于此，本报告旨在通过国家竞争优势理论模型，构建美国文化服务贸易竞争优势分析框架，深入探讨影响中美文化服务贸易逆差的主要因素，进而结合北京的文化服务贸易发展情况和资源禀赋，提出增强北京文化服务贸易国际竞争优势的实施路径，发挥北京在我国服务业扩大开放中的领头雁作用。

二 中美文化服务贸易的现状

（一）文化服务贸易的定义与范畴

目前，学术界对"文化服务贸易"的定义并未形成共识。其中，国际上较为认可联合国教科文组织关于"文化贸易"的相关表述，即"以有形和无形方式传递文化内容的贸易行为"。文化贸易包括有形的文化产品贸易和无形的文化服务贸易。《2009 年联合国教科文组织文化统计框架》明确了文化服务统计的经济维度，主要包括核心文化服务、装备和辅助材料服务、相关文化服务三方面。本报告根据统计框架内容和联合国商品贸易统计数据库的数据分类情况，将文化服务贸易所涉及领域的内容进行整理，具体内容如表 1 所示。

表 1 文化服务贸易涉及的主要内容

框架层级	涉及领域	补充说明
核心文化服务	音像及相关产品的再生产和/或分配许可	该领域额外涉及其他艺术和文学许可
	音像产品及相关服务	包括与制作音像产品有关联的服务
	新闻机构及其他信息服务	包括新闻宣传相关服务、档案馆和图书馆服务
	广告、市场研究和民意调查	包括广告设计、制作和销售，广告展览和转让，市场调研，针对相关问题进行的民意调查
	建筑服务	建筑项目的设计、安装服务等
	遗产和娱乐服务	包括其他文化服务

续表

框架层级	涉及领域	补充说明
装备和辅助材料服务	计算机软件的再生产和/或分配许可,与计算机相关的服务	包括计算机硬件和软件的相关服务和数据处理服务
相关文化服务	旅行	包括所有类型出国旅行(教育、出差和医疗)的文化消费

资料来源:根据《2009 年联合国教科文组织文化统计框架》整理。

(二)中美文化服务贸易的现状

第一,文化服务贸易是中美服务贸易的主要来源。中美服务贸易涉及运输、零售、金融、文化等多个领域,其中,文化服务贸易在中美整体服务贸易中占据重要地位。中美文化服务贸易在两国服务贸易中的地位如表 2 所示。

表 2　中美文化服务贸易在两国服务贸易中的比重变化情况

单位:亿美元,%

年份	文化服务贸易额	服务贸易额	占比
2001	39.2	89.5	43.8
2002	43.3	103.3	41.9
2003	41.8	101.4	41.2
2004	55.3	135.5	40.8
2005	69.0	155.6	44.4
2006	94.8	207.2	45.7
2007	113.8	249.4	45.7
2008	126.1	267.7	47.1
2009	129.1	266.2	48.5
2010	175.0	331.1	52.8
2011	212.3	402.2	52.8
2012	264.7	460.8	57.4
2013	317.8	514.3	61.8
2014	367.1	583.0	63.0
2015	410.9	640.1	64.2
2016	461.6	705.8	65.4
2017	486.8	734.6	66.3
2018	480.4	754.8	63.6
2019	446.9	766.8	58.3

资料来源:根据美国经济分析局(BEA)网站数据计算而得。

第二，中美文化服务贸易逆差不断扩大。在整体贸易中，虽然中国对美国货物贸易保持顺差，但文化服务贸易一直是逆差状态，主要原因是美国在国际文化服务贸易中具有比较优势和竞争优势。中美文化服务贸易情况如表3所示。

表3 中国对美国文化服务贸易逆差的变化情况

单位：亿美元

年份	中国自美国进口	中国对美国出口	贸易逆差
2001	26.8	12.4	14.5
2002	28.7	14.6	14.1
2003	28.4	13.4	15.1
2004	33.3	22.0	11.3
2005	41.6	27.4	14.2
2006	54.1	40.7	13.5
2007	64.9	49.0	15.9
2008	79.4	46.6	32.8
2009	86.7	42.4	44.4
2010	127.4	47.6	79.7
2011	165.1	47.2	117.9
2012	209.8	54.9	154.9
2013	258.6	59.2	199.5
2014	313.9	53.2	260.7
2015	353.6	57.3	296.3
2016	398.1	63.5	334.5
2017	418.4	68.4	350.0
2018	414.8	65.6	349.3
2019	393.8	53.1	340.7

资料来源：根据美国经济分析局（BEA）网站数据计算而得。

三 中美文化服务贸易逆差影响因素的实证分析

（一）影响因素的确定与数据选取

一国贸易竞争力归根结底是产业竞争力的体现。本报告按照迈克尔·波特提出的国家竞争优势理论，构建基于钻石模型的指标分析体系，从国际产业竞争力的视角研究中美文化服务贸易逆差的影响因素。波特钻石模型的影响因素可归纳为6个方面，即资源要素 X_1、国内需求 X_2、辅助产业 X_3、企业战略 X_4、政府政策 X_5 和机遇 X_6，且每个因素均对中美文化服务贸易逆差存在不同程度的影响。鉴于每个影响因素涉及多项内容，本报告按照钻石模型的内涵将其分解成不同的构成指标，具体构成指标和选取意义如表4所示。

在数据选取方面，按照可获得性和有效性原则，本报告以美国经济分析局（BEA）和世界银行世界发展指标（WDI）数据库为基础，对与影响因素相关的指标数据进行整理和主成分分析，得到 1999 ~ 2018 年的解释变量（影响因素）数据 X_i 和被解释变量（贸易逆差）数据 Y。

表4　中美文化服务贸易逆差的影响因素和具体指标构成

影响因素	指标名称	指标意义
资源要素 X_1	文化服务业就业人数	资源要素涉及人力资源、知识资源、资本资源等，就业人员和高校学生是人力资本的初、高级形式，科技期刊发表情况是现代知识技术进步的重要体现，文化服务业投资是资本的主要来源
	美国大学入学登记人数	
	科技期刊发表数	
	文化服务业投资额	
国内需求 X_2	国内人均收入	需求主要由收入、价格和消费偏好等因素决定。因此，国内需求的指标构成选取国内人均收入、服务价格变化率和服务消费占总消费比重
	服务价格变化率	
	服务消费占总消费比重	
辅助产业 X_3	关联产业产出额	文化贸易包括服务和产品贸易，与文化产品贸易相关联的产业产出水平会对文化服务的发展产生影响；相关联产业的进出口变化会影响文化服务业的发展；国际运输行业尤其是航空运输业的发展对国际文化服务贸易具有带动作用
	关联产业贸易额	
	航空旅客运量	

影响因素	指标名称	指标意义
企业战略 X_4	文化服务业 FDI	企业全球化战略中,文化服务业对外直接投资有助于文化理念和服务的输出;文化服务的出口水平与企业服务的核心竞争力相关,企业研发资金和研发人员的投入是保持文化服务贸易国际竞争力的关键;发明专利数量是知识产权进步的最直接体现
	企业研发支出	
	企业研发人员投入	
	发明专利数量	
政府政策 X_5	文化服务贸易开放度	政府的对外贸易政策是一国对国际贸易重视程度的风向标,贸易开放度在一定程度上体现了政府的贸易政策倾向
机遇 X_6	汇率变动	机遇涉及战争、汇率波动、石油危机等,中美贸易主要的机遇因素涉及汇率波动,汇率的涨跌会对服务贸易造成短期影响

(二)中美文化服务贸易影响因素的逐步回归分析

根据中美文化服务贸易逆差与各影响因素之间的关系,本报告构建了含有扰动项的多元线性回归模型,具体形式如下:

$$Y = \beta_0 + \beta_1 X_1 + \beta_2 X_2 + \beta_3 X_3 + \beta_4 X_4 + \beta_5 X_5 + \beta_6 X_6 + \varepsilon$$

式中 Y 表示解释变量——中美文化服务贸易逆差额,β_i 为待定参数,X_i 为模型所选取的解释变量——影响因素,ε 为模型的扰动因素,逐步回归结果如表 5 和表 6 所示。根据结果,中美文化服务贸易逆差的主要影响因素为企业战略、资源要素和政府政策。

表 5 逐步回归系数对比

模型		非标准化系数		标准系数	t	Sig.
		Beta	标准误差			
1	(常量)	11.717	1.248		9.391	0.000
	企业战略 X_4	11.928	1.280	0.910	9.319	0.000

模型		非标准化系数		标准系数	t	Sig.
		Beta	标准误差			
2	（常量）	11.717	1.009		11.610	0.000
	企业战略 X_4	27.943	5.047	2.132	5.536	0.000
	资源要素 X_1	-16.362	5.047	-1.248	-3.242	0.005
3	（常量）	-29.742	15.383		-1.933	0.071
	企业战略 X_4	27.618	4.314	2.107	6.402	0.000
	资源要素 X_1	-21.805	4.761	-1.664	-4.580	0.000
	政府政策 X_5	14.725	5.455	0.476	2.699	0.016

表6 逐步回归模型判定系数汇总

模型	R	R^2	调整 R^2	标准误
1	0.910[a]	0.828	0.819	5.579
2	0.945[b]	0.894	0.881	4.513
3	0.963[c]	0.927	0.913	3.856

注：a. 预测变量：（常量），企业战略 X_4。b. 预测变量：（常量），企业战略 X_4，资源要素 X_1。c. 预测变量：（常量），企业战略 X_4，资源要素 X_1，政府政策 X_5。

四 北京文化服务产业的发展现状

文化服务产业指专门从事各种文化工作的服务部门，兼具服务业、文化产业的产业属性和特点。北京的文化服务产业生态中，企业往往兼备文化产品生产和文化服务提供的双重功能。因此，北京统计局的数据统计中将文化产业作为一个整体核算经济贡献度，并未明确划分文化产品和文化服务。本报告数据基于北京统计局网站，故将北京文化产业的发展变化作为分析目标，从中仍可以看到北京文化服务产业的总体发展趋势。

（一）北京市规模以上文化产业收入逐年增加

如表7所示，2018~2020年北京市规模以上文化产业主要分为文化核心领域和文化相关领域。在文化核心领域，2018～2020 年的收入呈递增趋势。2018 年北京市规模以上文化核心领域收入为 9292 亿元，2019 年增长至 11448.2 亿元，增幅为 23.2%；2020 年北京市规模以上文化核心领域收入为 12986.2 亿元，虽较 2019 年有所增长，但受疫情影响增幅同比呈现下降趋势。其中，2020 年新闻信息服务、创意设计服务、内容创作生产和文化传播渠道是北京文化核心领域的主要贡献力量，收入分别达到 4149.5 亿元、3374.9 亿元、2898.8 亿元和 2459 亿元。在文化相关领域，2018～2020 年的收入呈递减趋势。2018 年北京市规模以上文化相关领域收入为 1411 亿元，2019 年减少至 1401.5 亿元，降幅为 0.7%；2020 年北京市规模以上文化相关领域收入为 1223.1 亿元，较 2019 年下降 12.7%。其中，文化辅助生产和中介服务 2020 年收入比 2019 年下降 15.4%，降幅最为明显。总体来看，2018～2020 年北京文化产业呈现不断升级优化的趋势，文化核心领域在整个文化产业收入中的占比不断提升。其中，新闻信息服务和创意设计服务等文化服务产业的贡献度越来越大，说明北京市文化服务产业的核心竞争力逐年提高。这与北京不断推进文化产业供给侧结构性改革，不断开拓国内国际两个市场，提供适销对路的文化产品和服务有着紧密的联系。

表7 2018～2020 年北京市规模以上文化产业收入情况

单位：亿元

项目	2018 年	2019 年	2020 年
文化核心领域	9292.0	11448.2	12986.2
新闻信息服务	2558.3	3692.7	4149.5
内容创作生产	2005.2	1899.4	2898.8
创意设计服务	2771.1	2852.8	3374.9
文化传播渠道	1826.9	2876.8	2459.0
文化投资运营	30.5	19.8	24.1
文化娱乐休闲服务	99.8	106.7	79.9
文化相关领域	1411.0	1401.5	1223.1
文化辅助生产和中介服务	654.8	737.9	624.2
文化装备生产	168.3	121.9	108.2
文化消费终端生产	587.8	541.8	490.7

资料来源：北京市统计局网站。

（二）北京文化服务贸易额逐年上升

目前，涉及北京文化服务贸易的数据并未公开。因此，在分析北京文化服务贸易时，本报告根据北京对外服务贸易的总体情况和旅游服务贸易的数据进行分析。根据《北京统计年鉴》数据，2014～2018 年北京对外服务贸易额整体呈增长态势。2014 年为 1106.1 亿美元，2015 年为 1302.8 亿美元，2016 年为 1508.6 亿美元。2017 年北京对外服务贸易出现小幅下降，2018 年又增长至 1606.2 亿美元。如表 8 所示，2014～2018 年北京对外服务贸易一直保持顺差，顺差额由 236.1 亿美元增长至 480.6 亿美元，说明北京对外服务贸易具备一定的国际竞争力。整体服务贸易的增长带动了文化服务贸易的提升。根据北京市国有文化资产监督管理办公室提供的数据，2018 年北京市文化贸易实现进出口额 60.2 亿美元，同比增长 17.5%。从具体分类来看，2018 年北京市核心文化服务实现进出口额 37.8 亿美元，较上年同期增长 24.2%，而核心文化产品进出口额达到 22.4 亿美元，同比增长 7.7%。根据商务部公布的数据，2018 年在文化服务出口方面，北京位居全国第三，仅次于广东、上海。

表 8　2014～2018 年北京对外服务贸易情况

单位：亿美元

	2014 年	2015 年	2016 年	2017 年	2018 年
进口	435.0	490.7	532.1	437.2	562.8
出口	671.1	812.1	976.5	997.1	1043.4
顺差	236.1	321.4	444.4	559.9	480.6

资料来源：《北京统计年鉴》（2020）。

《2009 年联合国教科文组织文化统计框架》明确了文化服务统计的经济维度，主要包括核心文化服务、装备和辅助材料服务、相关文化服务三方面。其中，旅游作为相关文化服务的重要组成部分，是一国文化服务贸易发展的重要体现。如表 9 所示，2015～2020 年北京市入境旅游人数呈现先降后升再降的趋势。2015 年，北京市入境旅游人数为 140.5 万人次，2016 年降至 130.6 万人次，2017 年继续下降。从 2018 年开始，北京市入境旅游人数开始小幅反弹，2019 年恢复至 111.2 万人次。2020 年，受新冠肺炎疫情影响，北京市入境旅游人数再次大幅下降至 3.4 万人次。2015～2020 年北京市出境旅游人数呈现先升后降的趋势。2015 年北京市出境旅游人数为 533.1 万人次，2016 年增长至 571.3 万人次，随后几年一直呈下降趋势，2020 年仅为 47.2 万人次。

表9 2015～2020 年北京市出入境旅游情况

单位：人次

年份	入境旅游人数	出境旅游人数
2015	1404797	5331240
2016	1305545	5712725
2017	925062	5115004
2018	927750	5109328
2019	1111636	4845160
2020	33888	472038

资料来源：北京市统计局网站。

综合而言，为推动现代文化服务业升级，北京市持续推动文化与科技、金融及其他相关产业的融合，加快推进新旧动能转换，结合首都文化特色，积极打造"首都风范、古都风韵、时代风貌"，大力培育发展新型文化业态，全面推动全国文化中心各项建设，文化产业发展取得可喜成绩，文化服务贸易的竞争力不断提升并取得长足发展。然而，随着国家服务业扩大开放综合示范区和中国（北京）自由贸易试验区（简称"两区"）建设的推进和《区域全面经济伙伴关系协定》（RCEP）的生效，北京现代服务业的发展面临更高要求。因此，提升北京文化服务贸易竞争力应该借鉴发达国家的成功经验，参照国际高标准规则，构建符合首都实际的对外文化服务贸易新路径。

五 提升北京文化服务贸易国际竞争优势的路径

美国的文化政策秉承自由主义传统，以强调文化产品生产、销售的高度市场化和政府干预最小化为主旨①。相比之下，北京文化"走出去"的市场化程度相对较低，实施主体仍是政府和非政府组织，对国际文化市场的传播规律把握不到位。因此，提升北京文化"走出去"的质量和水平，既要考虑北京的发展定位，又要借鉴美国的成功经验。未来，北京"两区"将成为引领我国新时代对外开放的重要门户，是北京大力发展现代服务业和建设高水平开放新体制的重要标志。因此，北京应以"两区"建设为契机，逐步构建"市场主导、政府引导、以企业为参与主体、以核心要素投入为基础、以知识产权服务出口为主力"的对外文化服务贸易新路径，培育北京文化服务产业的国际竞争力，为建设社会主义文化强国奠定基础。

（一）注重企业全球化战略，充分发挥企业的市场主体作用

一方面，以北京文化企业兼并重组促进对外直接投资。利用"两区"建设的契机，在区域内成立现代文化企业集团，对北京分散的文化企业进行整合重组，增强企业综合实力和国际竞争力。现代文化企业不仅可以扩大文化服务产业的涉及领域，有助于实现企业内部产业链协作，而且具备开放外向型的管理理念，有助于文化服务出口。在此基础上，针对目标市场进行直接投资，延伸文化服务的全球产业链，在不同的生产服务环节获取利益，实现利润最大化。

另一方面，企业针对目标市场进行文化产品和服务的研发，坚持企业"继承＋创新"的模式。北京文化服务出口的未来潜力由国际市场的认可度决定。因此，北京向世界传播中国声音不能单纯为出口而出口，要充分了解对方的历史文化特点和信息接收习惯，在继承首都优秀传统文化的基础上加

---

① 向勇、李天昀：《国外文化产业发展的主要模式》，《新湘评论》2011 年第 21 期。

以创新。这样有助于北京文化"走出去"并走进对方的内心，产生情感共鸣。基于此，在文化服务设计上，企业可以凭借北京"两区"创新发展基地的优势，加大研发与创新力度，将北京和中国文化的隐性内涵与外国文化的显性元素相结合，并融入时尚流行文化元素，让受众人群被本国文化元素吸引的同时，自然体会到中华文化的博大精深与时代魅力。

（二）以政府政策提升北京文化服务业对外开放的质量

未来，文化服务贸易是北京服务业扩大开放和对外贸易增长的方向，国家需要在政策层面为北京文化服务贸易出口提供相应的保障。在国际方面，从双边和多边领域推进服务贸易协定的谈判。目前，以美国为首的发达国家已经着手更高级层面的服务贸易协定磋商。随着服务贸易出口的逐年增多，中国将会越发受制于发达国家既定的规则。因此，中国应积极参与到文化服务贸易的双边与多边磋商中，以发展中国家的视角为知识产权贸易、旅游服务贸易等谈判内容提供中国的智慧方案，为北京文化服务贸易发展创造良好的外部规则环境。在国内方面，知识产权出口是北京文化服务贸易质量提升的关键。北京知识产权服务在"走出去"的过程中，由于市场的盲目性和自发性，面临诸多问题。例如：知识产权企业缺少专利融资平台，"走出去"面临资金瓶颈；一些拥有自主知识产权的企业缺少贸易流通渠道，而具备贸易输出渠道的企业往往不具有自主知识产权。因此，政府应推动在北京"两区"搭建文化服务企业的融资平台，加强知识产权的公共服务，建立"知识产权资源库"。其一，鼓励知识产权运营公司发挥平台作用，解决知识产权企业融资难的问题。知识产权运营公司凭借专业化的运营模式，可以将知识产权的风险进行量化，提供可判断和可承受的建议，为金融机构和有知识产权融资需求的企业提供平台，进行专利质押融资。其二，建立"知识产权资源库"，将文化出口企业的知识产权纳入资源库，并对其进行分类管理。有出口渠道的企业可以根据国外市场的需求检索资源库，并与合适的所有权企业建立合作，降低信息错位导致的交易成本。

（三）构建文化服务贸易的人才资源供给机制

党的十九大提出，人才是实现民族振兴、赢得国际竞争主动的战略资源，习近平强调人才是第一资源。可见，人才不仅可以为文化产业发展提供智力支持，而且还可以提升知识资源、技术资源和资本资源的整合效率。因此，北京文化服务产业"走出去"必须依靠人力资源，保障文化服务领域专业人才的供给和可持续发展。北京实施外向型的文化服务贸易战略，需要技术、贸易、管理、文化、法律等领域的复合人才。在技术领域，需要科研人员；在管理领域，需要具备丰富经验和战略思维的跨国经营管理人才；在贸易领域，需要熟知国际文化服务贸易流程和国际惯例的外贸人才；在文化领域，需要熟知国内外历史文化和风俗习惯的专业人士以及懂得文化传媒的创新型人才；在法律领域，需要熟悉国际文化服务产业相关法律的专业人才。

为了满足文化服务产业庞大而复杂的人才需求，需要建设人力资源库。利用北京高校、科研院所和总部经济的聚集优势，立足国内、放眼全球，吸收国内外企业、律所、科研院所和高校的专业人士加入人力资源库。将人力资源库的人员分为专兼职人员，实行供应链管理模式。对于临时性的政策咨询，企业可查询兼职人员系统；对于企业人力资源补充，可检索专职人员系统。设置人力资源库有利于对专业人才进行优化配置，降低文化服务出口企业人力资源开发的成本，提升人才的效用。

（四）发展北京数字文化服务贸易，提升在全球价值链中的地位

美国文化服务贸易的蓬勃发展与企业的国际化战略、政府的开放政策和资源要素的投入紧密相关，这一切又与美国位于文化服务价值链顶端不无关系，它们之间形成了一种相互联系、相互促进的良性循环。因此，北京文化若要更好地走向世界，需要加快发展数字文化服务贸易，提升在全球文化服务贸易价值链中的地位。一方面，加强北京文化服务产业与互联网的融合，把握数字文化产业升级的机遇；另一方面，利用首都科技创新的优势，突破

技术瓶颈，促进大数据和人工智能等技术在数字文化产业的应用。此外，北京还应增强数字文化内容的原创力，鼓励传统文化企业与数字文化企业交流合作，提升文化服务产业的核心竞争力，进而推动文化服务贸易向全球价值链高端升级。

B.12
数字贸易促进北京文化
产业"走出去"研究

毛　频*

摘　要：　本报告分析了数字贸易的特点，对北京文化产业"走出去"做了总结回顾，指出北京文化产业"走出去"在内容方面要适应海外消费市场，在渠道方面需要更强大的支撑。北京发展文化产业，应建立国内企业有创作积极性、国外消费市场愿意接受、大平台、低成本的文化产业数字贸易模式。通过对部分文化科技企业的调研，本报告认为文化科技企业发展数字贸易的积极性高，经营策略适应海外消费市场，是北京文化产业发展数字贸易的主力军。但也存在政府支持政策有待完善、企业自身能力不足、海外市场政治经济形势复杂等问题。本报告建议，数字贸易是北京文化产业"走出去"的重要契机，需要进一步强化顶层设计，建立政府引导、企业参与的市场化运营机制，对文化产业企业发展数字贸易给予人才、资金、中介服务等多方面的支持。

关键词：　数字贸易　北京文化产业　文化科技企业　"走出去"

---

* 毛频，博士，对外经济贸易大学北京对外开放研究院研究员，外语学院副教授，主要研究方向为大数据文学、文化产业发展状况和拉美社会及文化研究。

193

一 北京文化产业"走出去"的意义和关键因素

近年来，北京市各级政府和企事业单位积极推动中国文化的国际传播，取得了巨大成就。从总量看，北京市 2019 年规模以上文化产业收入合计达12849.7 亿元。其中，文化核心领域收入合计达 11448.2 亿元。北京市 39 家企业被评为 2019~2020 年度国家文化出口重点企业，占全国文化出口重点企业数量的 11.64%，在全国处于领先位置。

（一）北京文化产业"走出去"的意义和原则

1. 北京文化产业"走出去"具有特殊意义

讲好中国故事，让世界了解真实、立体、全面的中国，对提升中华文化影响力和国际传播能力意义重大。习近平总书记指出，要打造具有国际影响力的媒体集群，积极推动中华文化"走出去"。要加快构建中国话语和中国叙事体系，用中国理论阐释中国实践，用中国实践升华中国理论，打造融通中外的新概念、新范畴、新表述，更加充分、更加鲜明地展现中国故事及其背后的思想力量和精神力量。文化产业作为中国文化的重要载体，在强化中国话语和中国叙事方面具有十分重要的作用。

2. 文化产业"走出去"的原则

中共中央提出，要建立健全把社会效益放在首位、社会效益和经济效益相统一的文化创作生产体制机制，遵循社会主义文化发展规律，体现市场经济要求，构建有利于激发创作活力的政府管理体制和企业经营机制，这既是对我国文化工作和中国文化海外传播的要求，也是北京文化产业出口工作的根本遵循。

北京市是我国文化中心，文化产品出口一直是北京的优势，认识文化与文化产品的关系，掌握文化产品出口的基本规律，是促进北京文化产业"走出去"的前提。文化产品是文化的载体，文化产业"走出去"，在客观形式上就是文化产品"走出去"。文化是无形的，是持有某种观点和立场的，是主观的，是能够带来社会效益的，而文化产品是具体的，是承载文化的，是客观的，目的是实现经济效益的。中国文化必须加载到文化产品中，以多样化的产品形式在海外市场拓展。在这个过程中，微观创作主体得到创作效益，就会有进一步创作的动力；海外社会在消费文化产品的同时接受中国文化，对中国有了真实、立体、全面的认识，由此又产生了社会效益。这样，我国微观创作主体有积极性，海外消费者愿意接受，各参与主体间建立了正向互动，形成扩大再生产的良性循环，这才是中国文化传播最有效率的方式。填鸭式说教不能很好地被海外社会接受，也难以形成长期传播效果。

（二）内容和渠道是北京文化产业"走出去"的关键因素

1. 内容能被海外消费者接受是文化产业"走出去"的基础

文化产品的消费和一般物质商品差异很大，消费者对文化产品的内容是否接受，接受程度如何，是文化产品消费的前提。按照姚斯的读者接受理论，审美距离对于人们对文艺作品的接受作用十分重要，审美距离要适度，过远和过近都会影响读者的审美感受。要让外国人喜欢包含中国元素的文艺作品，该作品既要接近外国人的经验，又不能完全写实，致其感觉枯燥；既要对他们有一定的新鲜感，又不能完全脱离他们的经验，致其无法理解。本报告对外国小说被中国读者接受的情况进行了大数据分析，结论简单归纳如下。

一是消费者对外来文化产品的理解和体验是复杂多样的，很难形成一种明确的、占主体地位的观念。比如，不同的人阅读《红楼梦》，可能产生完全不同的感受。同样，外国人对中国文化产品的理解是多维度的，很难对其灌输单一观念。

二是外国文化产品在本国的传播需要持续、有力的引导，也就是需要大众接受的"解读者"去引导社会接受。例如英国作家拜伦、德国诗人海涅以及政治家马克思、恩格斯都在不同历史阶段、从不同角度对《堂吉诃德》这部西班牙小说进行了评论和解读，使其成为几百年来的经典。

三是中国文化在海外传播需要高水平的翻译者，翻译对于语言文字类内容的传播十分重要，小说、电影、游戏都包含大量语言文字，高水平译文的可读性强，贴近输入国人民的生活经验。目前在文化产品领域，机器的翻译水平远不及高水平人类翻译。对语言文字类内容进行恰当的翻译，能够大幅提升消费者的体验。

四是启蒙类、教育类文化产品对消费者的影响长期而深远，需要在学前、中小学时段不断投入。学前、中小学期间阅读观看的文艺作品，无论当时读者是否真正理解，都会给他们留下十分深刻的印象。即使成年以后，这些作品仍有可能吸引他们重新阅读观看，并传播给下一代。例如日本漫画《哆啦 A 梦》对中国孩子影响很深，对日本文化在中国的传播非常有效。

2. 建设高效率的渠道是文化产品"走出去"的关键

渠道是文化产品的重要依托，在数字贸易时代，渠道比内容更加稀缺、更有影响力。渠道建设的根本任务，就是要掌握与用户接触的最后一个界面，谁的成本低、效果好，谁就有可能取得成功。建设低成本、高效率的渠道，对北京文化产业"走出去"并取得良好市场效益至关重要。文化产业的渠道建设和传统商品一样，都要经过批发、零售，最终到达消费者，渠道建设周期较长，不但需要与国际市场相关人员和机构合作，而且要持续投入大量人力、财力，进行长期维护。

我国文化产业出口使用的渠道传统上多是外国官方的广播电台、电视台、传媒企业等，随着数字贸易时代的到来，大型互联网企业逐步成为重要的文化产品传播渠道，实现从生产者到消费者的直接连接。数字贸易时代的渠道大大缩短了生产者和消费者的距离，大幅提升了文化产品的传播效率，是目前影响力最广、传播速度最快的文化产品传播渠道。中国网红李子柒在 YouTube 平台上传播中华传统美食，不到两年在全球就拥有 2000 多万名"粉丝"，如果通过传统渠道，在这么短时间内积累这么庞大的"粉丝"量几乎不可能。

二 数字贸易时代，北京文化产业 "走出去"迎来重要机遇

电子信息技术飞速发展，全球已经进入数字贸易时代，这将颠覆性地改变全球价值链分工，重塑全球化格局，也将进一步加剧大国竞争。数字贸易及其规则竞争将成为大国博弈的新前沿，对先进数字技术的争夺将成为全球数字竞争的"新赛道"。联合国贸易和发展会议数据显示，2019 年全球数字服务贸易出口规模达到 31925.9 亿美元，逆势增长 3.75%。2020 年新冠肺炎疫情突袭而至，数字贸易发展进一步加速，2021 年数字贸易将继续在世界经济复苏中发挥重要作用，是影响各国经济复苏和增长前景的重要因素。总的来看，数字贸易有以下几个特征。一是提升了货物及服务贸易的效率。数字技术的发展和应用降低了信息的共享成本，极大地降低了信息不对称。以数字贸易为基础的数字平台连接了众多生产者和消费者，有利于更加便捷地进行跨地区、跨国界贸易。二是产生了新的数字贸易形态。数字技术赋能传统服务贸易，催生了数字旅游、数字教育、数字金融等新业态。三是加快了知识要素流动。数据作为新型生产要素提高了其他要素的流动效率，促进了知识的共享，加速了技术创新，使得技术创新效率极大提高。

（一）数字贸易基本概念

1. 数字贸易的内涵

国际上对数字贸易的内涵和范围没有统一界定。从统计口径角度来看，经合组织（OECD）、世贸组织（WTO）和国际货币基金组织（IMF），以及美、日、欧等国家和地区，把"数字订购"（电子商务）和"数字交付"（数字交付服务贸易）与尚未纳入传统贸易统计体系的跨境数据流动等内容都列为数字贸易，中国则排除了归入货物贸易统计的电子商务部分。尽管中外研究在统计口径上有差异，但研究数字贸易的整体流程框架是相同的。

2. 数字贸易的构成层次

数字贸易虽然是服务和产品的交换，但需要制度、硬件等方面的支持，从层次上分析，可以分为协议层、硬件层和应用层三个层次（见图1）。协议层是数字贸易的制度基础，由于数字贸易是在国际范围内的贸易，需要不同国家政府之间、企业之间的配合协作，在政府层面和企业层面进行制度安排与合同约定。其中各国政府需要达成国家之间数字市场准入规则、数字服务税收安排、知识产权保护以及数字流动监管等方面的法律规则。企业间的协议层主要是上下游企业之间的协议互认和数字接口标准化。硬件层是数字贸易的物质基础，联合国贸易和发展会议及不少学者也将硬件层的贸易作为数字贸易的一部分，按照大类分为ICT（通信信息技术）制造业和ICT服务业，其中ICT制造业包括通信设备、存储设备、计算设备、感知设备等，ICT服务业包括信息通信、云计算、人工智能、区块链等，这都是支撑数字贸易的物质要素。应用层是数字贸易的交易环节，从形式上分为数字化贸易方式和数字化贸易对象，其中数字化贸易方式包括数字订购、数字交付、数字结算等，数字化贸易对象包括保险服务、金融服务、知识产权服务、个人文娱服务如游戏、影视等。

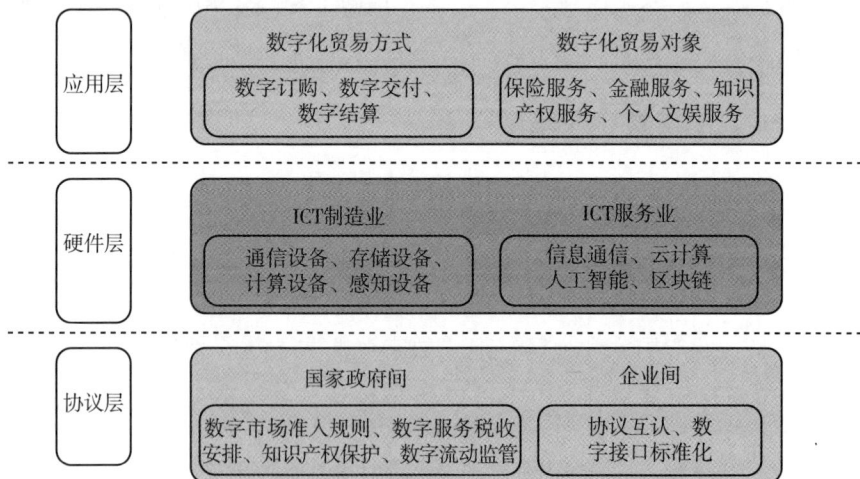

图1　数字贸易的构成层次

（二）北京数字贸易的发展状况

北京的数字贸易发展迅速，据中国国际服务贸易交易会上发布的数据统计，作为数字贸易基础的数字经济成效显著，2019 年北京市数字经济增加值占 GDP 的比重超过 50%，在全国居于首位，其中软件和信息服务业的产业规模达 13464.2 亿元，同比增长 14.4%，占全市 GDP 的比重达 13.5%，云计算、大数据、人工智能、区块链、网络安全等相关技术支撑产业的发展水平领先于全国。

1. 北京发展数字贸易的基础较好

北京作为我国数字贸易领先地区，软件产品、信息技术服务等行业的基础十分雄厚，在与国内其他地区的竞争中处于优势地位。以数字贸易中最核心的软件产品和信息技术服务这两个子行业为例，北京均处于全国前列（见表1）。

表 1　北京数字贸易情况

单位：亿元

年份	软件产品收入			信息技术服务收入		
	北京	上海	广东	北京	上海	广东
2015	1604	986	1387	2835	1699	2828
2016	1898	1085	1571	3389	1954	3477
2017	2230	1194	1775	3935	2229	4547
2018	2969	1313	1851	5197	2563	5656
2019	2861	1601	2131	6427	3681	6969
2020	3754	1760	2152	8581	4228	7840

注：目前国家统计局没有数字贸易的全口径统计数据，仅有其中"软件产品收入"和"信息技术服务收入"两个子项目的统计数据，其他未列入国家统计局的口径。目前只有相关协会组织进行了数字贸易全口径统计，中国国际服务贸易交易会上公布的数据是由相关协会统计的，与国家统计局的统计数据有出入。

资料来源：国家统计局。

在政府政策上，北京将数字贸易作为未来北京经济发展的龙头。2020年，北京颁布建设数字贸易试验区的政策，从市委市政府具体工作举措来看，北京在数字贸易的三个层面均采取了有针对性的措施。在协议层，完善数字贸易领域相关制度建设，积极参与国际规则制定，支持龙头企业确立数字技术规范和产业标准。加强关键信息基础设施安全保护，加强数据跨境流动监管，保障国家数据安全。在硬件层，夯实数字贸易发展的物质基础，发展人工智能、区块链、大数据、云计算、量子科技等前沿领域，保持新基建投资领先势头，扩大5G基站覆盖范围。推动数字化平台建设，提升关键基础性数字服务能力。在应用层，支持数字贸易重点领域发展，发展数字信息服务，包括软件设计、云存储、数据信息服务等，加强数字内容开发，鼓励文化创意、传媒娱乐等领域的数字化产品贸易。

2.文化产业是数字贸易的典型场景

根据联合国贸易和发展会议等研究机构的分类，数字贸易的应用场景包括保险服务、金融服务、知识产权服务、个人文娱服务等类型。其中，个人文娱服务是数字贸易的重要场景之一，包括影视、音乐、游戏和教育等。近年来，网络游戏、网络影视、在线教育等文化娱乐快速发展，根据商务部公布的数据，2019年我国数字化文化娱乐服务出口额达83亿元，进口额达281亿元，进出口总额为364亿元，较2018年增长12%。以移动游戏为例，2015～2020年，中国手机游戏的海外收入增长率每年都在20%～30%。游戏携带中国文化元素，在海外传播过程中形成的影响力十分惊人。很多游戏的音乐视频由民族乐器担任主角，具有非常鲜明的中国特征，美国、东南亚都是我国文化娱乐服务业出口的重要市场，尤其美国近两年都是中国游戏企业出海的重要目标市场。

3.北京文化产业数字贸易的实施路径

对于文化产业自身来说，协议层、硬件层都是自身行业之外的基础设施建设，文化产业自身要借助数字贸易"走出去"，前提是加快数字化步伐，通过两条路径实现。第一条路径是传统产业的数字化转型，即传播方式的数字化，如文博业、图书出版业、广播电视电影业等传统业态借助数字化技术实现转型升级。这种数字化是对传统方式的修补，并不能取代传统方式。第二条路径是发展新型产业形态，即产品数字化。以数字技术和互联网为依托形成新型文化产业，包括网络文学、网络游戏、网络直播、网络音乐、短视频等，其稀缺性和重要性不言而喻，这是最有发展潜力的文化产业形态。

三 北京文化产业数字贸易的成功经验与存在的问题

北京文化产业发展数字贸易，表现最为耀眼的就是文化科技企业，这些企业既包括由内容驱动的企业，如完美世界、四达时代、中文在线等，也包括由渠道驱动的企业，如字节跳动等。这一批社会影响力大、经营状况好的优质文化科技企业，把社会效益放在首位，实现了社会效益和经济效益的有机结合。

（一）北京文化产业"走出去"成果显著

1. 文化科技行业成为北京文化产业"走出去"的主力军

文化科技企业"走出去"是将文化、国际交往和科技创新进行跨领域的整合，实现产品化和国际化，其中文化是产品的本质，国际交往是产品消费的形式，科技创新是技术手段，三者互为支撑。相比于传统的文化企业，文化科技企业更多地运用科技手段，产品受众更多、影响力更广、营业收入更大，能够产生更大的社会效益；相比于通常的科技企业，文化科技企业更专注文化产品的内容，针对海外市场的文化需求，注入相应的中国文化元素，兼具社会效益和经济效益，是宣传中国形象的成本和效果最均衡的模式。当前北京文化科技企业"走出去"在内容方面主要有三大业务类型——影视、文学和游戏，在渠道方面就是短视频平台。

在影视"走出去"方面，北京四达时代早在2007年就开始在非洲卢旺达等30多个国家注册成立公司并开展数字电视和互联网视频运营，北京四达时代在传播中国文化方面不遗余力，译制了总计超过1万小时的电视剧、电影、纪录片的配音，持续不断地将更多性格鲜明的中国影视剧角色介绍给非洲观众。

在文学"走出去"方面，中文在线数字出版集团公司以中国网络文学为先导，运营着英文世界最大的中国文学网站 WuxiaWorld，其内容以现代网络文学为主，包括《修罗武神》《斩龙》等玄幻、武侠、仙侠类知名小说，2019 年网站月活跃用户数量超 400 万名，读者遍布 100 多个国家，其中北美读者数量占总数的 1/3 以上。

在游戏"走出去"方面，完美世界股份有限公司以中国古代神话故事为背景，扎根中国本土文化，引导国外玩家在玩游戏之余，积极主动学习中国文化。目前完美世界成长为中国国内向海外出口游戏数量多、覆盖区域广、海外收入高的企业之一，出口的多人网络游戏用户群体覆盖至全球 100 多个国家和地区。

字节跳动作为渠道类文化科技企业，尽管 2020 年遭遇来自美国的政治打压，但是通过采取一系列应对措施，仍然取得较好发展。2020 年实际收入达2366 亿元，同比增长 111%，旗下产品全球月活跃用户数达到 19 亿名，覆盖全球超过 150 个国家和地区，支持超过 35 种语言。字节跳动积极推动中华文化的继承与发展，早在 2019 年就启动"国风计划"，在海外版 TikTok 上分享中国功夫、中国书法、中国美食和中国金曲，不遗余力地传播中国文化的魅力，受到日韩、东南亚以及欧美年轻人的喜爱。

2. 传统文化产业的数字化探索

相比于文化科技类企业，演出业、文博业等传统文化产品的数字化虽然起步较晚，但是也取得了较好成效。受到新冠肺炎疫情影响，演出的在线模式——云观演，以及博物馆的在线模式——云观展等新模式逐步跃入大众视野。

在云观演方面，国家大剧院在 2021 年春节期间通过互联网以云观演方式，演出了中国歌剧舞剧院的舞剧《李白》等，用"8K+5G"技术直播音乐会，大量使用摇臂、航拍等技术，观众点击量超过 1 亿次。

在云观展方面，故宫博物院推出"数字文物库"，首都博物馆微信公众号推出"首博电台"，清华大学艺术博物馆推出数字展厅云观展功能等，线上观展正成为疫情防控常态化时期的"新风尚"。以清华大学艺术博物馆为例，进入"展览推荐"栏目中的"数字展厅"，观众便可以体验云观展，数字展厅共有 52 个展览陈列，采用 VR 体验模式，以第一视角游览展厅，观看艺术作品，囊括绘画、摄影等多种艺术形式。

综合近几年北京文化产业"走出去"的现状，可谓成效显著，简单总结起来有以下几条经验。一是文化科技企业积极性高，坚持走"国际群众路线"。在"一带一路"倡议的引导下，企业认真调研海外大众消费者的需求，以民心相通为己任，四达时代等企业主要播放的是平民化的影视节目，完美世界则扎根游戏群体，中文在线选择的切入点是爱读小说的广大群体，字节跳动的平台尽可能贴近海外普通用户的使用习惯。二是文化科技企业的经营策略正确。中文在线选择的突破口是现代中国流行文学，完美世界选择的是多人在线游戏，四达时代以付费电视节目作为海外市场的突破点，字节跳动则选择了手机短视频这一年轻人喜爱的方式，这些选择符合海外市场的实际需求。同时，企业通过积极运用移动互联网技术，大幅降低了时间和空间造成的海外市场拓展成本，降低了消费中国文化产品的成本，使用户爆发式增长。三是北京市各级政府的大力支持，为企业开拓海外市场提供了有力的政策保障。

（二）存在的问题

1. 政策支持基础有待进一步夯实

一是对外合作程度不高，数字贸易的基础薄弱。我国和美国、欧盟之间在数据跨境流动、关税等市场交易、市场准入问题上存在分歧，而且与其他国家在多边框架内的谈判尚处于初始阶段。政策诉求的差异和寻求规则制定主导权的愿望，加速了美国、欧盟等构建制度联盟的趋势，我国数字贸易整体上有被边缘化的风险。每年经合组织（OECD）、美国贸易代表办公室（USTR）、欧洲国际政治经济中心（ECIPE）都会公布其监测的各国数字服务贸易状况及限制政策，虽然美国和欧盟的报告有一定的政治倾向性，但经合组织的报告也显示，如果通过基础设施和连接度、电子交易、支付系统、知识产权、影响服务贸易数字化的其他壁垒等指标进行测度，中国数字贸易对外开放的程度不高。2020 年，中国的数字贸易壁垒指数为 0.49，高于各国平均不到 0.2 的指数值。

二是顶层设计不足。文化科技企业兼具文化、外贸和科技三项属性,但目前相关部门对文化属性的重视程度有待提高,政策和资金支持有限。例如,外部性较强的教育类文化产品输出有利于树立中国在海外的正面形象,需要北京甚至国家战略层面的支持,但目前顶层设计缺位,文化科技企业得到的支持大大低于科技、生物类企业。

三是企业运营成本过高。在京企业需要承担越来越高的用工成本,企业员工在医疗、子女教育、住房等方面遇到的困难较多,人才流失严重。政府政策支持较少,长此以往对在京文化科技企业的发展不利。北京市电子信息产业制造业企业数量从 2008 年的 671 家降到 2018 年的 360 家,同期江苏和广东则大幅增长 50% 以上(见图 2)。根据新一线城市研究所的数据,2017年以来,在全国各地中,北京高新技术企业迁到外地的数量达 673 家,位列各大城市之首,这从侧面印证了北京高新技术企业的生存环境有所变化,北京对高新技术企业的吸引力变弱。

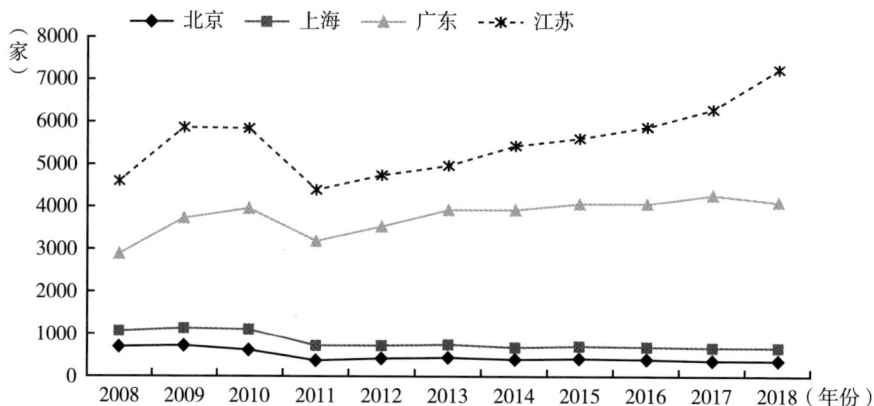

图 2 北京及部分重点省市电子信息产业制造业企业数量变化情况

资料来源:万得数据库。

四是涉外公共服务体系不健全。没有建立专业的境外安全咨询机构,没有统一的有关涉外安全信息、预警、事故处理、善后的平台系统,也缺乏处理境外安全事件的专门机构。

五是政府支持方式有待完善。以财政补贴为支持形式的资金运用方式易被海外攻击带有政府背景，不利于为文化科技企业"走出去"创造良好的外部环境，与国际上所采用的本国政府服务采购的资金支持方式不接轨。

2. 企业自身动能不足

以国有事业单位为主体的演艺团体、博物馆等，因为获取经济效益不是其首要目的，因此自身动能不足。北京的云观演、云观展目前都处于初级阶段，并没有形成实质性的数字贸易。相比之下，美国谷歌公司的 Arts & Culture 无论是从科技运用程度、博物馆数量还是从艺术作品数量来看都远远领先于我们的博物馆云观展。

另外，"走出去"的文化科技企业尤其是中小企业，缺乏相关的国际经贸惯例知识和国际创业战略目标，也缺乏资本，抗风险能力弱。

3. 国际政治经济环境不确定性强

目前北京文化企业对国际政治、经济环境的预判能力不足，产品竞争不激烈、运营成本相对低廉的发展中国家政治动荡较多，政治风险比较高，海外员工的人身安全得不到保障。美国等西方国家不客观的宣传影响了不少国外民众，导致世界对中国的误解增多，影响中国的整体海外形象，对中国文化产品的数字贸易十分不利。

四　加快数字贸易时代北京文化产业"走出去"的政策建议

北京文化产业"走出去"背负了"四个中心"建设中的三项服务职责，北京要根据数字贸易时代的特点，大力支持文化企业特别是以文化科技企业为代表的市场竞争主体发展，从立法、金融、税收、中介服务等多个方面给予北京文化企业更多支持，创造良好的外部环境。

（一）完善顶层设计

一是结合北京数字贸易试验区政策，根据文化企业尤其是文化科技企业

"走出去"兼具对外文化宣传和科技创新的特点,尽快制定适合文化科技企业"走出去"的整体战略规划、扶持政策体系和专项行动计划。二是在国家层面加快多边谈判,在确保国家数字安全的前提下,遵循全球公认的原则或国际标准,制定强有力的个人信息和知识产权保护立法框架,扩大适用自评估或备案方式管理的一般性商业数据的范围,以适应高频化的国际数据流动需求。

(二)建立政府引导、企业参与的市场化运营机制

将文化科技企业确定为开展数字贸易的主体,通过经济手段引导企业积极参与国际国内竞争,形成持续推动力。各级政府应建立良好的政策环境,通过土地、税收、人事政策,支持和引导企业了解掌握海外政治经济走势。积极向国家争取相关扶持政策,呼吁国家定期发布《国家文化出口重点企业目录》和《国家文化出口重点项目目录》,支持北京文化科技企业随国家代表团出访海外。文化出口企业要与科技、生物类企业享受同等的支持政策待遇。对社会效益好、经济收益佳的文化出口产品要给予表彰,引导企业努力做出更大的成绩。

(三)加强文化科技企业"走出去"的资金扶持

对于受新冠肺炎疫情影响暂时出现资金问题的文化企业,通过信贷或直接融资帮助其渡过难关,尤其要研究针对诸如四达时代等有庞大海外资产的企业的抵押融资政策。实行政府服务采购方式,更精准地实现政府的社会效益目标;对投资周期长、社会效益一般、外部性较强的文化产品,给予贷款贴息。结合北京数字贸易试验区和自贸区建设,对支持文化科技企业"走出去"的金融机构,在考核上进行相关引导。

(四)健全"走出去"文化和知识产权中介组织

针对企业海外拓展成本高、经验不足的现状,鼓励设立政府主导的公益型、商业型中介机构以及知识产权和科技服务机构等。公益型、商业型中介

机构主要开展有关法律、财务、人力资源等方面的服务，引导北京文化科技企业加强与我国现有海外科技园的对接，建立文化科技企业"走出去"辅导中心，同时对符合条件的海外中介服务机构予以认定，将其与"走出去"服务体系对接。知识产权和科技服务机构主要发布有关政策指导、信息、调研成果等，建立境外知识产权信息服务平台及应急和预警机制，为文化科技企业"走出去"提供有关咨询、辅导和援助服务，提供海外知识产权、法律体系及适用等方面的信息，支持文化企业开展涉外知识产权维权工作，配合政府部门开展论证、咨询、代理服务。

（五）分类指导，突出重点

构建多层次、宽领域、分阶段推进的政策支持体系，改变现行的"普惠式"支持政策。一是根据企业规模分类施策，以点带面重点突破，优选管理好、实力强的 5~10 家大型文化企业，在企业用工、个性化政策和服务方式等方面给予重点倾斜，促使其发挥示范带动作用；对于小公司，则给予其更多资金支持和"走出去"相关服务。二是突出重点，对于投入大、见效慢、外部性强的文化科技企业给予更多长期扶持，并积极向国家相关部门争取资金支持。三是对于经济效益相对较好的游戏类企业，可简化审批手续，提升其效率，激发其"走出去"的动力。四是提升对文学类、影视类文化科技企业的包容性，除了鼓励精品，对普通内容产品出口取得较好成绩的，也给予奖励。五是激发演艺团体、博物馆等事业单位发展数字贸易的热情，除了给予一定资金支持，还需要在单位利润留存、个人收入分配上适度倾斜，调动其干事创业的积极性。

参考文献

［1］毛频：《基于大数据背景的读者接受理论实证研究》，《文化创新比较研究》2019 年第 4 期。

［2］李嘉珊主编《中国国际文化贸易发展报告（2020）》，社会科学文献出版社，2020。

［3］李小牧主编《首都文化贸易发展报告（2020）》，社会科学文献出版社，2020。

［4］王振、惠志斌主编《全球数字经济竞争力发展报告（2020）》，社会科学文献出版社，2020。

B.13
北京国际旅游城市建设现状及发展趋势

李雪飞 卢 花*

摘　要：　本报告从国际比较、国内比较、纵向趋势分析和各区县比较
分析几个角度系统总结了北京入境旅游市场的现状和困境。
研究发现，北京在入境旅游规模方面，远远落后于深圳、广
州、上海、香港、澳门、台北等城市，这与北京作为国家首
都的知名度和吸引力是极不相称的。同时，本报告从国际旅
游城市建设的旅游资源基础、服务设施基础和旅游项目基础
三个方面分析了北京建设国际旅游城市的优势和不足。在此
基础上，本报告从深挖旅游内容资源、整合各区县特色优
势、加强国际品牌宣传、储备能量应对国门开放四个方面提
出了北京建设国际旅游名城的对策建议。

关键词：　北京　国际旅游名城　城市竞争　文化旅游资源

自 20 世纪 90 年代以来，上海、青岛、桂林、杭州、北京等近 50 个城
市相继提出建设国际旅游城市的目标①。不同于一般意义上的旅游城市，国
际旅游城市的核心在于"国际性"，即立足于对外开放背景下的国际交流和
国际贸易，提升旅游资源、配套设施、产业和服务质量的国际水准，同时辅

＊　李雪飞，博士，对外经济贸易大学政府管理学院讲师，主要研究方向为文化和旅游产业；
卢花，对外经济贸易大学政府管理学院硕士研究生，主要研究方向为文化产业管理。
①　闻飞、王娟：《中国热点旅游城市旅游国际化水平定量评价研究》，《人文地理》2012 年第
2 期。

之以优良的社会文化环境和有力的法律制度保障，并进行国际性的营销宣传和推广。国际旅游城市又分为综合性的国际旅游城市和专门性的国际旅游城市两大类①，其发展特点和发展思路各不相同。

随着国际交往中心地位的日益显现，依托丰富的文化和旅游资源，将北京市打造成为综合性的国际旅游目的地，是下一步深化北京对外开放的重要路径之一。2020 年 4 月 9 日，北京市发布了《北京市推进全国文化中心建设中长期规划（2019～2035 年）》，明确提出要充分发挥北京作为中国首都的文化和旅游资源优势，构建具有全球影响力的资源体系、服务设施体系和产业体系，将北京打造成世界旅游名城。基于此背景，本报告将分析北京入境旅游市场发展现状，总结北京国际旅游城市建设的优势和不足，并针对北京国际旅游城市的发展趋势提出相应的对策建议。

一　北京入境旅游市场发展现状
——基于比较的视角

（一）中国入境旅游市场概览

根据世界旅游组织的统计数据，中国大陆地区 2019 年入境游客数量突破 1.6 亿人次，与 2018 年相比增长 2.5%，排在第三位，仅次于法国和美国。如果算上中国香港和澳门地区，那么中国入境游客总和为 2.58 亿人次②，排名世界第一。

然而从图 1 可以看出，中国入境旅游市场受外部环境的影响较大，2003 年的"非典"疫情和 2008 年的金融危机都严重影响了中国的入境旅游人数增长。2008～2013 年，中国入境旅游增长缓慢甚至一度出现负增长，从 2014 年开始逐步恢复增长。

---

① 李明德：《试论国际旅游城市的标准》，《旅游学刊》1999 年第 6 期。
② 中国大陆、中国澳门和中国香港均为世界旅游组织的成员，但是中国台湾地区为非成员，故并未纳入统计。

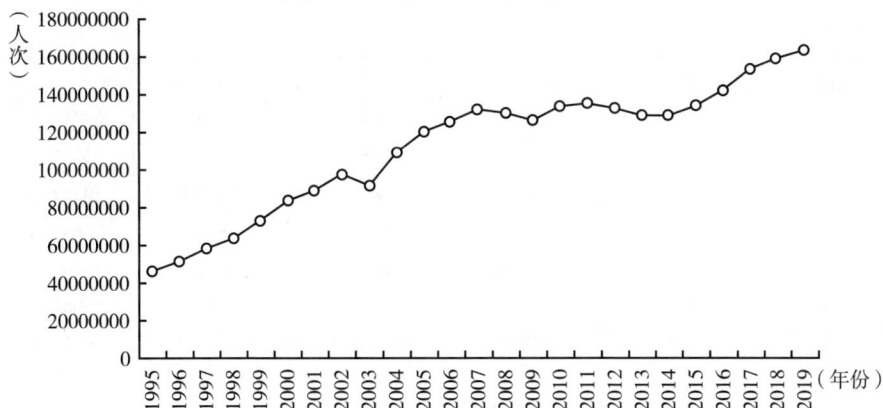

图 1 中国大陆入境旅游人数

资料来源：世界旅游组织。

在此大背景下，作为中国首都的北京在入境旅游方面的发展现状如何？本报告将从国际比较、国内比较、时间序列纵向比较、京内各区县横向比较几个维度进行分析，找出北京在入境旅游发展方面存在的问题，并提出相应的思考和建议。

（二）北京入境旅游市场规模国际比较

根据欧瑞国际信息咨询的统计分析，在吸纳国际游客方面，中国香港已蝉联第一多年，中国澳门排在第四位，北京仅排在第58位，落后于国内的香港、澳门、深圳、台北、广州和上海等城市（见表1）。一个重要的原因是这6个城市在经济贸易、金融市场或科技创新等领域有着自己独特的优势，在吸纳国际商务旅游客源方面发挥着重要的作用。

北京在吸纳国际游客方面仅排在第58位，这与北京丰富的文化资源、遗产资源及其他旅游资源是不相称的。作为中国的文化中心和国际交往中心，北京在入境旅游市场方面还有极大的潜力和空间。

表1 国际游客数城市排名 TOP60

单位：千人次

排名	城市	所属国家	2017 年	2018 年	2019 年
1	香港	中国	27880.3	29262.7	26716.8
2	曼谷	泰国	22453.9	24177.5	25847.8
3	伦敦	英国	19828.0	19233.0	19559.9
4	澳门	中国	17337.2	18931.4	20637.1
5	新加坡	新加坡	17618.8	18551.2	19760.8
6	巴黎	法国	15834.2	17560.2	19087.9
7	迪拜	阿联酋	15790.0	15920.7	16328.3
8	纽约	美国	13100.0	13600.0	14010.0
9	吉隆坡	马来西亚	12843.5	13434.3	14072.4
10	伊斯坦布尔	土耳其	10730.3	13433.0	14715.9
11	德里	印度	10157.0	12645.3	15196.5
12	安塔利亚	土耳其	9482.4	12438.8	13332.1
13	深圳	中国	12075.1	12202.1	12324.1
14	孟买	印度	8984.9	10590.1	12442.4
15	普吉岛	泰国	10109.4	10550.7	10965.2
16	罗马	意大利	9531.6	10065.4	10317.0
17	东京	日本	9549.4	9985.1	10443.1
18	芭堤雅	泰国	9137.0	9606.4	9951.9
19	台北	中国	9273.3	9597.8	9981.7
20	麦加	沙特阿拉伯	9800.0	9565.2	9833.0
21	广州	中国	9004.8	9004.8	9006.3
22	布拉格	捷克	8806.7	8948.6	9150.9
23	麦地那	沙特阿拉伯	8757.0	8547.2	8820.7
24	首尔	韩国	7659.1	8431.4	9105.9
25	阿姆斯特丹	荷兰	7848.0	8354.2	8835.4
26	阿格拉	印度	6644.4	8138.2	10127.4
27	迈阿密	美国	7798.1	8121.3	8336.8
28	大阪	日本	6605.9	7861.5	8998.9
29	洛杉矶	美国	7165.0	7500.0	7725.9
30	上海	中国	7193.3	7483.5	7745.5
31	胡志明市	越南	6240.0	7200.0	8208.0
32	登巴萨	印度尼西亚	6238.3	7185.6	8582.8
33	巴塞罗那	西班牙	6288.9	6714.5	7016.6

排名	城市	所属国家	2017 年	2018 年	2019 年
34	拉斯维加斯	美国	6687.8	6591.3	6639.3
35	米兰	意大利	6347.9	6481.3	6604.4
36	金奈	印度	5086.3	6422.8	7930.1
37	维也纳	奥地利	6186.4	6410.3	6634.7
38	新山市	马来西亚	5571.4	6396.0	7227.4
39	斋浦尔	印度	5288.6	6383.4	7562.9
40	坎昆	墨西哥	6039.0	6041.0	6150.0
41	柏林	德国	5627.4	5959.4	6195.8
42	开罗	埃及	4388.6	5754.5	6808.3
43	雅典	希腊	4797.4	5728.4	6301.3
44	奥兰多	美国	5269.0	5553.6	5725.7
45	莫斯科	俄罗斯	4800.0	5510.0	5969.0
46	威尼斯	意大利	5316.4	5502.5	5590.5
47	马德里	西班牙	5273.1	5440.1	5597.8
48	下龙湾	越南	4340.0	5294.8	6247.9
49	利亚德	沙特阿拉伯	5396.8	5267.5	5451.9
50	都柏林	爱尔兰	4986.5	5213.4	5462.1
51	佛罗伦萨	意大利	4941.3	5059.9	5125.7
52	河内	越南	4300.0	4687.0	5132.3
53	多伦多	加拿大	4287.4	4510.3	4735.8
54	约翰内斯堡	南非	4066.3	4120.8	4211.0
55	悉尼	澳大利亚	3964.6	4090.6	4442.5
56	慕尼黑	德国	3829.2	4066.6	4205.5
57	雅加达	印度尼西亚	3587.5	4033.0	4703.0
58	北京	中国	3923.4	4002.4	4070.4
59	圣彼得堡	俄罗斯	3600.0	3996.0	4457.2
60	布鲁塞尔	比利时	3430.0	3942.0	4276.0

资料来源：欧瑞国际信息咨询。

此外，万事达（MasterCard）在 2019 年也发布了全球旅游目的地城市指数。在国际过夜游客数方面，中国只有香港一个城市挤进前 20 名（见表 2）；在国际旅游收入方面中国没有城市进入前 20 名（见表 3）。然而，中国大陆地区贡献了全球 8.9% 的国际过夜游客数，排名第二，仅次于美国；贡

表2 2019年国际过夜游客数城市排名TOP20

单位：百万人次

排名	城市	国际过夜游客数	排名	城市	国际过夜游客数
1	曼谷	22.78	11	首尔	11.25
2	巴黎	19.10	12	大阪	10.14
3	伦敦	19.09	13	麦加	10.00
4	迪拜	15.93	14	普吉岛	9.89
5	新加坡	14.67	15	芭堤雅	9.44
6	吉隆坡	13.79	16	米兰	9.10
7	纽约	13.6	17	巴塞罗那	9.09
8	伊斯坦布尔	13.4	18	帕尔马·马洛卡岛	8.96
9	东京	12.93	19	巴厘岛	8.26
10	安塔利亚	12.41	20	香港	8.23

资料来源：MasterCard。

表3 2019年国际旅游收入城市排名TOP20

单位：十亿美元

排名	城市	国际旅游收入	排名	城市	国际旅游收入
1	迪拜	30.82	11	吉隆坡	11.13
2	麦加	20.09	12	首尔	9.31
3	曼谷	20.03	13	拉斯帕尔马斯	9.02
4	新加坡	16.56	14	巴厘岛	8.86
5	伦敦	16.47	15	伊斯坦布尔	8.26
6	纽约	16.43	16	洛杉矶	8.24
7	巴黎	14.06	17	悉尼	8.03
8	东京	13.77	18	巴塞罗那	7.86
9	帕尔马·马洛卡岛	12.69	19	迈阿密	7.7
10	普吉岛	12.01	20	安塔利亚	7.65

资料来源：MasterCard。

献了全球9.4%的国际旅游开支，排名第一。这带给我们两点思考和启示。第一，中国内地城市竞争激烈，旅游目的地呈分散化趋势。在此背景下，深耕国际市场，加强国际营销，提升旅游产业的综合集聚能力，打造世界顶级的旅游消费目的地是中国发展国际旅游市场的一大趋势。第二，中国居民旅游需求旺盛，出国旅游发展势头迅猛，且出国度假、出国购物、出国研学等成为出国游的重点。基于此，加快旅游供给侧结构性改革，提升旅游产品和服务质量，打造出国替代型旅游综合消费目的地成为另一大趋势。北京应该紧紧抓住这两个趋势，在知名国际旅游目的地建设方面再上一个台阶。

（三）北京入境旅游市场规模国内比较

通过表4可以看出，北京在国际旅游入境人数方面与同在第一梯队的深圳、广州和上海相比还存在不小的差距。2019年，北京国际旅游入境人数不到深圳的1/3，不及广州和上海的1/2。在国际旅游收入方面，北京与上海和广州相比也存在不小的差距。

表4　中国部分城市国际旅游入境人数及国际旅游收入

单位：万人次，百万美元

城市	国际旅游入境人数				国际旅游收入			
	2019年	2018年	2017年	2016年	2019年	2018年	2017年	2016年
深圳	1232.4	1220.2	1207.5	1170	5003.00	5118.01	4984.20	4771.00
广州	899.4	900.6	900.5	861.9	6530.25	6482.08	6314.22	6272.15
上海	897.2	893.7	873.0	854.4	8243.51	7261.39	6698.65	6419.20
北京	376.9	400.4	392.6	416.5	5192.47	5516.39	5129.81	5070.00

资料来源：各省市统计年鉴。

反观国内旅游市场数据（见表5），北京的国内旅游收入稳居第一位，明显领先于上海、广州和深圳等城市。北京在国际入境游和国内旅游市场的反差带给我们一定的思考。第一，这说明北京的旅游产业发展在国内是引领性的，突出反映了北京作为国家首都的吸引力，同时反映出北京曾作为中国五朝古都所积淀的丰富历史文化资源的魅力。第二，北京在国际旅游市场方面的差距映射出单纯依靠文化和旅游资源是不够的，经贸发展和投资需求对

国际旅游流量尤其是商务客流的拉动作用也极其显著①。比如，北京在国际
会展方面远落后于上海和广州，与此相对应，国际商务客流自然就会落后。
相关研究也表明了北京在境外商务旅游方面落后于上海和广州②。第三，与
其他全球知名城市如曼谷、伦敦、纽约、东京、香港、澳门等相比，北京在
国际旅游消费目的地建设方面缺乏经验和实力。因此，在不过分依托国际商
贸和经济发展的前提下，北京应该深挖自身的历史文化资源，促进国内旅游
和国际旅游协调发展，推动国际旅游观光、旅游购物、文化交流、研学体验
等综合发展。同时，借鉴国际知名消费城市的建设经验，充分发挥科技创新
中心的功能，促进文化、科技、创意和旅游的深度融合，打造一批国际知名
的旅游休闲、娱乐购物项目，将丰富的旅游内容资源转化为国际旅游消费新
动能。

表5　2019年中国部分城市国内旅游收入排行 TOP20

单位：亿元

排名	城市	旅游收入	排名	城市	旅游收入
1	北京	6225	11	苏州	2751
2	重庆	5739	12	昆明	2734
3	上海	5357	13	宁波	2331
4	成都	4664	14	长春	2191
5	广州	4455	15	上饶	2160
6	杭州	4005	16	九江	2148
7	武汉	3571	17	遵义	2106
8	西安	3146	18	无锡	2063
9	贵阳	3099	19	长沙	2029
10	南京	2785	20	青岛	1956

资料来源：各省市统计年鉴。

---

① 万绪才、王厚廷、傅朝霞等：《中国城市入境旅游发展差异及其影响因素——以重点旅游
城市为例》，《地理研究》2013年第2期。
② 包富华、陈瑛：《入境商务旅游与外商直接投资互动关系研究——以北京、上海、广州为
例》，《上海经济研究》2016年第6期。

（四）北京市入境旅游市场的动态趋势、来源地分析及各区县贡献

1. 北京市入境旅游市场的动态趋势

从图 2 可以看出，从 1978 年改革开放到 2011 年的 30 余年间，北京市入境旅游市场整体呈上升态势。然而，北京市入境旅游人数在 2011 年达到高峰之后迎来了拐点，开启了下滑之势，个中原因还需要深入分析。环境因素（雾霾、禽流感、猪流感等）、政治因素（中美关系、中欧关系等）和经济因素（全球经济增速放缓、人民币升值等）在北京入境旅游下滑大潮中发挥着作用。当然，根据前述分析，国内一线城市的竞争也是北京入境旅游下滑的一个重要影响因素。

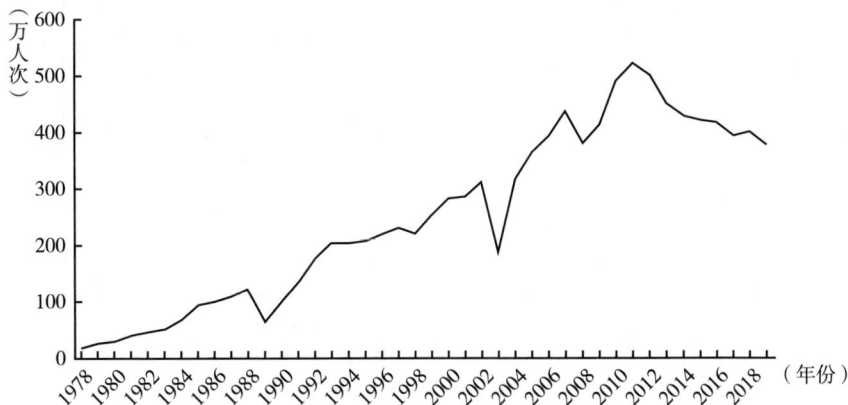

图 2　北京入境旅游人数

资料来源：北京市统计局。

2. 北京市入境旅游市场的来源地分析

如表 6 所示，从北京入境旅游主要客源地的构成可以看出，美国是北京入境旅游第一大客源地。2019 年，美国客流占北京所有入境客流的 16.7%。此外，排名前几位的还包括中国香港地区、日本、韩国和德国。值得注意的是，来自日本和韩国的客流近年来不断下降，远不及历史的最高客流量。其

表 6 北京入境旅游主要客源地构成

单位：万人次

年份	美国	中国香港	日本	韩国	德国	英国	新加坡	澳大利亚	法国	加拿大	俄罗斯	意大利	泰国
2000	31.1	25.0	54.3	27.8	12.1	9.7	7.3	4.5	9.6	5.2	3.9	5.1	4.4
2001	33.1	26.9	50.7	32.7	12.3	11.1	7.1	4.9	10.2	5.2	4.9	4.6	3.9
2002	37.4	25.5	56.5	38.0	12.2	12.9	8.0	5.6	11.3	6.1	5.2	4.5	4.2
2003	19.4	21.7	29.2	24.5	6.3	8.1	4.3	3.5	5.5	3.8	5.2	1.9	2.3
2004	37.4	27.7	52.3	42.4	11.5	11.8	6.8	6.4	11.1	6.4	8.2	3.3	4.5
2005	46.5	31.4	45.0	45.3	14.6	13.9	6.9	8.3	13.6	7.8	9.7	5.2	5.3
2006	49.8	30.3	50.6	42.4	15.3	14.8	8.0	11.4	14.2	9.8	15.0	5.7	5.3
2007	60.3	31.3	58.8	44.4	17.5	17.0	9.6	12.7	16.4	11.6	18.3	6.4	5.2
2008	53.8	28.1	40.0	35.3	16.0	17.5	9.3	11.7	14.5	11.2	17.9	5.9	5.0
2009	57.9	44.4	46.2	35.2	16.8	16.3	11.0	11.0	12.9	12.0	15.0	5.8	5.9
2010	70.0	40.3	52.6	50.6	20.1	16.8	13.1	12.4	14.3	15.1	19.0	6.7	7.6
2011	78.9	43.4	51.0	53.4	22.2	18.8	14.4	15.3	15.0	18.2	20.5	7.6	6.2
2012	75.1	37.6	43.7	44.2	24.5	18.5	15.4	16.9	15.1	17.2	20.0	8.2	6.4
2013	74.7	35.4	24.9	37.7	23.0	17.5	13.0	15.5	13.4	15.9	16.7	6.7	5.8
2014	71.5	34.2	24.9	38.7	22.6	16.9	11.6	14.6	13.4	14.0	13.7	6.4	5.3
2015	69.4	34.9	25.8	41.6	21.2	17.2	11.0	13.6	15.3	13.0	10.3	6.2	5.0
2016	70.3	35.3	24.8	37.9	20.6	18.3	11.9	14.6	13.2	15.3	9.5	6.5	5.4
2017	67.3	34.4	24.2	23.5	19.4	16.5	11.2	14.4	12.3	15.3	9.3	6.8	6.3
2018	72.0	34.8	24.9	24.8	19.4	15.9	12.3	15.0	12.7	15.2	8.7	6.5	7.5
2019	62.9	32.2	24.7	24.2	19.8	15.3	12.7	14.1	12.0	10.0	9.6	6.9	5.7

资料来源：北京市统计局。

中，日本曾在2008年以前几度占据北京市入境旅游客源地榜首。不同客源地客流动态变化的原因还需深度剖析，以更有针对性地制定北京国际旅游名城的营销策略。

3. 北京各区县吸纳入境游客数的比较分析

我们还发现，北京市各区县在吸纳入境游客数方面也有着较大的差距（见图3）。2018年，朝阳区、东城区和海淀区三个城区吸纳入境游客数占北京入境游客总数的80%，其中朝阳区以一己之力拿下43%的份额。这种区域分布的不均衡性带给我们三点思考和启示：第一，北京市应该继续提升领头区县的旅游服务能力，充分发挥朝阳区、东城区和海淀区的综合优势，在依托历史文化资源的同时，从时尚创意、娱乐购物、商务拓展等多个维度进一步优化旅游供给；第二，北京市应该思考加强优势区县的旅游辐射能力，从而提升各区县之间的引流能力，这需要进一步提升北京市文化和旅游局、国际旅行社、旅游社团、商务合作单位等不同部门的服务能力和推介能

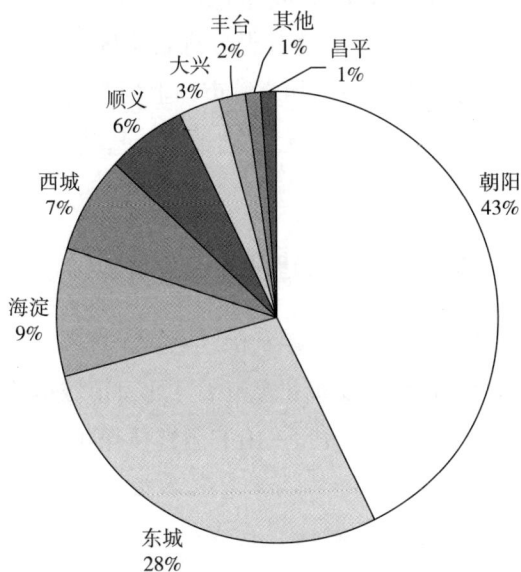

图3　2018年北京市各区县吸纳入境游客比例

资料来源：北京市统计局。

力，尤其需要培养吸纳一批国际化的旅游人才；第三，北京市其他区县应该依托自身特色文化旅游资源，在巩固既有国际名片和国际品牌（如平谷世界休闲大会、延庆冬奥会和世园会、怀柔影视基地）的同时，因地制宜、适时适度地整合开发面向国际游客的大型文化和旅游项目。

以此三条为依据，北京市在吸纳入境游客方面应该通盘考虑存量的提升优化和增量的开拓宣传，从而逐步扭转北京市入境旅游下滑的态势，提高与上海、广州抗衡竞争的能力。

二　北京国际旅游城市建设现状分析

北京入境旅游的市场规模在一定程度上反映了北京国际旅游城市建设的现状和成效，但是并不能充分代表北京国际旅游城市未来的发展水平。根据相关理论研究，一个旅游城市的国际化水平还体现在旅游资源、旅游产业、配套服务、制度和法律保障、社会文化环境等多个方面[1]。闻飞等的研究表明北京在旅游国际化水平方面的综合得分排名全国第一，领先于上海、广州、深圳等城市[2]，这与北京在国际旅游市场上的落后地位是相悖的。北京国际旅游城市建设的资源基础、配套基础、产业基础存在哪些优势和问题？本部分将对此进行总结和分析。

（一）北京市国际旅游城市建设的资源基础

1. 北京国际旅游城市建设的资源基础

2017 年，北京市委市政府发布并实施了《北京市城市总体规划（2016 ~ 2035 年）》，明确提出"加强老城和三山五园整体保护"[3]，"推进长城文化

① 朱梅、魏向东：《国际旅游城市评价指标体系的构建及应用研究》，《经济地理》2011 年第1 期。
② 闻飞、王娟：《中国热点旅游城市旅游国际化水平定量评价研究》，《人文地理》2012 年第2 期。
③ "三山"是指万寿山、香山、玉泉山，"五园"是指颐和园、静宜园、静明园、畅春园和圆明园。

带、大运河文化带和西山永定河文化带建设"。此外，作为世界遗产预备名单项目的北京中轴线也汇聚了诸如故宫、紫禁城、天坛等一批世界知名的旅游胜地，这些构成了北京国际旅游城市建设的核心文化旅游资源基础。

具体来看，北京拥有全国302个5A级景区中的9个，即故宫、圆明园、颐和园、天坛公园、恭王府、八达岭长城、十三陵、奥林匹克公园、慕田峪长城，拥有4A级景区72个，拥有我国244项国家级风景名胜区中的两项。北京还拥有世界遗产项目4个，分别是长城、天坛、故宫和周口店北京人遗址。世界遗产和5A级景区在吸引国际游客方面的作用已经被多项研究证实，这些旅游资源尤其是文化遗产类旅游资源是北京国际旅游城市建设的一大核心优势。

2. 问题诊断

北京市有着丰富的历史遗产和文化旅游资源，但是目前的开发利用和宣传定位还存在一定的不足。第一，北京在全国文化中心建设规划方案中提出建设世界旅游名城需要充分发扬京味文化、红色文化、古都文化和创新文化，这四类文化定位放在国内旅游市场是没有问题的，但是作为国际宣传和推广的文化标签未免存在不妥之处，如红色文化的定位不一定符合国际游客的偏好，创新文化与古都文化又存在一定的矛盾之处。因此，应该专门制定面向国际市场的新标语、新口号，聚焦北京作为全球城市的定位，提升国际营销的效果。第二，北京在历史文化资源的创新性转化和创意性开发方面还存在一定的不足，北京近10年入境旅游人数持续下降的一个重要原因在于世界知名旅游目的地如长城、故宫、天坛等所吸引的国际游客增量流是逐渐减少的，而在缺乏创新和创意的情况下，存量流重复旅游的意愿也不高。

（二）北京市国际旅游城市建设的配套基础

1. 以智慧旅游行动服务国际旅游城市建设

随着游客消费观念的变化，散客逐渐成为入境旅游的主力军，这意味着多元化、个性化的旅游需求成为推动旅游发展的重要力量。基于此，如何让国际游客感觉到便利和满意成为拉动旅游收入的关键点，而智慧旅游将在其中发挥举足轻重的作用。

2012年5月10日，北京市发布《北京智慧旅游行动计划纲要（2012～2015年)》，并推行智慧景区、智慧饭店、智慧旅行社和智慧旅游乡村4个建设规范，成为北京旅游信息化发展的顶层设计安排。该纲要既体现了北京智慧城市建设的要求，也是北京优化旅游服务、加快旅游信息化进程并建设国内国际知名旅游城市的必要路径。通过对标国际一流旅游城市、建设智慧旅游系统、完善基础建设项目等措施，北京智慧旅游的形象已经树立。

2. 交通、住宿、餐饮等服务接待能力不断提升

目前北京以首都国际机场和大兴国际机场为依托，构建满足全球游客旅行需求的大型航运枢纽，尤其是大兴国际机场，不仅入选2020年首届北京网红打卡地榜单，更在增加北京国际运力、优化国际航运服务方面发挥着越来越重要的作用。同时，北京还拥有北京南站、北京西站、北京站、北京北站等多个大型高铁站点，并已建成四通八达的地铁网络和地上公共交通网络。

在住宿餐饮方面，截至2021年7月，北京市拥有五星级饭店60个，四星级饭店111个，拥有客房数超10万间，能够充分满足国际国内游客的住宿需求①。同时，北京汇聚了全国各地的特色菜馆，在餐饮美食方面的服务水准逐年提升。

3. 问题诊断

尽管北京在国际旅游相关配套服务方面已经具备了较好的基础，但是仍然存在一些关键问题急需解决。第一，交通拥挤和景区拥挤问题。作为中国首都，北京是国内国际客流高度交汇的地方，而公共空间的拥挤问题成为影响旅游体验的一个非常不利的因素。第二，国际化旅游人才培养问题。在北京，国际性旅行社、旅游景区等的高端翻译人才，各大娱乐场所、购物场所、历史文化中心等的英文场景设计人才及国际接待服务人才较为紧缺，需要加快培养。新冠肺炎疫情对北京乃至全国旅游行业的影响甚大，一批高端

---

① 数据来源于北京市文化和旅游局公开数据。

旅游业人才已经离开旅游行业。可以预见，在放开国门迎来入境游客高峰的时候，北京的高质量国际化旅游人才是供不应求的。

（三）北京市国际旅游城市建设的产业基础

1. 一批特色旅游精品线路逐渐形成

目前北京已经形成了一批面向国内国际的特色旅游精品线路，如"长城＋十三陵"遗产游、奥林匹克公园现代游、故宫等老城区历史游、朝阳区798—宋庄创意游等。同时为了增强竞争力，北京还着力打造了一批国际知名的文化和旅游项目，如北京环球影城主题乐园、宋庄文化创意产业集聚区、古北水镇等。2022年北京冬奥会的举办也将会大大提升北京的国际形象。

2. 文化创意产业赋能旅游发展

北京文化创意产业的发展拓宽了国际旅游的选择空间，对文创产品、丝绸饰品等的深度开发促进了国际游客的购物消费。在继续保持原有文化旅游高质量发展的基础上，北京打造了环球影城主题乐园，为吸纳国际游客提供了极具吸引力的旗舰项目。

3. 问题诊断

北京利用丰富的文化遗产和旅游资源开辟了一批精品旅游线路和特色旅游项目，但是目前在产品的多样性、高端化、国际性方面还存在一定的不足。具体来看，北京还缺乏在娱乐时尚、免税购物等方面的全球旗舰项目，相比于创意伦敦、时尚巴黎、娱乐澳门、金融上海、商贸香港，北京的古都遗产文化还不足以支撑一个国际综合性旅游目的地的牌子，还需要继续拓宽思路，加强政府和企业协作，在大旅游观的指导下，整合资源以打造更具国际吸引力的旗舰性旅游项目。

三　北京国际旅游城市的发展趋势及建议

（一）创意为王，深挖文化旅游内容资源

随着科技的不断发展，文化、创意、科技、遗产、旅游之间的融合越来

越密切。在北京历史文化遗产的创造性转化和创新性开发方面，应充分利用最新科学技术手段，充分借鉴最新的商业模式，打造面向国际游客的以沉浸式体验为主的大型实景演出项目，并进行全球营销。这就需要在创意叙事方面实现突破，同时加强国际营销和国际传播能力。

（二）整合资源，发挥区县特色功能优势

一方面，立足京津冀协同发展大局，围绕打造京津冀世界级城市群，推动京津冀文化旅游一体化发展，构建规划合理、资源互补、协同发展的世界级文化旅游圈；另一方面，充分结合北京城市总体规划，在明确各个区县功能定位的基础上，开发不同类型的"特种旅游"，在传统旅游类型的基础上，结合地区优势，增加"影视游""康养游""探险游"等多元化、潮流化的旅游产品，在释放国内旅游消费需求的同时提高国际吸引力。

（三）精准定位，加强国际营销

有丰富的历史文化内容是远远不够的，北京还应该充分发挥首都优势，加强国际宣传营销，并充分利用2022年冬奥会的契机，进一步提升北京的国际影响力和吸引力。

B.14
文化活动推动北京国际交往中心建设研究[*]

B.14
文化活动推动北京国际交往中心建设研究[*]

B.14
文化活动推动北京国际交往中心建设研究[*]

B.14
文化活动推动北京国际交往中心建设研究[*]

王海文　卢晨妍[**]

摘　要：　文化活动种类多样、功能丰富，不仅能够提升文化要素价值、整合文化资源、优化城市公共空间，也能满足消费与精神需求、增强文化自信。目前北京文化活动形式日益丰富，文旅融合背景下文化活动发展迅猛，数字文化活动发展强势，能够通过增强文化包容性、提升要素集聚能力、彰显独特文化魅力、塑造特有城市风貌来推动北京国际交往中心建设。国际交往中心是北京四个核心功能之一，是我国承担重大外交外事活动的首要舞台，为更好地实现国际交往中心功能，应进一步打造文化活动品牌、优化文化政策、提升文化活动国际水平、创新文化活动形式。

关键词：　文化活动　国际交往中心　北京

　　全球化不仅改变了人们的生产方式、生活方式，同时也使世界各地之间的联系更加紧密，与之相随的就是更加深入而广泛的文化交流以及影响日益深远的文化活动。从经济和文化的双重视角来看，文化活动在弘扬传统民族

　＊　本报告为北京市习近平新时代中国特色社会主义思想研究中心项目"到2035年建成社会主义文化强国研究"（项目编号：21LLMLB019）阶段性成果。
　＊＊　王海文，北京第二外国语学院教授，经济学院副院长，首都国际服务贸易与文化贸易研究基地研究员，主要研究方向为国际文化贸易、服务贸易等；卢晨妍，交通运输部机关服务局职员。

文化、创新文化业态、提升文化魅力、促进文化经济发展等方面发挥着重要作用。从近期和远期发展来看，文化活动在建设和建成社会主义文化强国的进程中具有独特的地位和价值。

近年来北京大力推动"四个中心"建设，不仅文化迎来大发展，而且国际化水平也在不断提升。其中文化活动在增加城市魅力、提升城市文化软实力方面的作用不容忽视。本报告将在剖析文化活动功能的基础上，分析北京文化活动及其对北京国际交往中心建设的促进作用并提出对策建议，以期更好地推动北京国际交往中心的建设，提升北京文化活动的水平和作用。

一 文化活动的功能与城市发展

文化活动可以分为节庆活动、会展活动、文娱活动和体育活动四大类，它们在城市建设与发展中发挥着重要的作用。从供给角度来看，文化活动具有提升文化要素价值、促进文化资源整合与再创造以及优化城市公共空间的功能，能够提升城市的文化供给效率；从需求角度来看，文化活动不仅满足了人们的消费需求与精神需求，更可以完成文化的延续并增强市民的文化自信。

（一）文化活动的种类

Getz[1]认为活动是一种时空现象，可以根据活动规模的大小、形式与内容等进行分类。依据《2009 年联合国教科文组织文化统计框架》中文化产业的统计标准，与文化活动相关的分类有表演和庆祝活动（表演艺术、音乐、节日、展览会、庙会）以及体育与娱乐活动（体育、身体锻炼和健身、游乐园和主题公园、博彩）。而我国《文化及相关产业分类（2018）》中与文化活动相关的产业分类大致有内容创作生产（创作表演服务、数字内容

---

[1] D. Getz, "Event Tourism: Definition, Evolution, and Research", *Tourism Management* 29 (3) (2008), pp. 403 – 428.

服务、内容保存服务)、创意设计服务(艺术表演)、文化娱乐休闲服务(娱乐服务)和文化相关领域(会议展览服务)。与联合国教科文组织的分类对比来看,我国在文化产业上的分类更加细致,因此本报告以《文化及相关产业分类(2018)》为基础,结合《2009 年联合国教科文组织文化统计框架》中文化产业的统计标准,将文化活动分为节庆活动、会展活动、文娱活动以及体育活动四大类,具体的分类如表 1 所示。

表 1　文化活动分类

文化活动种类	文化活动形式
节庆活动	庙会、狂欢节、传统节日庆典、历史纪念活动等
会展活动	博览会、展览会、交易会、大型会议等
文娱活动	电影节、音乐节、戏剧节、艺术节、游戏节等
体育活动	大型运动会、职业比赛、业余比赛等

资料来源:作者自行整理。

文化活动的地域性、多样性、社会性使其具有独特的魅力,文化活动已经成为改善城市形象、丰富城市街道生活并赋予市民新的自豪感的一种手段。文化活动具有提升城市经济效益、传播城市文化、优化城市产业结构、提升市民幸福感等功能,同时也在一定程度上影响着城市乃至国家在国际上的地位与话语权。

(二)供给角度的文化活动功能

1. 文化要素价值的提升

从供给角度进一步分析,文化活动具有提升文化要素的市场价值与社会效益的功能。目前越来越多的文化活动被商业化,大量的宣传与形象塑造培育出一个又一个文化品牌。一些文化活动尤其是会展活动作为交易平台拓宽了文化要素的交易途径,进而提升了文化要素的市场价值,而交易的过程也提升了城市整体的经济效益。此外,在文化活动的社会性作用下,大量的活动参与者能够接触到文化资源与文化要素。在体验活动的过程中,文化资源的魅力与其所蕴含的历史价值、文化理念被广泛传播，人们得以深刻体会文化活动所要表达的思想，进而对城市或国家的历史有所感悟、对社会责任与使命有所担当。这种对人们的教化作用正是文化活动提升文化要素的社会效益的一种表现。

2. 文化资源的整合与再创造

文化活动有着加快文化资源整合以及推动文化资源再创造的功能。从文化活动的分类中可以看出其涉及文化产业与文化事业的多个方面。在文化活动举办过程中，举办方通过将已知的文化资源以一种可供参与的方式展现给人们，把闲置的文化资源转换为可供消费的现实供给。这本身是一种对文化资源的改进与创新，赋予了文化资源新的存在意义。文化活动具有区域性、差异性的特点，是一种与当地独特区域环境相协调的整体性的存在，因此其往往是当地多种文化要素的组合，如在各种节庆活动中，一般包含节庆表演、特色美食、风俗产品和节庆服饰等要素。文化活动将这些要素整合在一起，从吃、住、行、游、购、娱多个方面向活动参与者传递自身文化内涵，使文化资源更能表现出其自身独有的魅力。

3. 城市公共空间的优化

文化活动提升了城市空间的利用率，赋予城市空间新的意义。为了举办文化活动，政府会建造新的基础设施并提升公共服务质量，如在举办奥运会前专门修建奥运场馆，在奥运会进行期间加强安保措施、环保措施与志愿者服务等。活动举办后仍旧能在城市空间中留下记忆，逐渐成为该城市的文化与历史元素，成为游客考虑是否来此旅游的重要因素，在活动期间建成的大型场馆也将作为城市的基础设施被城市管理者重复利用。

（三）需求角度的文化活动功能

1. 消费需求与精神需求的满足

从需求角度来看，随着社会生产力的发展和生活水平的提升，人们对消费的需求已经不再满足于消费品本身的价值，而指向消费品所代表的象征与意义，气氛、美感、浪漫、历史感等衍生价值与身份符号也成为人们对消费商品的评价标准。文化活动自身便带有区域特有的文化特征，其衍生出来的文化产品与文化服务具有较强的象征意义与文化价值，因此也就成为消费者的优选，使人们在物质与精神上的消费需求都得到满足。

伴随着时代的发展，文化活动成为提升人们精神满足感的不可或缺的来源。通过参与丰富多彩的文化活动，如音乐节、戏剧节、电影节等，人们接触到更多的文化内容，认识更多志同道合的朋友，在满足自身精神需要的同时，带动文化产业的发展。一些质量较高的文娱活动往往能够成为一座城市的代表，如法国每年一度举办的阿维尼翁戏剧节被选入世界文化遗产，每年吸引着成千上万来自世界各地的戏剧爱好者。

2. 国家文化的延续与文化自信的提升

在文化活动的策划与举办中，国家历史文化得到延续与传承，人们的精神需求得到满足。文化活动能够对文化资源进行整合与再创造，通过大量的营销传播与人们的参与，将文化以另一种方式展现给世人，保留住经典的传统文化的根源，使一些可能消失在历史长河中的文化技艺与文化物品得到延续。此外，文化活动向世人展现的是城市或国家最有魅力与代表性的内容，在参与文化活动的过程中人们了解了城市丰富的哲学思想、人文精神与道德理念，加强了对本国文化的理解与对他国文化的认知，坚定了自身文化立场与文化自信。

二 国际交往中心建设下的北京文化活动现状

近年来国内高度重视文化产业的繁荣，大力推动文化强国建设，北京在建设全国文化中心以及国际交往中心的助力下，文化活动发展渐入佳境。北京市统计局发布的文化相关数据显示，2020 年北京文化核心领域收入合计达 12986.2 亿元，同比增长 3.6%，其中内容创作生产与新闻信息服务收入同比上升 26%、12.9%，实现了大幅增长[①]。自 2008 年起，文化、文物系

---

① 数据来源于北京市统计局，未经过二次计算。此处增长率数据与 B11 表 7 数据有出入，疑为统计口径不同所致，笔者沿用原始数据，未做修改。

统博物馆、纪念馆开始向社会免费开放，文化基础设施的建设为文化活动的举办打下了良好的基础，而广播影视直播能力的增强、新闻出版业的繁荣以及对文化遗产的保护使得文化活动的传播和对文化元素的挖掘更加突出。就北京而言，其文化活动的形式日益丰富，文旅融合加深，文化活动创新线上运行模式，在与外部世界的联系中，北京文化活动在传播中国文化、推动国际交往中心建设上也起到了重要作用。

（一）文化活动形式日益丰富

北京近年来文化活动形式日益丰富，文化活动数量大幅提升。北京举办数量最多的文化活动要数节庆活动与会展活动。《2019北京展览业白皮书》中显示，7年以来北京展览活动数量一直呈上升趋势，2019年，北京举办展会865个，比2018年增加62个；2019年举办国际展览265个，比2018年增加117个；2019年举办的国际展览占总体展会数量的30.6%，比2018年增长12.2个百分点，涨幅较为明显。从收入来看，2019年北京展览收入为174.9亿元，比2018年增长16.9亿元。其中，国际展览收入51.4亿元，比2018年增长1.6亿元，占展览收入总额的29.4%，比2018年下降2.2个百分点①。就国际展览而言，北京国际展览的竞争水平有待提高。除展览外，在北京举办的中国戏曲文化周、中国"网络文学+"大会、"京·彩"北京文化网络传播活动等各种不同类型、不同举办方式的活动丰富了市民的娱乐方式，形成了品牌形象，推动了北京以文化为核心的国际交往中心建设。

虽然北京的文化活动种类逐渐丰富，但依然存在一些不足。例如：以庙会为首的京内节庆活动的内容较为单一，以吃、购元素为主，在传播文化内容、挖掘文化内涵和创新文化活动上稍有欠缺；在品牌建设中，北京文化活动自身的品牌效应不足，助力城市品牌建设和城市文化传播的能力有待提升；现代文化活动由于市场环境不佳、政策支持不明确等原因，还不能保持稳定。

---

① 《2019北京展览业白皮书》，https://www.sohu.com/a/425139767_243993。

（二）文旅融合背景下文化活动发展迅猛

旅游六要素吃、住、行、游、购、娱中的"娱"往往指的就是人们在旅游中参与的各种活动，而举办文化活动不仅能够促进城市旅游的发展，更能令游客在旅途中对城市文化有所感受，进而促进文化旅游的深入融合。2019 年，北京旅游演出共计 8391 场，占整体演出场次的 36.8%，吸引观众304.7 万人次，票房收入达 2.26 亿元，德云社、老舍茶馆、中国杂技团等曲艺杂技的品牌知名度不断提升[①]。作为首个"双奥之城"，北京利用自身悠久的文化历史和冬奥会举办的契机，举办第二届"相约 2022"冰雪文化节，吸引了大量的游客。文旅融合为文化活动提供了强有力的政策与经济支持，相当多的中国城市开始通过举办文化活动的方式来实现文旅融合发展的政策目标。

（三）数字化文化活动成为新亮点

在疫情防控常态化背景下，数字化变得不可或缺，北京在文化活动的发展中也突破了传统的线下文化活动形式，转而通过互联网，以线上文化活动的形式将活动参与者连接在一起。2020 年 11 月《文化和旅游部关于推动数字文化产业高质量发展的意见》（文旅产业发〔2020〕78 号）发布，强调"文化产业和数字经济融合发展迈向新阶段，数字化、网络化、智能化发展水平明显提高，形成新动能主导产业发展的新格局，数字文化产业发展处于国际领先地位"。通过数字文化产业发展和服务平台建设，持续拓展文化活动的线上空间，创新业态模式。新冠肺炎疫情使得大部分文化活动进入停滞状态，然而一些文化活动企业通过数字技术快速将本来的线下运营模式转为线上运营模式，减少企业损失的同时促进了活动的推广与传播。例如，由摩登天空创办的老牌音乐节"草莓音乐节"通过线上直播的方式开展，今日头条、西

---

① 《政策解读：2019 年北京演出市场平稳发展　演艺品牌促进文化消费升级》，北京演出行业协会，http://www.bjycxh.com/news/608.html。

瓜视频和摩登天空联合发起的"宅草莓"项目数据显示，2020年2月22日上线首日，40分钟内观看人数破百万。到2020年2月28日活动最后一日，直播间观看峰值达152万人、相关话题阅读量超1.3亿次[①]。线上文化活动的形式似乎为文化活动的发展带来了新的契机。事实上，线上直播形式的音乐节以及各种线上文化活动早已有迹可循，人们的居家隔离加速了这种新业态的发展，也为文化活动企业提供了一种新的运营模式，今后"线上+线下"形式的文化活动将随着科学技术的发展变得更加普遍。

（四）文化活动国际化水平有待提升

北京的文化活动吸引的游客依旧以本土游客为主，国际游客的参与度较低。作为全国的国际交往中心，北京在2019年成功举办第二十二届北京国际音乐节、第二届北京入境旅游全球战略合作伙伴会议、北京国际旅游节、北京国际旅游博览会、第八届北京国际旅游商品暨旅游装备博览会、第八届中国北京国际美术双年展等国际性活动。虽然活动内容较为丰富，但这些活动未能充分表达出北京独有的文化特色，难以形成可以宣传城市文化的文化品牌。此外，北京文化活动形式较为固定，多为以参观、教育为主的会展活动，无法满足外国游客的旅游体验与娱乐需求。

三 文化活动对北京国际交往中心建设的促进作用

在历史长河之中，文化活动扮演着重要的角色，从古代的民俗文化活动到现在多样化的各种活动，它们在城市中留下印记，代代相传，不断演变、发展，特别是近年来文化活动的商业化使其看起来更具吸引力，也影响着世界各地游客前往北京的频率。作为国际交往中心，北京是重大外交外事活动的首要舞台、全球科技创新和交流合作的中心枢纽，也

[①] 《西窗科技受邀参加 Createch 论坛探讨疫情下技术带来的影响与机遇》，中国网，http：//science. china. com. cn/2020－07/02/content_ 41204794. htm。

是展现文化自信和多元包容魅力的重要窗口，彰显着全球治理的能力。有影响力的节事活动可以增强参与者对城市的全面了解，改进城市面貌，挖掘城市文化。文化活动比节事活动的范围更广，因此在政府眼中它更是一种加深参与者与举办城市之间联系的重要方式。政府主导的文化活动通常拥有较为丰富的城市文化元素与明确的活动主题，对前来参会、交流或旅游的国际旅人有着重要的影响。企业单位举办的文化活动因为商业化的需要而在内容和形式上更加具有吸引力与竞争力，实现了城市文化内容的多元化。然而，由于文化活动具有聚集性、娱乐性、社会性的特点，倘若文化活动的主办方在活动举办过程中过于注重商业价值，而疏于探索文化价值与维护社会环境，便有可能使群众产生错误的文化认知，为宣传城市文化带来负面的影响。

（一）增强国际交往中心的文化包容性

对传统文化的挖掘以及文化的创新是推动文化产业发展的重中之重，也是提升城市文化魅力的重要元素。厉以宁在《文化经济学》一书中指出，对文化资源的挖掘与保护能够激发人们对它们的现实需求。许多传统的文化活动正是由此而来，而在内容为王的文化产业中，传统的文化资源仅占有限部分，如何促进文化资源的创新和转化显得更为重要。新加坡重视发展"创意社会"，培育发展艺术以及高新技术，重视文化的交流与创意产业的投资，提升新加坡的城市文化魅力，旨在通过"艺术"这一印象吸引世界的目光。文化活动作为形式多样的活动，其举办包含了大量的创新及创意元素。文化活动的目标群体广泛，从儿童到老人、从学生到工作者，为满足不同人的需求，活动主办方创造出百花齐放的文化活动状态，这些不同种类的文化活动增强了北京文化的多样性与包容性，吸引着来自世界各地的参与者，加深了他们对城市的印象。

（二）提升国际交往中心的要素集聚能力

文化活动的举办能够提升北京作为国际交往中心应该具备的要素集聚能

力。文化活动具有所涉要素广泛、产业关联性强、带动和拉动作用明显等特点，特别是随着科技的发展，更多、更新奇、更吸引人的产品与服务被开发出来，同时传统文化活动的局限性被加入的科技元素和互联网平台打破，更多人通过网络认识到文化活动具有的现实魅力，企业的科技创新能力与引领作用加强，活动举办方也从科技与文化的融合中看到了新的市场与商机。此外，文化活动会对周边地区产生辐射作用，吸引大量人流，促进当地旅游、餐饮、酒店等行业的发展。例如，在京津冀协同发展中打造以首都为核心的世界级城市群，使京津冀的产业协同作用更加明显，在区域空间内构建完整的产业链条，营造出更具有文化气息的环境。

（三）彰显国际交往中心的独特文化魅力

北京国际交往中心具有城市对外交往示范引领的功能，文化活动的举办能够为一座城市带来特定的文化记忆，越是大型的文化活动越会因为其投入资金较多、涉及范围较广而得到广泛的传播。成功的文化活动不仅仅实现了它的娱乐功能，更能够作为一种媒介，向公众传达出其所要表达的文化内涵与主题，实现了文化的传承，在社会中留下深刻的印象。同时，很多国际级的大型活动是与国家政治、经济、文化相关联的，其举办城市的选取往往需要考虑多方面因素，一旦城市被选中，则证明该城市在文化、环境、气候、安全、医疗等方面都具有较强的优势，也能够负担得起活动准备前期大量的资金消耗。在活动举办过程中，举办城市实现了文化价值观的对外输出，在世界范围内获得文化认同感，提升了城市的文化形象，展现了独有的文化魅力。活动结束后，其也能为城市在经济上带来长期的积极效应。

（四）塑造国际交往中心特有的城市风貌

文化活动能够提升市民的幸福感，改变其精神面貌。在我国实行市场经济体制以及全球化的背景下，社会对效率的要求更加突出，人们大多处在强压之下，情绪暴躁、慌乱、疲惫已经成为社会人的常态，同时随着全球经济下行，失业的恐慌也无时无刻不困扰着人们。在这样的状况下，文化活动作为一种突破口有助于缓解人们的精神压力，参与者通过相互沟通、接受文化熏陶、了解文化知识等途径在疏通情绪的同时提高了文化素养，文化活动潜移默化地影响着市民的行为方式、语言与精神面貌，改善了北京市民在国际旅人心中的印象。

然而，文化活动的举办也会对国际交往中心的建设带来一些消极影响。在国际交往中心的建设中，城市形象至关重要。大量文化活动是由商业集团举办的，这些活动有时成为集团获取利益的重要途径。活动赞助商热衷于将自身品牌与城市空间而不是活动本身相结合，大量的商业标识可能会使活动本身失去举办意义，同时造成城市文化环境混乱。此外，倘若没有良好的监督与安全保障，人们在进行娱乐的过程中很容易因为各种各样的意外产生混乱，对举办地的建筑造成破坏，给城市治安与环境带来负面影响，同时文化活动的聚集性与社会性也加大了突发事件发生的可能。文化活动负担着传递正向文化精神的使命，因此如果文化活动向参与者传递了错误的文化信息，参与者也将对城市文化产生错误的认知，从而对城市产生负面印象。

四 以文化活动推动北京国际交往中心建设的对策

（一）优化北京文化政策，提升文化活动治理能力

国际交往中心一般都具有完善的服务系统，文化活动的影响较为广泛，涉及方方面面。为北京文化活动发展提供优良的政策环境，有助于服务功能的提升。在政策环境上，政府应当更加重视城市规划和相关政策的指引，注重文化经济的特殊发展规律，推动"以人民为中心"的面向大众的文化活动开展，实现文化活动治理能力的提升，强化文化活动在国际交往中的作用。《北京推进国际交往中心功能建设专项规划》提出要在 2035 年将北京建设成为我国重大外交外事活动的首要舞台，承接大型国际化活动，需要政府提升自身服务能力，明晰各方责任，紧抓监管重点和风险防控点，建立联防联控联动风险防范和信息共享机制，精简文化活动及项目审批的手续和流

程，建立便捷有效的电子申请录入系统，提升效率并完善文化活动数据的收集，推出文化活动扶持政策，提供高效服务。

（二）打造北京知名活动品牌，增强文化活动竞争力

作为国际交往中心，北京需要具备强大的国际竞争力。文化活动品牌的打造是促进北京文化发展、提升北京国际影响力的重要方式。它能够激发文化消费，提升城市对外形象，进而增强北京国际交往中心的功能。政府应持续增强北京文化的包容性，大力培养和引进高端文化人才，吸引创新企业入驻，营造丰富多样、包容可亲的文化环境。同时推动北京传统优秀文化的创造性转化、创新性发展以及与外来文化的碰撞交融，关注文化创新与传统历史文化如何兼容的问题。紧抓"两区"建设的机遇，推动数字文化活动的发展，打造符合国际交往中心和首都文化特征与品位的品牌文化活动，全面提升城市文化竞争力。

（三）提升文化活动国际水平，增强活动国际衔接能力

北京具有良好的国际化基础，拥有特殊的国际交往资源。作为全国文化中心，北京每年举办大量的国家级文化、艺术交流活动。国际交往中心的建设离不开全球的视野，不仅要大力推动这些文化活动的国际传播、对外贸易，而且要通过打造平台和渠道，提升国际化能力，使更多的人参与、受益，增强文化认同感，充分体现北京文化活动应有的文化气质和民族特色。在推动文化活动国际化的过程中，要深入研究文化活动发展的规律、经验，借鉴国外举办的知名文化活动，结合北京国际交往中心建设的目标以及文化特质，探索具有北京文化特色的国际大型文化活动举办模式。同时要增强北京建设国际交往中心过程中与国际文化活动的衔接能力，通过承办、举办以及注资、赞助等多种方式提升在国际文化活动领域的影响力。

（四）创新文化活动形式，全面彰显城市文化魅力

文化活动形式多样、内涵丰富，创新文化活动形式不仅要从文化活动自

身着眼，推动包括节庆、会展、文娱、体育等在内的各种文化活动的发展，促进业态创新和产业融合，而且要强化以产业链、价值链为纽带的文化活动与其他服务活动和生产活动的结合，推进文化活动与城市空间的交融。此外，线上文化活动逐渐成为文化活动的新业态，城市可以互联网为依托，通过对大数据、AR、5G、人工智能等高新技术的进一步应用，拓宽城市文化的表达方式与途径，构建全民均可参与的在线文化活动，在减少对城市空间损害的同时彰显城市文化魅力。

参考文献

［1］何云峰：《提升文化魅力与文化软实力》，《文汇报》2011 年 10 月 26 日。
［2］李小牧：《服务业扩大开放助推首都国际交往中心建设》，《北京观察》2020 年第 11 期。
［3］陶松龄、陈蔚镇：《上海城市形态的演化与文化魅力的探究》，《城市规划》2001 年第 1 期。
［4］厉以宁：《文化经济学》，商务印书馆，2019。

B.15
北京开放基于云计算技术的
增值电信服务问题研究

周念利　姚亭亭　贾　莉*

摘　要：　数字时代云计算技术的应用推动增值电信服务迅猛发展，同时该技术在增值电信服务中的嵌入程度呈不断上升趋势，云计算增值电信服务极有可能发展成为增值电信领域的主干。在服务业扩大开放的背景下，对北京云计算增值电信服务的市场准入问题进行研究具有深远意义。本报告通过对北京云计算增值电信服务现有开放举措的梳理与对比分析，发现北京在云计算增值电信服务外资准入开放进程中还存在一些问题，主要涉及政策制定、资质审查、事中事后监管、负面清单设计及外商投资安全审查等方面。面对上述问题，建议今后从继续放宽外资股比限制、完善事中事后监管机制、健全外资安全审查机制、采用见面清单模式、进一步放宽资质要求并注重对 VIE 架构的审查等方面开展工作，助力北京云计算增值电信服务扩大开放。

关键词：　增值电信服务　电信业务　外资准入　云计算

---

* 周念利，经济学博士，对外经济贸易大学中国 WTO 研究院研究员、博士研究生导师，主要研究方向为数字贸易；姚亭亭，对外经济贸易大学中国 WTO 研究院国民经济专业博士研究生；贾莉，对外经济贸易大学中国 WTO 研究院国民经济专业硕士研究生。

从国际发展形势来看，电信业务结构不断转型升级，传统话音业务等基础电信业务增速放缓，而数字经济的快速发展增大了各国对增值电信服务的诉求，特别是基于云计算技术的增值电信服务[①]，多数国家想通过跨境投资与收购进入国际电信市场，响应云时代，夺取国际云增值电信服务的主导权。我国顺应国际电信行业的发展趋势，对外逐渐放开云增值电信市场。截至 2020 年 6 月底，已有 266 家外资电信企业通过审批，其中 213 家获得工业和信息化部发放的许可证牌照[②]。包括云增值电信服务的增值电信业务在数字时代的重要性越发明显，并吸引了大量的外国投资者想要进入拥有丰富数字资源的中国市场。为此，通过制度创新推进国内增值电信服务开放，引进外资和外来技术提升云增值电信市场的竞争力和创新力已是迫在眉睫。

在此背景下，北京市作为服务业扩大开放综合试点城市，率先放松或取消对云增值电信服务的外资管制具有较强的现实意义。一方面，作为全国服务业发展的领先城市，北京增值电信服务的扩大开放举措将成为其他地区的参考蓝本，也是我国实现增值电信服务高水平对外开放目标的切入点。另一方面，以云计算技术为依托的增值电信服务本就具有技术与资本密集型性质，同时增值电信服务又是国家高度敏感的行业，完善的监管体系是避免重大风险发生的前提条件，北京既具有与国际云增值电信服务发展相匹配的能力，又拥有相对健全的法律制度，可见北京兼备率先试点云增值电信服务扩大开放的软性与硬性环境。再有，《北京市关于加快建设全球数字经济标杆城市的实施方案》强调北京在未来十年将努力发展数字经济，成为国际数据要素配置枢纽、数字经济对外扩大开放示范城市，表明北京对云增值电信服务扩大开放具有强烈的诉求。整体来看，探究北京关于云增值电信服务的开放举措问题是明智且必要的，契合北京当前及未来数字经济发展的规划目标。

[①] 为简化起见，后文使用"云增值电信服务（业务）"来替代。

[②] 中国信息通信研究院：《外商投资电信企业发展态势（2020 年 6 月）》，2020 年 7 月 8 日，https：//mp. weixin. qq. com/s/QVCAkWwtcn0zJ6uj - y19Fg。

一 云计算服务模式简述及云
增值电信服务范围界定

"云计算"的概念于 2006 年首次被谷歌提出，2012 年美国国家标准与技术研究院（NIST）对其内涵做出了界定，即云计算是具有随时获取、按需自助、计量付费、弹性伸缩、协作共享五大特征的新型资源配置和交付形式①。当前按照国际上通行分类，可将云计算服务划分为三种模式：基础设施即服务（Infrastructure as a Service，IaaS）、平台即服务（Platform as a Service，PaaS）和软件即服务（Software as a Service，SaaS）。具体来看，IaaS 的提供者通常具有大规模资金，客户可在其提供的基础设施上开发操作系统，IaaS 一般包括虚拟机、虚拟网络与存储等。PaaS 的提供者要提供包括操作平台、数据库在内的平台型计费配置，用户可在平台上进行软件系统开发测试，体现随时获取和随时扩展特征。PaaS 一般包括数据库服务、Web 应用与容器服务等②。SaaS 的提供者要依托网络提供超越平台系统的软件服务，其资源覆盖了 PaaS 和 IaaS，用户可在门户网站、移动端 App 等网络平台上随时获取服务商提供的软件、信息服务。

由上述云计算服务的内涵与模式可知，云计算已经成为信息通信领域的主流技术并在增值电信领域得到了广泛应用，一些传统的增值电信服务已经开始运用云计算技术。具体而言，依据中国工信部对增值电信服务所做的业务分类，在我国境内从事云计算服务的企业应先获得增值电信 B11 互联网数据中心（简称 IDC）业务下的互联网资源协作业务许可牌照。除此，这些企业在实践经营活动中还应取得第一类增值电信服务中的其他三类增值电信牌照，包括 B12 内容分发网络业务、B13 国内互联网虚拟专用网络业务、

---

① 亿欧智库：《2019 年中国云计算行业发展研究报告》，2019 年 3 月 11 日，https：//www.iyiou. com/research/20190311615。

② 信息安全国家工程研究中心：《如何理解云计算服务 IaaS、SaaS 和 PaaS 的区别》，2021 年 3 月 2 日，https：//mp. weixin. qq. com/s/62JycqxEEgV－eqAFyK9zmw。

B14 互联网接入服务，以及第二类增值电信服务 B25 信息服务①与 B23 存储转发类业务②等的增值电信牌照，表明现有的基于云计算技术的增值电信服务至少涵盖如下几种业务（见表 1），后文将以这 6 类业务作为研究对象并展开深入分析。

表 1　基于云计算技术的增值电信业务种类

增值电信业务类型	覆盖的云增值电信业务种类
B1 第一类增值电信业务	B11 互联网数据中心业务
	B12 内容分发网络业务
	B13 国内互联网虚拟专用网络业务
	B14 互联网接入服务
B2 第二类增值电信业务	B23 存储转发类业务
	B25 信息服务

二　北京市对云增值电信业务的开放和监管现状

（一）外资股比开放现状

1. 北京云增值电信业务部门开放程度超越了中国入世开放承诺

在 WTO《服务贸易总协定》和《全球基础电信协议》（ABITS）的电信服务规则下，我国自 2001 年入世起渐进开放了增值电信和基础电信部门，但也在遵守 WTO 相关规则的前提下实行了对外资股比、投资地域、投资业务等方面的限制。

由表 2 可知，与中国入世承诺相比，北京对整个增值电信服务的开放更加深入，并日渐放开云增值电信服务市场。具体表现：一是北京市的开放领

---

① 宁宣凤、蒋科、吴涵等：《从海南自贸港政策看云服务落地——简述外商在华投资云服务的增值电信监管问题》，2020 年 11 月 23 日，https：//mp. weixin. qq. com/s/Lf8UsKo - PIjHDgk7m0feGQ。

② 胡耀华、张瑞睿：《TMT 投资实践（五）——电商 SaaS 增值电信许可分析》，金杜研究院，2021 年 6 月 18 日，https：//mp. weixin. qq. com/s/8keDU3bXIS2eKjRwQNTUxA。

域已覆盖了 B11、B13、B14、B23 与 B25 五种云增值电信业务，其开放领域大于中国入世承诺；二是外资股比限制的上限高于入世承诺，当前北京取消了 B23 与 B25 中应用商店业务的外资股比限制。

表2　中国入世云增值电信开放承诺水平与北京市开放水平对照

对比层面	中国入世承诺	北京试点承诺
开放领域	B23 存储转发类业务［在入世承诺中相应的业务为：电子邮件；语音邮件；增强的/增值传真服务（包括存储和转送、存储和调用）］；B25 信息服务（在入世承诺中相应的业务为：在线信息和数据库检索）	第二类增值电信业务全部涉及，含云增值服务 B23 和 B25。第一类增值电信业务开放领域涵盖 B11、B13 和 B14
外资股比限制	外资可持股上限从中国入世起两年内由 30% 提升至 50%	B11 未给出具体措施；B13 外资股比不超过 50%；B14 互联网接入服务中，为用户提供接入服务取消外资股比限制，其他业务的外资股比不超过 50%；B23 取消外资股比限制；B25 信息服务中，应用商店业务取消外资股比限制

2. 北京云增值电信业务开放速度慢于上海自贸区，开放程度低于上海临港新片区与海南自贸港

综观当前全国各地区对外开放的工作任务与开放程度，海南自贸港与上海自贸区是相对典型的示范区，将这两地区作为探究北京云增值电信服务开放水平的参考对象具有现实意义。上海自贸区在放开外资股比限制方面走在全国前列，2014 年已经着手放开 B14、B23、B25 云增值电信服务的外资股比限制，又在《中国（上海）自由贸易试验区临港新片区数字经济产业创新发展"十四五"专项规划》中锁定 B11、B12、B14 和 B25 中的信息发布平台与递送等业务，作为进一步放宽增值电信外资股比限制的工作方向。而国务院则是在 2019 年发布的《关于全面推进北京市服务业扩大开放综合试点工作方案的批复》中才提出放宽或取消 B14 互联网接入服务中云增值电信业务外资股比限制。随着北京市设立自贸区，根据《自由贸易试验区外

商投资准入特别管理措施（负面清单）（2020 年版）》中增值电信领域的相
关承诺，B25 等云增值电信业务的外资股比限制也相应放开。2021 年 7 月，
大兴区明确表示尝试放开 B11 的外资准入①。可见北京对外放开云增值电信
服务的速度要慢于上海自贸区。

除了开放速度缓慢外，北京在开放程度上也低于上海临港新片区和海南
自贸港。上海临港新片区和海南自贸港已表示试点放开对 B11 互联网数据
中心业务和 B12 内容分发网络业务的外资准入限制②，然而北京一直还未尝
试放开 B12 业务，且目前只有大兴区明确表示尝试放开 B11 的外资准入③。
三个地区具体的开放举措详见表 3。

表 3　云增值电信业务开放程度对比

云增值电信业务类别	海南	海南所做具体承诺	上海	上海所做具体承诺	北京	北京所做具体承诺
B11	√	允许实体注册、服务设施在海南自贸港内的企业,面向自贸港全域及国际开展互联网数据中心业务	√	上海临港新片区表示将试点互联网数据中心业务的外资准入	√	北京大兴区表示将探索互联网数据中心业务与云服务等数字技术业务的外资准入
B12	√	允许实体注册、服务设施在海南自贸港内的企业,面向自贸港全域及国际开展内容分发网络业务	√	上海临港新片区表示将试点内容分发网络业务的外资准入	—	—

---

① 北京大兴区人民政府：《大兴区数字经济创新发展三年行动计划（2021~2023 年）》，2021
  年 7 月 9 日，http：//www. bjdx. gov. cn/bjsdxqrmzf/zwfw/zfwj67/zfwj/1834158/index. html。
② 国家发展改革委：《海南自由贸易港外商投资准入特别管理措施（负面清单）（2020 年
  版）》，2020 年 12 月 31 日，http：//www. gov. cn/zhengce/zhengceku/2021 – 01/01/content_
  5576049. htm。
③ 北京大兴区人民政府：《大兴区数字经济创新发展三年行动计划（2021~2023 年）》，2021
  年 7 月 9 日，http：//www. bjdx. gov. cn/bjsdxqrmzf/zwfw/zfwj67/zfwj/1834158/index. html。

续表

云增值电信业务类别	海南	海南所做具体承诺	上海	上海所做具体承诺	北京	北京所做具体承诺
B13	√	外资股比不超过50%	√	外资股比不超过50%；入世承诺无相关规定	√	外资股比不超过50%；入世承诺无相关规定
B14	√	为用户提供接入服务取消外资股比限制，其他业务的外资股比不超过50%；入世承诺无相关规定	√	为用户提供接入服务取消外资股比限制，其他业务的外资股比不超过50%；入世承诺无相关规定	√	为用户提供接入服务取消外资股比限制，其他业务的外资股比不超过50%；入世承诺无相关规定；除此，大兴区表示将探索云服务相关业务的外资准入与开放
B23	√	①见服务贸易模式3（商业存在）；②没有限制；③取消外资股比限制；④水平承诺	√	①见服务贸易模式3（商业存在）；②没有限制；③取消外资股比限制；④水平承诺	√	①见服务贸易模式3（商业存在）；②没有限制；③取消外资股比限制；④水平承诺
B25	√	①见模式3；②没有限制；③外资股比限制不超过50%（应用商店业务取消外资股比限制）；④水平承诺	√	①~④模式承诺业务同海南。除此，上海临港新片区表示将放开信息发布平台和递送业务的外资限制	√	①~④模式承诺业务同海南

注：表中B11、B12、B13、B14、B23和B25的含义同表1；√表示地区承诺开放业务。

（二）监管现状

云计算仍属于新兴技术，而云计算技术在增值电信业务中的运用既会促进增值电信服务变革，也会使增值电信业务的发展面临不确定性，为避免风险发生，需针对云计算相关服务制定一套系统的监管办法。北京市作为服务业综合开放试点城市，对云增值电信业务的监管目前是按照电信经营相关政策规定进行的。监管工作包括事前对业务经营资质和经营主体的严格限制与事中事后全周期的监管流程，且事前监管属于监管重点。依次来看，主要的监管手段或措施包括以下方面。

1. 针对外资经营云增值电信业务实施资质审查

除了外资股比限制，北京还要求已准许进入中国市场的外资企业参与云增值电信业务前需通过资质审查。依据《中华人民共和国电信条例》第 7 条和第 9 条以及《互联网信息服务管理办法》第 4 条和第 19 条相关规定，在北京市内开展云服务的经营性企业一般性前提为取得经营许可证，非经营性企业需遵守备案制度，而既未取得经营许可证也未进行备案的企业禁止从事云增值电信业务。由于对外资经营增值电信业务取消了初审环节，因此在电信业务经营许可审批程序中还增加了外资审查程序①。关于云增值电信业务许可证获取问题可以参照《电信业务经营许可管理办法》第 6 条、《中华人民共和国电信条例》第 13 条与《外商投资电信企业管理规定（2016 修订）》等相关规定。

经营许可证制度作为传统准入工具也并非决定性门槛。难以取得经营许可证的外资云服务商被允许通过技术合作的方式（例如北京内的合作案例包括微软与蓝云网络的合作、IBM 与首都在线的合作等）向国内企业用户提供云计算服务，但应向电信管理机构进行书面报告②。

2. 针对外资经营云增值电信业务采取事中事后监管政策

依据工信部出台的《关于加强外商投资电信企业事中事后监管的通知》（工信部通信函〔2020〕248 号），在外资取得经营云增值电信业务的许可证后，北京相关监管部门需要依据《信息安全技术云计算服务运行监管框

---

① 工业和信息化部：《工业和信息化部关于加强外商投资电信企业事中事后监管的通知》，2020 年 10 月 20 日，https：//www. miit. gov. cn/jgsj/txs/wjfb/art/2020/art_ 3d90a58064f44420bca9a2660eed6ed5. html。

② 工业和信息化部：《关于规范云服务市场经营行为的通知（公开征求意见稿）》，2016 年 11 月 28 日，http：//news. idcquan. com/news/103379. shtml。

架》对企业经营活动进行严格的事中事后监管，以确保内外资企业提供的云计算服务符合国家相关政策规定，及时掌握云计算平台的运营状况，保证云计算服务在运行中是安全可控的。除此之外，提供云增值电信服务的运营商需履行《电信业务经营许可管理办法》等相关要求，如如期提交企业经营信息年报、给相关监管部门报送监管信息，并配合现有的"双随机一公开监管"、"互联网＋监管"和"信用监管"等监管机制开展工作。

三　北京开放云增值电信服务的现存问题

（一）针对云增值电信服务外资准入设置的限制性措施相对单一

北京试点目前还处于探索创新开放模式阶段，对外资的市场准入限制措施仍以股比限制为主。掌握并了解国际上通用的准入限制措施更有利于北京放开对云增值电信服务外资准入的限制。根据 ECIPE（欧洲国际政治经济研究中心）数据库[①]，除外资股比限制措施外，国际上还会采取投资与收购审查、对董事会与管理者进行限制以及其他有针对性的投资限制性措施。多数国家以维护国家安全为由对外商投资与跨国并购企业进行反垄断与安全审查以阻碍外资进入，特别是发达经济体将电信行业视为投资并购敏感行业并采取严格的安全审查措施，欧盟、美国两个经济体的表现尤为显著，通过设置一些审批权限与期限约束外国公司的并购行为。除此之外，部分国家还会提高投资的技术标准、加强传统电信运营商的市场垄断以加大外商投资的成本和难度，以提高外资准入门槛。

在外资准入环节，尽管《深化北京市新一轮服务业扩大开放综合试点建设国家服务业扩大开放综合示范区工作方案》进一步放宽了外资股比限制，但与国际上典型国家的投资限制做法相比，北京市试点实行的新一轮开

---

① ECIPE 数据库整理收录了 64 个国家的 100 多种数字贸易限制政策，用于衡量数字贸易壁垒。

放举措的多样性仍然不足,以外资持股限制为主要形式,对外资合营企业中高层管理人员的要求较少且缺少具体的细则。国际上,加拿大《电信法》第16条、印度《公司法(2013年)》等针对董事会和管理人员设置了限制条件,形成了较高的外资准入门槛,北京试点同样可以考虑对高端技术人才居留提供优惠政策,同时对云增值电信企业高层管理人员设置比例要求。

(二)关于外资经营云增值电信业务的资质审查问题

《外商投资电信企业管理规定(2016年修订)》要求对外方主要投资者从事增值电信服务是否具备"良好业绩"和"运营经验"进行审查,但是到目前为止,对"良好业绩"和"运营经验"的认定尚未予以明确或出台细化标准,北京相关部门对此也未曾予以明示,这种笼统、含糊的措辞在实践操作中极可能引起争议并带来困难,影响审查效率与质量。除此之外,按规定外资获得任何类型的云增值电信业务许可证都需要到工信部去申请,只有工信部具有审批权限,这样可能会引起审批拥挤,审批时限过长,影响外资在北京开展云增值电信业务的效率与积极性。

(三)针对外资准入后的事中事后监管规则不够明确

当前我国努力尝试降低国内市场准入门槛,由严格管制事前投资活动逐步向加强事中、事后监管过渡。鉴于此,北京应重视外资在云增值电信业务经营中的事中、事后监管环节,对云服务可能存在的风险问题加以把控。尽管我国推行"互联网+监管""信用监管"等多种事中、事后监管模式,但还存在规则不统一与不具体等问题,对云增值外资经营者的事中监管规则不明确可能会导致云增值业务经营乱象、电信市场资源配置不合理等。

(四)外资准入负面清单内容仍是跟随国家层面和自贸区层面的标准

尽管当前北京以"准入前国民待遇+负面清单"形式对云增值电信部门外资准入进行管理,但执行的负面清单内容复制了《自由贸易试验区外商投资准入特别管理措施（负面清单）（2020 年版）》①，这份清单内容虽具有统一适用性，但可能与北京云增值电信领域的实际发展诉求有些出入，不具有针对性。北京可借鉴上海自贸区和海南自贸港的做法，尝试制定适合北京外向型经济发展的云增值电信服务外资准入负面清单。

（五）外商投资安全审查制度缺乏可操作性

国家层面的《外商投资法》对外商投资活动提出了安全审查制度，并配套出台了《外商投资安全审查办法》，用以指导外商投资安全审查制度的施行，该办法同样适用于北京对外资经营云增值电信业务采取的安全审查。外商投资安全审查制度是确保外商投资不会危及国家安全的关键制度之一，因而其法律效力也应较高，但《外商投资安全审查办法》的法律位阶低于法律层面②。另外，该办法存在部分内容模棱两可的问题，不够明确具体，比如第四条（二）涉及需要进行安全审查的对象，其中多次使用"重要"这种措辞来确定需进行审查的对象，这类抽象性叙述会增加实践操作的难度，影响安全审查的效率与质量。同时，还应重视《外商投资安全审查办法》与《云计算服务安全评估办法》相关规定的衔接性。

四　北京开放云增值电信服务的对策建议

（一）进一步放宽或取消云增值电信服务的外资股比限制

目前国内 IDC 业务对内已实现全面开放，但对外资准入的态度相对保守。整体来看，中国入世承诺并不涉及 IDC 业务的开放，在缔结的区域贸

---

① 中国人民政府：《自由贸易试验区外商投资准入特别管理措施（负面清单）（2020 年版）》，2020 年 6 月 23 日，http：//www. gov. cn/zhengce/zhengceku/2020 – 06/24/content _ 5521523. htm。

② 董静然、顾泽平：《美欧外资安全审查法律制度新发展与中国之应对》，《国际商务研究》2020 年第 5 期。

易安排中只有内地与港澳建立的 CEPA 涵盖了 IDC 业务开放问题，承诺港澳投资者可以合资形式经营此类业务，且港澳持股比例不得超过 50%，其他外资不享有此政策。

虽然 IDC 属战略性新兴产业，其对外开放具有高度敏感性，且会给中国数据安全带来挑战，但国际上对其开放的强烈诉求给中国带来了较大的外部压力，中国需要做出应对。商务部已准许海南自贸港放开外资经营 IDC 业务的限制，北京大兴区也在 2021～2023 年规划中强调将探索放宽 IDC 业务的外资准入限制，但就北京现有的资源和政策优势而言，应当有更多的地区试点放宽外资经营 IDC 业务的限制。因为 IDC 业务既与科技服务相关，也与互联网和信息服务相关，况且从需求侧来看，北京驻扎了众多互联网企业和 IDC 运营商，适当开放 IDC 业务，允许国外 IDC 提供者以合资形式进入国内市场，可为国内带来先进的云计算技术和国际经验，对标国际 IDC 产业的技术标准和开放体系，提升自身的国际竞争力和影响力。促进外资在北京筹建数据中心并帮助北京成为中国乃至亚洲地区的数据资源集聚中心，带动数字经济发展。除此，北京后续同样需考虑进一步放宽或取消对 B12、B14 与 B25 云增值电信服务的外资准入限制，提升北京云增值电信服务的对外开放程度。

（二）从事前准入监管为主逐渐过渡到事中事后监管，并完善事中事后监管机制

传统的市场准入监管已不能完全匹配云计算不同于传统增值电信业务的特性，但基本的许可加备案制度有存在的必要性，可借鉴印度电信管制局的建议，对所有经营以及非经营性云服务商进行分层分级备案，以降低云计算市场信息的不对称性。同时通过逐渐降低外资股比限制来实现监管重心的转移，而事中事后的监管核心应该是企业信用。

为了切实增强监管质量，需要逐一解决现有监管环节中存在的问题。继续完善现行各类事中监管模式的细则和标准，对实际操作中弹性空间大、定义含糊的规则进行核查、修订与规范，同时兼顾对中外合营企业经营状况的

监管、对外资企业高层流动状况的监管以及对跨境数据传输的监管。具体来说，可利用各企业服务器实现对企业经营云增值电信业务的实时监控。另外，关于事后退出机制，在《外商投资法》第三章提出的外资退出制度基础上，北京试点可进一步将外资退出市场的政策具体化，包括外商经营者在经过审批和考察后在中国境内的出资政策、清算所得依法汇入汇出的具体政策等。除此之外，事后监管和退出机制与事中监管机制最好由同一监管机构负责，简化中间烦琐的环节，提高监管效率和质量。

（三）完善与云增值电信服务市场准入制度相配套的外资安全审查机制，并实现政府监管与行业自律相结合

尽管目前生效的《外商投资法》与《外商投资安全审查办法》已明确了外商投资安全审查制度，但该制度还存在定义模糊与法律效力不足等问题，影响审查政策效应。北京应针对此类问题提前做好应对策略，如制定适用于北京现状的外资审查细则并注重惩罚机制的建立，以规避在云增值电信领域执行国家安全审查程序中出现分歧。除此之外，还应注重政府监管与行业自律之间的协调性。这一措施不只针对外资，国内云计算市场逐渐成熟，只要形成市场就会存在价格竞争和市场份额恶性挤占的可能，因此有条件、有必要构建一套对内外资一视同仁的自我监督型闭环体系以实现行业的内部优化调节。如同银行业、证券业的监督管理委员会，云计算行业内部已成立行业自律委员会，基于《云服务经营自律规范》和《云服务企业信用评价办法》对云服务商的企业信用进行记录和评级。应加紧构建针对不良企业的惩戒机制，在企业资质层面完善监管，借助市场力量调整监督杠杆，并保持与政府的信息互通。

（四）探索跨境服务贸易负面清单模式，并出台配套管理办法

为提升跨境服务贸易开放水平，增强外商投资者对云增值电信领域的投资愿望，可将服务贸易模式三的负面清单开放模式推广至其他三种服务贸易模式。在数字时代，信息基础设施是开展数字服务贸易的重要载体，外商在

云增值电信领域的投资与数字服务贸易之间具有相互促进的作用，进一步放开跨境服务贸易限制有助于增强外商对北京云增值电信业务投资的积极性。海南自贸港已经制定了《海南自由贸易港跨境服务贸易特别管理措施（负面清单）（2021 年版）》并明确要进一步提升跨境服务贸易领域的开放水平，为此，北京应当紧跟海南自贸港的政策步伐，着手探索跨境服务贸易负面清单模式。

（五）进一步放宽资质要求，同时注重对 VIE 架构的审查

在《外商投资电信企业管理规定》提出的严格资质要求与负面清单的限制下，在实践中外商投资北京云增值电信服务一般会选择采用 VIE 架构（Variable Interest Entities，简称"协议控制架构"），以此间接获得在北京云增值电信业务中的经营许可牌照。虽然 VIE 架构在表面上仍遵守"谁持证，谁运营"的监管要求，但云增值电信业务的实质控制权可能落入外商手中，这种情形带来的风险一般要高于与国内运营商合作的模式。为此，应当特别重视在京经营云增值电信服务的企业是否存在 VIE 架构，并采取实质性审查，依据采用 VIE 架构的企业持有云增值电信控制权的情况进行相应的管理与处置。为降低外资采用 VIE 架构而出现的违规风险，应考虑外资的实质性诉求和困难，酌情放宽资质要求。

案 例 研 究

Case Study

B.16

北汽集团：汽车企业"走出去"标杆

蓝庆新　汪春雨*

摘　要：　"走出去"是中国汽车工业由大到强的关键检验标准，更高
水平的对外开放不仅是吸引外资、推动国外品牌来中国发
展，更是要让中国车企走向世界，更好地参与世界汽车工业
发展。北京顺应经济全球化趋势，鼓励汽车企业积极开展资
源寻求型、市场寻求型和技术寻求型对外直接投资。作为中
国五大汽车集团之一和中国汽车行业骨干企业，北汽集团响
应国家和北京扩大开放政策以及提升企业国际市场话语权的
重要战略，抓机遇，谋发展，全力打造首都汽车产业科研新
高地，通过整合优化国际国内优质资源，推进产品、产能、
技术、管理、品牌全方位"走出去"，努力打造"世界北汽"

---

*　蓝庆新，经济学博士，对外经济贸易大学北京对外开放研究院研究员，长三角贸易研究院
（筹）院长兼国际经济贸易学院副院长、教授，主要研究方向为"一带一路"、开放经济理论
与政策；汪春雨，对外经济贸易大学博士研究生，主要研究方向为国际贸易与国际经济合作。

新名片。

关键词：　北汽集团　骨干企业　国际竞争力　品牌影响力

一　北汽集团"走出去"现状

（一）公司概况

北京汽车集团有限公司（简称"北汽集团"）成立于 1958 年，总部位于北京，目前拥有员工 13 万人，为世界 500 强企业，集团建立了涵盖整车（含乘用车、商用车、新能源汽车）及零部件研发、汽车服务贸易、综合出行服务、金融和投资等业务的完整产业链。北汽集团是国内汽车产业产品品种最全、产业链供应链完善、新能源汽车市场领先的大型汽车企业集团，连续多年进入《财富》世界 500 强，2019 年实现营业收入 5012.3 亿元，较 2018 年增长 4.26%，成为北京市首家年营收突破 5000 亿元的市属国有企业，2020 年全年实现整车产销量 190 万辆，营业收入 4900 亿元，全球排名第 134 位，居全球汽车集团第五位。在新时代背景下，北汽集团在北京建设"四个中心"的过程中，不断明确方向、找准定位，开启了从传统制造企业向制造服务企业、制造创新型企业的转变，逐步实现向战略性产业板块通用航空等产业链延伸。北汽集团产业结构如图 1 所示。

在全球新冠肺炎疫情冲击和国内外环境影响下，2020 年北汽集团各项主要经济指标基本保持平稳，充分发挥了国企的重要作用。作为北汽集团"高、新、特"的排头兵，2020 年高端制造依然是北汽集团发展的重点。2020 年北京奔驰累计销量达到 61.45 万辆，同比增长 9.8%，连续 11 年实现正增长；北汽新能源自 2014 年第一款车型新能源 EV 上市后，连续多年销量维持快速增长态势，但 2020 年销量大幅下滑，全年实现销量 2.59 万辆，较 2019 年同比下降 82.79%。

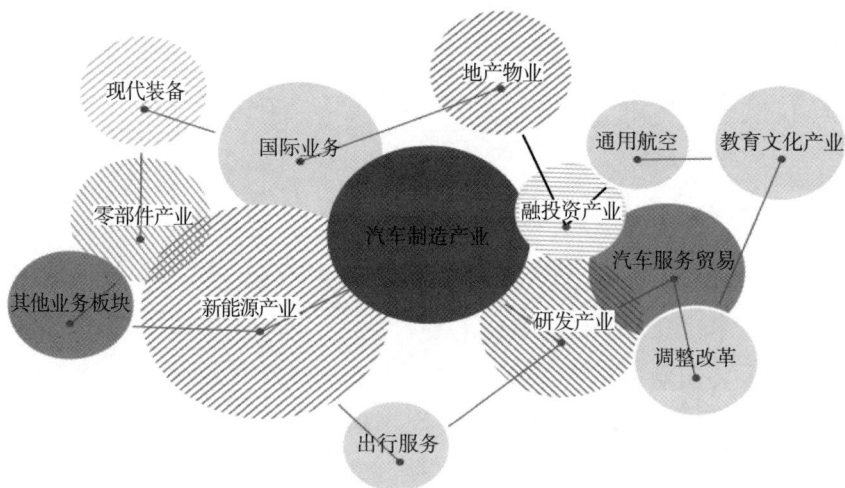

图1 北汽集团产业结构

（二）"走出去"现状

北汽集团依托北京汽车国际发展有限公司（简称"北汽国际"）积极推进全球化布局。作为北汽集团全资子公司以及集团出海、全面开拓国际业务合作的总平台，北汽国际不断加强整合集团优势资源，借助精干的国际化团队，快速适应融入海外市场，推进"一带一路"相关建设项目，聚焦"丝绸之路经济带"和"21世纪海上丝绸之路"上的重点市场和重点项目，其中包括北汽集团四大区域产业基地（南非、伊朗、墨西哥以及毗邻东南亚的云南瑞丽）。2021年1~4月北汽集团获得了国内汽车行业出口排名第7的好成绩，全球市场份额进一步上涨。

截至2019年底，北汽国际已经在全球43个国家和地区建立45家销售渠道和171家网点，基本覆盖了中国汽车出口的主要市场，先后设立2家全产业链生产基地、5家境外销售公司和1个境外投融资平台，搭建起北汽集团海外产业布局的基本框架。其中，北汽福田汽车股份有限公司（简称"北汽福田"）立足13个新兴市场加大资源投入，加快孵化制造基地建设，基本搭建了以客户需求为中心的拉动式敏捷型组织架构，规模效应进一步发挥。截至目前，北汽集团在海外已先后建立 27 个散件组装（KD）工厂，年产能达到 10 万辆，在建 5 个 KD 工厂，计划年产能 5 万辆；设立 15 家法人公司，在泰国、越南等东南亚地区开展属地化运作，现有经销商累计超过 100 家，销售网点超过 2000 家。

特别需要指出的是，北汽集团南非工厂是其投资建设的第一座海外整车制造工厂，是北汽集团实施"走出去"战略的重要"据点"，不仅是中国企业在非洲投资规模最大的汽车工厂，也是南非工业化发展新需求与北京产能有效对接的典范，为提升南非工业化水平提供了有力支撑。2018 年 7 月南非工厂首车正式下线，标志着北汽集团南非工厂初步具备了生产能力和条件。北汽集团南非工厂不同于一般意义上的外资境外工厂，它是涵盖研发、设计、采购、生产、销售及金融配套服务等全产业链条的制造生产基地，目标是要在 5 年内使零部件本地化供应率达到 60%。北汽集团南非工厂生产的汽车除在南非市场销售以外，还出口到南部非洲、欧洲和大洋洲地区，一期出口比例占 60% 左右。北汽集团在走向全球市场的过程中彰显出强大的发展意志和能力，"走出去"的质量和层次不断提升，成为我国推进高水平对外开放的重要力量。2019 年北汽集团部分海外行动如图 2 所示。

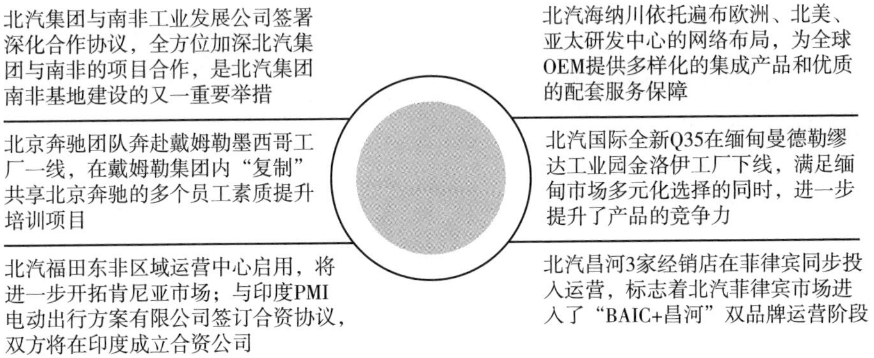

北汽集团与南非工业发展公司签署深化合作协议，全方位加深北汽集团与南非的项目合作，是北汽集团南非基地建设的又一重要举措

北汽海纳川依托遍布欧洲、北美、亚太研发中心的网络布局，为全球 OEM 提供多样化的集成产品和优质的配套服务保障

北京奔驰团队奔赴戴姆勒墨西哥工厂一线，在戴姆勒集团内"复制"共享北京奔驰的多个员工素质提升培训项目

北汽国际全新 Q35 在缅甸曼德勒缪达工业园金洛伊工厂下线，满足缅甸市场多元化选择的同时，进一步提升了产品的竞争力

北汽福田东非区域运营中心启用，将进一步开拓肯尼亚市场；与印度 PMI 电动出行方案有限公司签订合资协议，双方将在印度成立合资公司

北汽昌河 3 家经销店在菲律宾同步投入运营，标志着北汽菲律宾市场进入了"BAIC+昌河"双品牌运营阶段

图 2　2019 年北汽集团部分海外行动

二 北汽集团"走出去"的契机

（一）开放政策有力支持

汽车产业对我国经济可持续增长有着极强的拉动作用。2020年，在新冠肺炎疫情的冲击下，中国成为唯一一个经济呈正增长的主要经济体，其中一个重要贡献源就是汽车产业，从2020年第二季度开始，汽车产业就呈现强劲复苏态势，成为拉动中国经济增长的重要引擎。因此，汽车产业一直是北京市政府政策倾斜的重点产业。北京市政府从机制建设、提质增效、重点项目、服务升级、强化保障和防范风险等多个角度全力推进企业"走出去"。一是加强制度建设和顶层设计，梳理国际产能合作重点领域的主要任务，形成重点项目清单；建立国际产能合作部门联席会议机制，统筹推进有关工作。二是提升对外投资质量和效益。加快研发制造领域的投资合作，海外并购转向产业链"高精尖"领域，加快技术、服务、品牌"走出去"，加大对外直接投资集聚效应。三是以重点项目提升产业国际竞争力。不断深化基础设施领域对外合作，不断延伸汽车产业链。四是提高对外投资管理服务水平。利用信息化手段，推进境外投资"一口受理"，减少企业备案时间。五是强化保障措施。加大金融支持力度，加强中介服务平台建设，加快公共信息服务建设。六是完善境外安全防控体系。加强涉外指挥部机制建设，搭建北京市领事保护服务平台，组织开展重点国别、重点方向、重点领域安全风险分析研判。

（二）借力"一带一路"

"一带一路"倡议的正式实施，为北汽集团"走出去"业务的发展和突破提供了千载难逢的机遇，通过共建"一带一路"发展汽车自主品牌，加快"走出去"步伐。目前，北汽集团在全球拥有四大运营中心。为落实"一带一路"倡议，除了在南非建立工厂以外，北汽集团还在云南省瑞丽市建了工厂，该工厂当前已具备成熟的生产条件，产品主要面向包括缅甸、泰国、老挝等在内的东南亚地区。北汽集团在中国汽车出口量最大的国家之一伊朗也设有 KD 工厂，拥有当地员工 200 多名，以伊朗为中心将产品和服务辐射西亚地区，扩大了北汽集团的海外市场份额。2020 年 6 月，北汽集团将大批新能源汽车出口至墨西哥，此次出口的不仅包括整车，还包括换电设施，即将新能源汽车的整个换电模式带到墨西哥当地。北京市经信委在扩大开放的行业选择上以汽车行业为率先突破口，搭建企业"走出去"合作平台，推动北汽福田与阿尔及利亚 KIV 集团签署战略合作协议，双方在阿尔及利亚东部城市安纳巴合资建厂生产福田品牌汽车。此次合作项目是北京市经信委为深化落实国家"一带一路"倡议和疏解非首都功能的要求、积极支持首都产业转型升级和北京市企业"走出去"的重点支持项目之一，也是北京企业在政府引领下，进一步响应国家"一带一路"决策部署、持续推进企业转型升级、建设世界品牌的重要成果。

面对复杂多变的国际市场竞争环境，北汽集团制定了"2030"战略，同时计划在"一带一路"沿线 30 多个国家和地区建立本地化管理机构，以实现海外运营中心自主管理，发展成为中国自主品牌"走出去"业务的领先者。

（三）启动新能源出口

新能源智能汽车是汽车制造的前沿科技和未来发展方向，是中国汽车行业走出国门、领跑全球的重要突破口。但目前新能源汽车市场主要集中在国内，海外市场影响力较弱，尤其是一些中高端新能源汽车产品的影响力不足。为了打造国际竞争与合作新优势，2020 年国家提出构建国际国内双循环新发展格局，实施更高水平的对外开放，汽车领域的扩大开放与中国不断提升的国际影响力，为中国汽车产业的全球化布局创造了新的发展机遇。与此同时，新能源汽车领域出台了《新能源汽车产业发展规划（2021～2035年)》，提出新能源汽车发展要由原先的电动化为主发展为电动化、网联化和智能化同步运行，加强技术创新，打造新能源汽车产业新优势。

作为国内首家成功登陆 A 股市场的新能源车企，北汽集团在新能源领域进行了充分的前瞻性探索，积极利用大数据和数字化技术推动该领域向高端化和智能化的方向突破，电动车品牌 ARCFOX 就是其高端化领域最典型的代表。北汽集团以特斯拉、蔚来和小鹏为学习对象，以冲击高端智能化电动车为发展目标，以为消费者带去最好的体验为努力方向，满足市场对高端化、智能化电动车的旺盛需求。ARCFOX 极狐事业部已成立了新的用户运营中心，目标是建立一个全员服务模式，形成以产品和用户服务为导向的企业组织架构，例如，在遇到天气恶劣的情况下，用户可以不用亲自试驾，ARCFOX 会安排工程师代替用户试驾，并实时与客户沟通交流，尽全力满足客户需求，为客户提供极致服务。近年来，北汽集团不断做出的战略变革在输出产能的同时也拓展了国际市场，对进军国际新能源汽车市场有着重要的借鉴意义。北汽集团的新能源汽车销量在国际市场表现亮眼，在拓宽市场的同时也展现了中国汽车领域不断提升的综合实力。在南美洲市场，北汽集团形成了一套颠覆传统、结合现代网络和物联网技术的经营模式，并且联动墨西哥新能源汽车市场，形成了一套独立自主的海外汽车发展模式。北汽集团新能源汽车业务在海外的快速发展，一方面是借助总部集团的强大推动力量，另一方面是借势国家对外开放政策的东风。

（四）优秀管理团队和专业核心研发人员

历经 60 多年的发展，北汽集团由过去只追求发展规模与速度的资源驱动型外延式增长进入高质量发展阶段。在管理架构上，北汽集团引进了大量国际化的优秀管理人才，他们曾供职于多家著名车企，管理经验丰富，知识体系完善，专业技能过硬，他们在服务于北汽集团"走出去"过程中，深深根植于当地文化，紧抓乘用车的未来市场走向和发展规律，以国际化视野制定出有序高效的国际化战略。为做强自主品牌，北汽集团重构研发系统，将原先的研究总院和几个研究院进行资源整合，实施"优才计划"，以更好地识别引进和激励关键研发人员，尤其是重点关注那些曾在国内外知名车企及相关领域任职的专业人士，再将引进的专业人才派往战区一线及时了解市场行情，抢抓时机，进行新产品的研发与生产。同时，依托国创中心，在汽车电子电控、智能网联等前沿领域进行创新，以打造北汽集团的科创新高地。

三　北汽集团"走出去"的关键因素

北汽国际成立之初就致力于加快全球资源整合与布局，以为中国汽车走向世界打下坚实基础。通过北汽国际这一海外发展平台，北汽海外市场合作模式渐趋成熟与完善，在业务发展、管理机制、人才培养、市场开发与运营等方面不断进行合作创新与升级。北汽国际与合作伙伴服务当地，为当地创造了更多就业机会，带动当地经济发展，实现了互利共赢的目标。除此之外，北汽与其海外合作伙伴不再将目标聚焦于汽车销售，而是将能力建设、产品研发与生产、售后和金融服务为重点发展对象。例如，通过互信、互助和相互合作，北汽集团和南非工业发展公司（IDC）以南非为主要研发生产基地，合力开启北汽南非项目，将南非和其他部分非洲国家市场作为核心基地，在实践中探索出一条适合中国车企进军海外市场的最佳路径。由此可见，中国汽车企业在南非乃至非洲很多国家都能获得良好声誉，过硬的品质、卓越的服务和成熟先进的技术有利于北汽塑造中国汽车在国际市场上的品牌形象。

（一）战略对接，凝聚内核

国家发展战略的对接是企业产能合作的保障，在推动"走出去"过程中，北汽集团与改革开放同行，与时代发展同步，一直紧跟"大国外交"脉搏和海外市场发展步伐。金砖合作是新兴市场国家与发展中国家合作的典范，是促进世界经济复苏和实现可持续增长的重要引擎。与此同时，中非合作关系不断深化，中南关系是中非友好合作典范，"一带一路"倡议的推进也为中非合作带来了众多利好。一是中非经贸迅速发展，已经由原先单纯的货物贸易转变为两国间的产能合作，双方经贸合作水平上了一个新台阶。中国在向非洲国家输出过剩产能的同时带动当地就业，完善相关基础设施，促进当地经济发展。二是在过去很长一段时间，中非经贸合作都是由政府主导，如今向以市场为主转型。三是中国企业在进入海外过程中，逐渐由工程承包向海外市场投资等多元化形式转变。

（二）优势互补，筑牢基石

产能合作是中非合作的重要形式之一，以市场为导向。南非汽车市场在非洲最为发达，成为很多国际著名汽车厂商打入非洲市场的重要跳板，其汽车生产制造技术成熟，汽车产量和销量也居于本土企业首位，是非洲汽车市场的"火车头"，引导并推进非洲的工业化发展。除此之外，南非的库哈经济特区拥有得天独厚的自然地理优势，非洲两大物流港口皆坐落于此，国际物流运输便捷，集群效应明显，这为北汽集团在当地的发展与合作提供了良好机遇。近年来，中南两国合作日益密切，合作成果颇丰，工业化合作进程加快，其中就包括北汽集团在南非投资设厂。中南两国经济发展在很多领域都有很强的互补性，例如在发达的制造业技术方面。中南在共同推进工业化合作过程中充分发挥了彼此的相对比较优势，在资源对接方面也达到了共赢效果。一直以来，制造业都是众多国家经济发展的强大推动力，而汽车产业又能在制造业中脱颖而出，承担着加速工业化进程和发展国民经济的最重要的引擎作用。作为北京乃至中国车企走出国门的典型代表，北汽集团拥有雄厚的资金、先进的技术和装备以及优秀的管理和研发团队等众多优势，在向南非输出先进生产和管理理念的同时也可以为当地车企带去成熟完备的生产线，这不仅能够大大提升南非汽车产业的整体制造和研发水平，也能提升当地汽车生产工人的技能水平，为企业培训更多拥有专业技能的人才，以更好地提升整个国家工业化水平。

（三）创新驱动加速海外市场布局

北汽集团持续推进"两个转型"战略，发挥自身在汽车制造领域的优势，促进了海外当地企业装备制造业的发展。一方面，北汽集团会安排专业团队进入当地，为当地员工提供专业化培训，提高他们的技能水平，也会相应地为本地企业培训管理人才，以提升企业管理效能。另一方面，北汽集团会往当地输入自己的先进生产研发技术，对相关人员进行技术培训，这些都能为当地带来更多就业机会，使当地的工业现代化水平大大提升，也能为南非市场乃至更多地区市场带去消费者满意的产品与优质的服务。在合作模式上，北汽集团也进行了创新，不是单独地投资生产或研发，而是聚焦于整个产业链进行投资，其中包括生产、销售与服务等环节的资金注入，这些投资对其他行业的发展也有不同程度的溢出效应，例如对制造业、房地产业、食品加工业、交通运输业和保险业的发展都有着一定的促进作用。值得注意的是，北汽集团发展的前提是注重绿色环保，在发展过程中，北汽集团全力攻克节能环保技术，优化生产设施设备，不断推进节能减排工作，构建绿色生产长效机制，实现设计、研发、制造、销售、回收的全生命周期绿色管理模式。

四　启示与政策建议

在北京扩大对外开放政策的引领下，北汽集团围绕"一带一路"建设，持续加快"走出去"步伐，提升本地化研发、营销渠道建设和品牌推广能力，加快在南非、东南亚、中东欧市场的"走出去"进程，推动"走出去"战略的有效实施，打造北汽集团全球化产业链及发展平台，从简单的服务贸易转向资金、技术、产品、人才和品牌的全方位资源输出的整体化解决方案。通过"先易后难，循序渐进"的市场进入路径，培育"走出去"的体系能力，真正实现从"旅居者"向"定居者"的转变，并积累了全产业链输出模式下的"走出去"经营管理经验，为推动北京形成全面开放新格局发挥了重要作用。

（一）启示

一是借力"一带一路"倡议，深化海外合资合作。作为中国五大汽车集团之一以及北京市市属国有企业，北汽集团不断深化海外发展布局，在全球汽车行业排行榜中列第14位，在《财富》世界500强排第134位。借助"一带一路"倡议所提供的政策福利，依托中国与"一带一路"沿线国家的贸易交流平台以及邦交渠道，采用"借船出海""抱团出海"等"走出去"方式，北汽集团成功实现了对当地的全产业链输出，包括研发设计、生产制造、物流运输、市场销售等各个环节，并将全产业链集中在沿线国家的合作园区内，这样不仅可以促进相关资源和平台的共享，还能降低企业的运营成本，形成一定的集聚效应。除此之外，北汽集团还善于将内部的优势资源整合起来，协调国内产品更新换代的节奏，优化产品以最大限度地延长产品寿命，在此基础上不断推进管理"走出去"和品牌"走出去"。

二是坚持创新驱动，形成自主品牌。作为首都打造全国科技创新中心的重要抓手以及中国汽车行业的骨干力量和汽车产业变革的引领者，北汽集团全力推进新能源汽车产业上升到智能化的新高度，集团研发投入的重点包括新能源汽车和智能化技术等新兴领域。"高、新、特"是北汽集团顺应国家经济发展形势所提出的企业发展战略，其中"新"集中体现了北汽集团坚持创新驱动发展，以新技术、新动能和新合作打造"高精尖"的产业结构，形成自主创新品牌，这是北汽集团创造新的经济增长点和可持续发展的创新路径。目前，北汽集团已形成了全新自主品牌体系，ARCFOX就是重要成员之一。与此同时，北汽集团在合资以及行业联盟等方面也具有独特优势，具备与其他国家和地区进行更深入跨境合作的条件，能够为未来的发展壮大凝聚强大合力。

三是积极主动履行社会责任，树立品牌形象。北汽集团在"走出去"过程中不仅以高品质的产品和服务满足了当地人民群众对美好出行生活的向往，而且勇于承担并积极履行社会责任。2019年北汽集团以实效为原则，从"干得成、稳得住"出发，实施项目督查，保障精准扶贫工作稳步推进，荣获"北京市残疾人帮扶性就业基地爱心助残企业"称号。"产业全面绿色升级"是北汽集团积极履行社会责任的另一重要体现，在着力打造绿色出行平台的同时，北汽集团在美国、德国、西班牙和日本等国的研发中心积极推动新能源技术的发展，为企业构建一个绿色环保的完善生态体系。2020 年，新冠肺炎疫情突袭而至，北汽集团第一时间联系全球合作伙伴，通过多方渠道向德国、意大利和波兰等欧盟国家以及墨西哥和厄瓜多尔等 60 余个国家运送急需的抗疫物资。北汽集团积极履行社会责任的行为能够为其在国际市场树立良好声誉和品牌形象，提升企业在国际市场的竞争力。

（二）政策建议

北汽集团的国际化发展历程是北京市汽车工业发展壮大的缩影，随着北京市对外开放力度的不断加大，政府部门要积极完善相应制度措施，增加相应服务职能，为汽车企业实施"走出去"战略创造一个良好的外部环境，为跨国经营企业提供全方位的服务，助力汽车企业走出一条"定位高端、品质优先、创新驱动"的高质量海外发展路径。

一是进一步提高政府的管理服务水平，深化境外投资管理改革，增强政府效能，在落实保障措施方面加大力度，简化审批制度，加快形成与国际接轨的投资贸易服务体系，推动汽车产业有系统、有规划、成建制地"走出去"，开拓国外蓝海市场。

二是进一步提升海外安全风险研判和防控能力，加快海外并购并进军全球汽车产业链"高精尖"领域的步伐，增强对外经济合作中的统筹引领作用。对一些政策性以及开发性的金融机构，加大政策倾斜力度，以更好地助推企业"走出去"。

三是进一步通过国际汽车产能合作加强中国理念和文化传播，在"一带一路"沿线国家建立直播卫星平台、地面数字电视传输平台等基础网络平台，有效传播中国理念、思想和文化。

四是进一步用好既有的"走出去"信息共享以及相关服务平台，加强中外信息的沟通与交流，整合利用国内外相关信息资源，打破信息壁垒，不断完善现有的信息沟通交流机制，并紧跟市场脚步，掌握落地项目的运转情况，为汽车企业开拓海外业务提供信息、资源和智力支撑。

参考文献

［1］《北汽集团：突破变局　傲立时代》，《汽车纵横》2019 年第 5 期。

［2］于永达、韩振国、张洋、王晓雪：《创新型国家、学创型组织与国企创新发展路径研究——以北汽集团为例》，《管理现代化》2019 年第 2 期。

［3］郑雪芹：《北汽全面推进"新能源＋智能网联"双轮驱动战略》，《汽车纵横》2019 年第 3 期。

［4］关喆：《北汽：开启百年新征程》，《汽车观察》2018 年第 10 期。

［5］关喆：《北汽集团：擘画"高、新、特"发展蓝图》，《汽车观察》2018 年第 8 期。

［6］王勇：《进阶中的北汽新能源》，《能源》2018 年第 8 期。

［7］郑劼：《北汽战略新蓝图：以新能源为抓手》，《汽车观察》2018 年第 7 期。

［8］吕宇翔：《传统厂商新能源汽车价值链构建与治理研究》，博士学位论文，暨南大学，2018。

［9］赵黎：《北汽：新时代的探索与突破》，《汽车纵横》2018 年第 6 期。

［10］张弛：《北汽集团新时代发展策略与布局》，《新能源汽车报》2018 年 5 月 21 日，第 18 版。

［11］曹晓昂：《从"走出去"到"走进去"，北汽国际的海外故事》，《汽车纵横》2018 年第 5 期。

［12］北铭：《北汽与麦格纳携手打造新一代智能纯电动汽车》，《中国设备工程》2018 年第 9 期。

［13］《北汽集团：北汽集团社会责任报告》，2017 ～ 2019 年。

［14］魏倩、王皓晴、刘斌：《京企"走出去"现状及其发展战略》，《中国国情国力》2018 年第 10 期。

［15］刘松柏、李姝、顾小明：《北京市企业跨国经营的现状、问题及对策研究》，《北京社会科学》2004 年第 1 期。

［16］《北汽集团在改革奋进中书写高质量发展新答卷》，《北京日报》2021 年 6 月 30 日，第 4 版。

［17］李志勇：《中国汽车产业集群触发"链式效应"竞争力》，《经济参考报》2021 年 6 月 25 日，第 5 版。

B.17
中铁工业：中国品牌日从这里走来[*]

张梦霞　王　伟　赵美琪　李明瑞^{**}

摘　要： 作为中国品牌日发源地的中铁工业，紧紧抓住企业品牌发展的历史机遇，牢记习近平总书记提出的"推动中国制造向中国创造转变、中国速度向中国质量转变、中国产品向中国品牌转变"即"三个转变"的重要方针，在品牌上发力，依托品牌管理，牢牢抓住"一带一路"和中国制造业高质量发展的契机，在实现跨越式发展的道路上谱写了新的篇章。中铁工业的品牌管理经验为中国国企如何进行战略品牌管理提供了有意义的探索。

关键词： 国企品牌　中国品牌日　品牌文化　品牌管理

一　公司概况

（一）公司简介

中铁高新工业股份有限公司（简称"中铁工业"）隶属于中国中铁

---

* 本报告为北京市社会科学基金重点项目"基于海外高端消费回流视角的北京市消费升级与产业升级的新路径研究"（项目编号：19YJA006）成果。

** 张梦霞，对外经济贸易大学北京对外开放研究院、国际经济贸易学院教授、博士研究生导师，主要研究方向为消费经济、产业经济、消费者行为、国际贸易；王伟，中铁高新工业股份有限公司党委宣传部（企业文化部）部长、品牌中心主任；赵美琪，对外经济贸易大学国际经济贸易学院博士研究生，主要研究方向为国际贸易、消费经济；李明瑞，中铁高新工业股份有限公司品牌中心业务经理。

股份有限公司（简称"中国中铁"），中国中铁是集勘察设计、施工安装、工业制造、房地产开发、资源矿产、金融投资和其他业务于一体的特大型企业集团。中国中铁的经营区域分布于全球 90 多个国家和地区，2020 年营业收入达 9747.5 亿元。2021 年，中国中铁居世界 500 强第 35 位，列美国《工程新闻纪录》（ENR）"全球最大 250 家国际承包商"榜单第 13 位。

中铁工业是中国中铁重组整合中铁山桥、中铁宝桥、中铁科工和中铁装备四家核心工业企业后的一家工业板块上市公司，它的成立是我国大型国企深化改革、优化国有资本配置、推动优势产业集聚的结果，它集中国中铁原工业板块的科研创新、生产经营、产品制造等多方面优秀资源，传承成员企业悠久的历史文化及市场品牌，形成了更加强有力的市场竞争优势，为公司更好更快地发展奠定了坚实基础。中铁工业的主营业务包括：隧道掘进设备、铁路道岔、钢桥梁、大型铁路施工机械以及新型轨道交通的研发设计、制造安装和技术服务等。公司的组织架构如图 1 所示。

2014 年 5 月 10 日，是一个特别值得记住的日子。这一天，习近平总书记亲临考察中铁工业成员企业——中铁装备，并提出了"推动中国制造向中国创造转变、中国速度向中国质量转变、中国产品向中国品牌转变"即"三个转变"的重要指示，这不仅为中国的工业发展指明了新方向，也使得中铁工业荣幸地成为中国品牌日的发源地。因为，就在 3 年后，国务院将每年的 5 月 10 日设立为"中国品牌日"。这样的殊荣，使中铁工业有了特别的担当，中铁工业不忘初心，牢记使命，将品牌管理作为重要抓手，实现了企业的跨越式发展。

（二）公司战略

企业战略反映企业所处的环境、资源与能力以及企业利益相关者的愿望。企业战略包括各种职能战略，品牌战略是企业战略的重要内容之一。

中铁工业的公司战略，是始终坚持以习近平新时代中国特色社会主义思

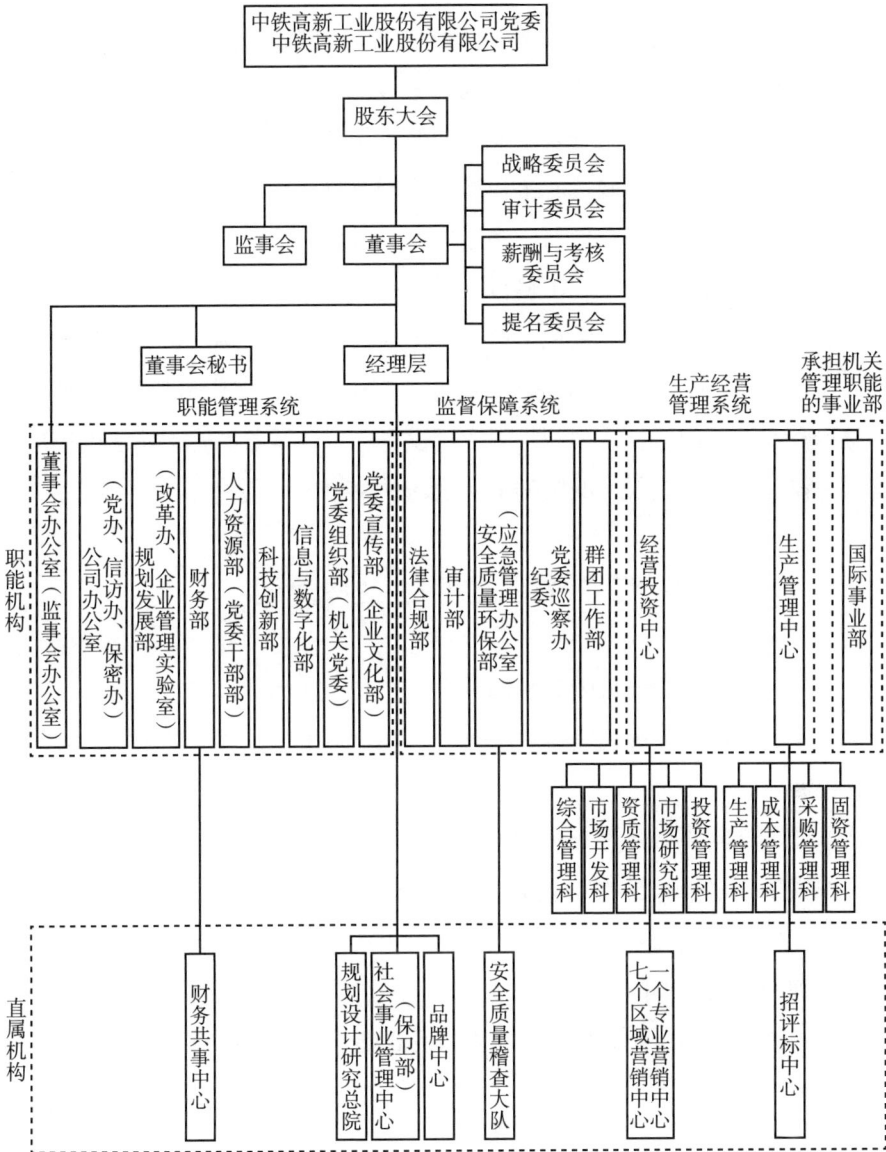

图1 中铁工业组织架构

想为指导，积极践行"三个转变"的指示精神，紧抓新一轮科技与产业革命的战略机遇，优化产业布局，秉承"传承超越、创新发展"的理念，围绕"国企改革三年行动方案"等具体改革方向和要求，以突出主责主业、完善治理、强化激励、提高效益、加强党建为方向，通过高质量发展，打造世界一流高端装备制造企业。

中铁工业的公司战略融合了发展战略、品牌战略、技术开发战略、资源开发战略等。通过高端制造、工程服务与产业投资相结合的商业模式，利用产业链整合、研发和模式创新，多层次宽领域地创造价值。积极开拓隧道施工装备及相关服务、工程施工机械、道岔业务、钢结构制造与安装业务、轨道交通产业、环保产业等领域，通过内部增效和外部并购获得业务的内生和外延增量。中铁工业持续加强基础研究、应用研究，加快新技术、新产品、新材料和新设备的研发速度，加大专用设备、工业装备、施工工法的应用力度，主要业务在行业领先的基础上实现新的突破。

二 中铁工业的品牌管理

品牌，是一个企业最闪亮的国际名片，是企业的无形资产，也是不可忽视的软实力。国企品牌代表着国家竞争力和国际地位，优秀的国企品牌能够增强民族自豪感、自信心，提升国家在全球经济体系中的话语权。中国工业制造企业不仅需要做品牌，还需要将品牌管理提升到国际化竞争的战略高度。中铁工业董事长易铁军认为，品牌建设已成为众多工业企业增强竞争力、转变发展方式的重要手段，工业品也正从以销售为导向的低附加值阶段向以品牌为导向的高附加值阶段转变。

在中铁工业的组织架构中，企业文化部是公司党委的直属机构，公司专门负责品牌管理的部门即"品牌中心"就设立在企业文化部，中心主任由企业文化部部长兼任。在中铁工业发布的《中铁高新工业股份有限公司品牌建设与管理指导意见（试行）》中，特别明确了中铁工业企业文化部的主要职责：负责搭建公司品牌理念体系、品牌架构，研究制定品牌发展战略；开展公司品牌管理工作的制度化建设，并对制度执行情况进行监督；根据公司发展战略规划，组织制定阶段性品牌发展规划，并提交公司相关领导审核；等等。公司相关职能部门是中铁工业品牌建设与管理工作的重要专业支持部门。中铁工业所属成员单位的企业文化部门主要负责成员单位品牌建设与管理工作的策划及执行，并按照相关规定承接落实或协助支持中铁工业安排的品牌建设相关工作。

（一）中铁工业的品牌标识

品牌标识是品牌形象的视觉符号，它包含文字标识和非文字标识。中铁工业的品牌标识设计如图2所示，该品牌标识由两部分组成，左侧是中国中铁的标识，右侧突出了中铁工业的特点。

图2　中铁工业品牌标识

中铁工业品牌标识的左侧是母公司中国中铁的品牌标识，由英文简称"CREC"构成，采用象征科技和高远的蓝色为标准色。经纬交织的地球背景，展现了公司的全球视野和战略眼光。端正、刚健的"工"字，既形如坚实的钢轨，承载着辉煌厚重的历史，又势如擎天的建筑，象征着企业蒸蒸日上的未来。中国中铁对品牌标识的诠释正是企业着力要打造的品牌形象。

中铁工业品牌标识的右侧由中文简称"中铁工业"和英文简称"CRHIC"组成。该品牌标识象征中铁工业传承中铁文化，发扬中铁精神，用卓越的品质打造中国工业新标杆。开启未来的"钥匙孔"象征着开启中国工业新路程，创造中国美好未来。英文缩写展现品牌形象的专属性、唯一性、国际化、现代化的特点。中铁工业的品牌标识象征着企业共发展、共进步、共繁荣、踏实进取、合作共赢的品牌文化。

269

（二）中铁工业的品牌文化

品牌文化，是品牌的拥有者、购买者、使用者或向往者之间共同拥有的、与品牌相关的独特信念、价值观、仪式、规范和传统的结合体。品牌文化是品牌价值最核心的体现，主要由品牌价值系统、品牌行为模式和品牌视觉形象构成。其中，品牌价值系统包括品牌拥有者和运营者所追求的品质理念、经营理念、服务理念、社会理念等，是品牌企业文化所有精髓的完整体现；品牌行为模式包括品牌运营者所采用的管理方法、营销策略、市场拓展手段、传播渠道、服务机制与态度等；品牌视觉形象包括品牌的名称、品牌的诉求、品牌的标识、品牌产品的外在形象等。

中铁工业的品牌文化包括以下6个方面：品牌形象、企业精神、企业宗旨、企业使命、企业愿景和企业价值观（见表1）。其中，品牌形象表达的是品牌视觉形象，企业精神、企业宗旨、企业使命、企业愿景和企业价值观表达的是品牌价值系统和品牌行为模式。

表1 中铁工业的品牌文化

品牌文化	内容	释义	品牌文化的层面
品牌形象	中铁工业"CRHIC"	共发展、共进步、共繁荣、踏实进取、合作共赢；品牌标识是品牌的视觉符号形象	品牌视觉形象
企业精神	勇于跨越、追求卓越	秉承逢山开路、遇水架桥的勇气和励精图治、顽强拼搏的意志，挑战极限、超越自我；坚持精益求精、更优更新，追求至精至善、永不停步，奉献一流产品、提供一流服务、打造一流队伍、塑造一流品牌	品牌价值系统
企业宗旨	创新创效、优质发展	坚持与时俱进、创新驱动，领先现在、引领未来，坚持强基固本、提质增效，努力创造业绩、创造价值，实现企业的安全发展、协调发展、和谐发展、绿色发展、持续发展	品牌价值系统

品牌文化	内容	释义	品牌文化的层面
企业使命	奉献精品、改善民生	致力于在建筑业全产业链和相关多元化产业,奉献精品工程、精良产品和精益服务,持续改善交通环境、生活环境和物理环境,增进民众福祉、创造幸福生活、开拓美好未来	品牌价值系统
企业愿景	国内领先、世界一流、中铁工业、世界品牌	不断增强企业核心优势,发挥龙头企业的示范带动作用,做中国建筑行业的领跑者;走全球发展道路,提升企业国际影响力,建设引领全球基础设施发展的综合型企业集团	品牌价值系统和品牌行为模式
企业价值观	诚信敬业、共建共享	坚持诚实守信、至诚至信的基本价值理念,保持爱岗敬业、尽职尽责的基本工作作风;以人为本、平等公正,团结协作、开放包容,追求企业与员工、与股东、与社会的共同发展、和谐共赢	品牌行为模式

（三）中铁工业的品牌组合战略

中铁工业通过五大品牌组合战略,把品牌建设与市场开发、科技创新、质量提升等工作紧密结合起来。这五大品牌包括企业品牌、产品品牌、服务品牌、人物品牌、党建品牌,其中每个品牌下均培育了特色品牌,形成了具有企业特色的新型品牌管理模式。中铁工业品牌组合结构如图3所示。

1. 企业品牌

中铁工业基于中铁山桥、中铁宝桥、中铁科工、中铁装备、中铁九桥、中铁工服等核心成员企业,在保持中铁工业母品牌统一性的前提下,充分发挥各子公司、子品牌的独特性和创造性,培育打造"红色山桥""品质宝桥""创新科工""品牌装备""匠心九桥""专业工服"等企业子品牌,逐步形成"各美其美、美美与共"的高效品牌管理局面。

2. 产品品牌

中铁工业培育了"盾构咖啡""六合易家""新时代号"等一批产品品牌，体现了工业文明人文的新尝试，助力中国高端装备制造业企业的品牌建设，推动中国品牌走向世界。这里讲述一个"隧道深处咖啡香"的品牌故事。

盾构咖啡——隧道深处咖啡香

蒙华铁路是"北煤南运"国家战略运输中蒙西至华中地区的新通道。白城隧道是蒙华铁路的一部分，其地质松软难成形，打隧道进度缓慢、塌方风险极高，是蒙华铁路建设难度最大的隧道之一。经数月研究论证，一台专为白城隧道量身定制的全球首创、完全自主知识产权的"蒙华号"盾构机研发成功。

"盾构"意为施工人员在坚固的巨型胶囊式保护壳里作业。掘进、出渣、注浆、支护都由机器自动完成，施工人员只需在壳内操作设备，工作起来安全轻松，隧道质量也有保证。传统上隧道施工常见的噪声、粉尘、油烟、爆破后刺鼻的火药味全都消失，施工人员可以像城市白领一样在舒适洁净的环境里工作。

"蒙华号"仅用440天就完成隧道全线3345米掘进任务，速度是传统矿山法的5倍。盾构不仅克服了新黄土土质疏松对隧道掘进带来的各种风险挑战，安全穿越了高速公路、输油输气管线、浅埋层等重大风险源，还创造了最高日掘进19.6米、最高月掘进308米的纪录。

蒙华铁路施工以人为本的理念和盾构"黑科技"催生了盾构咖啡的完美创意。蒙华铁路公司蒙陕指挥部副指挥长、总工程师，也是盾构咖啡品牌创始人申志军道：能有幸为改善隧道施工环境、让一线施工人员喝着咖啡工作，我感觉无比自豪。身在新时代，我们要共同努力，让更多隧道工人有良好的工作环境，让更多隧道工人能够喝着美味咖啡工作。

资料来源：《盾构咖啡：毛乌素沙漠的传奇》，https：//mp. weixin. qq. com/s/RqWekOOLX7zvt_ SDZLirBQ。

3. 服务品牌

逐步培育出"中铁工服 MALL""智慧工地""盾构云"等系列服务品牌。

4. 人物品牌

王中美、王杜娟等先进人物品牌成为新时代国企职工的标杆和楷模。

5. 党建品牌

中铁工业始终把党建引领、强根铸魂作为企业发展的前提和优势，大力开展党建工作创新，形成了集红桥党建、彩虹党建、蜂巢式党建、红盾同心圆党建、"铁流"党建、"六廉"文化于一体的特色党建品牌体系。

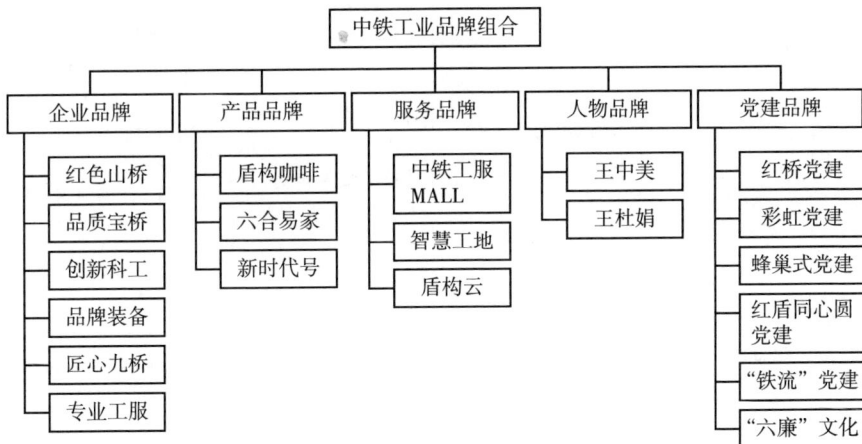

图3 中铁工业品牌组合结构

（四）中铁工业打造品牌的七大做法

中铁工业董事长易铁军认为，作为上市企业，中铁工业品牌建设的初衷是尝试将品牌培育、品牌塑造、品牌传播与市场研究和市场开发紧密结合起来，通过品牌提升、品牌创新、品牌营销来推动企业转型升级，最终将品牌优势转化为市场竞争优势。高层的品牌管理设想落实在企业实践中，就是中铁工业打造品牌的七大做法（见表2）。

表2 中铁工业品牌打造的七大做法

做法	特点	实例	效果
以专业"塑"品牌	专注细分市场,形成专业领域的强大影响力	中国盾构、铁路道岔、中国钢桥等专业品牌	持续提升科技创新能力,强化专业领域领先的品牌形象
以质量"树"品牌	注重理念变革,提高发展质量	根据焊接数据库,按照最优参数编程,提高焊接精度、质量和效率	以高端的产品品质,赢得客户对品牌的信任与忠诚
以科技"强"品牌	创新引领,不断创造新需求、开发新市场	世界最大直径的矩形盾构机、国内最大直径的"彩云号"TBM等创新产品,国内领先的钢桥制造技术	成功参与港珠澳大桥的建设施工,强力打造极具科技含金量的品牌
以服务"优"品牌	大力推动"两化"融合,打造现代高端制造服务企业	着力打造"盾构云"和盾构租赁平台,从单纯的技术服务转变到"技术服务+信息服务"	借助该平台中铁工业与地铁公司、设备权益方、施工企业等30余家单位形成了合作伙伴,在行业中提供的掘进机一体化专业服务得到广泛认可
以媒体"传"品牌	构建良好的媒介传播沟通机制	在央视《新闻联播》、《人民日报》、新华社等具有较强影响力的平台上推广企业品牌	通过媒介传播推广来扩大和提升企业品牌影响力
以故事"丰"品牌	通过故事传播品牌形象	中国工业百年沧桑的山桥故事、中国盾构打破垄断走向海外的故事、参与建设港珠澳大桥的故事	通过讲述好品牌故事、传播好品牌声音、提升好品牌形象,使企业品牌逐步丰满起来
以工匠"亮"品牌	培育精益求精的工匠精神,增品种、提品质、创品牌	党的一大代表——王尽美、党的十九大代表"焊将之花"王中美、"大国工匠"李刚、全国劳模曲岩	在中铁工业一脉相承的红色基因里,传承"工匠精神",为民族复兴奉献工业力量

资料来源:《从战略高度打造企业品牌,迎接全球新一轮产业分工》,http://www.crhic.cn/news_view.aspx? TypeId=50013&Id=542&Fid=t2:50013:2。

三 做好国内市场，为企业品牌形象打好基础

2020 年，面对新冠肺炎疫情的冲击，中铁工业紧紧围绕市场加强品牌建设，为各个产业板块提供增值服务，持续打造企业品牌、产品品牌、党建品牌等品牌组合，把品牌建设与市场开发、科技创新、质量提升等工作紧密结合，推进品牌焕新进程，加强品牌赋能。通过各项活动策划和媒体宣传，提升品牌影响力，使"中铁工业、世界品牌""中国品牌日从这里走来""成就人类美好出行梦想"等理念更加深入人心。

中铁工业加强高层引领，传播企业品牌，从战略方向和大局管控方面致力于打造世界级企业品牌。在国内市场树立良好的品牌形象，也获得了骄人的成绩。根据中国品牌建设促进会于 2020 年 5 月 10 日发布的品牌价值结果，中铁工业的品牌价值较 2019 年增长 23 亿元，达 98.97 亿元，跻身"机械设备制造"榜单前三强。2021 年，中铁工业的品牌价值再创新高，品牌价值达 99.73 亿元，品牌强度为 927，较 2020 年实现明显跃升。

（一）推进品牌焕新，加强品牌赋能

2020 年，公司持续推进品牌焕新，逐步将中铁工业培育成为客户信赖的知名品牌。在企业品牌方面，中铁工业不断加大科技研发投入，促进科技成果转化应用，致力于解决行业重难点问题，努力创造社会价值，增强企业的核心竞争力，提高企业的行业地位，进而增加企业的品牌价值。2020 年中铁工业研发投入 12.11 亿元，约占公司 2020 年营业收入的 4.99%。截至 2020 年末，中铁工业共获国家科技进步奖 11 项、省部级科技进步奖 327 项，公司主项产品全部通过制造业单项冠军企业认定，体现了企业的核心竞争力和行业领先地位。在产品品牌方面，盾构咖啡是公司的重点品牌，中铁工业持续推进其焕新进程，发挥其品牌优势。

（二）加强活动策划和媒体宣传，提升品牌影响力

品牌传播是提升品牌影响力的主要途径。2020 年以来，中铁工业举办

了多场品牌策划活动，以提升品牌影响力。例如，中铁工业协助中国中铁成功举办2020年"'三个转变'与高质量发展研讨会暨第三届中国品牌论坛"，国务院国资委、住房和城乡建设部、国铁集团等单位的领导同志，航天科技等中央企业、徐工集团等地方企业的代表嘉宾出席了论坛，将活动的规格和影响力提升到了一个新高度。国家发改委联合相关单位举办的云上2020年中国品牌日活动，中铁装备作为唯一的企业代表，通过视频连线的形式向中央政治局常委、国务院副总理韩正进行了汇报，并登上央视《新闻联播》。此外，中铁工业还参加了2020上海宝马国际工程机械展、第三届浙江智慧交通展等展会，全面展示了中铁工业践行"三个转变"所取得的一系列新成果。

2021年，在第五个中国品牌日之际，中铁工业在上海、北京、郑州、宝鸡四地同步举办主题活动，系列活动规格之高、规模之大、影响之深为历年之最。中铁工业代表中国中铁参加了中国自主品牌博览会，国家发改委发贺信肯定了中铁工业的品牌工作；在北京，协助中国中铁办好中国智造创新论坛暨央企创新成就展，受到国资委领导肯定。"中国品牌日从这里走来"的印记进一步增强。

中铁工业还积极利用媒体宣传，提升品牌影响力和企业知名度。例如，围绕抗击新冠肺炎疫情、复工复产、"六稳""六保"、抗洪抢险、重大工程、国之重器等主题，中铁工业外宣报道总量持续提升，成绩突出。2020年，中铁工业对外宣传报道共计2027篇次，比上年增长47%，中央主流媒体报道166篇次。《人民日报海外版》整版刊发《强大来自自主》专题报道，讲述中铁装备盾构产业崛起的故事。新冠肺炎疫情发生以来，中铁工业的抗疫先进事迹被集中报道，其中《人民日报海外版》刊发的《火神山上的铁军》引发较大社会反响，在后续报道、评优中被多次提及，"火神山上的铁军"成为公司的一大美誉。2021年中国品牌日期间，央视8次聚焦中铁工业，中铁工业登上央视《新闻联播》节目，形成强大宣传攻势。此外，中铁工业还配合央视媒体录制了《劳动如歌》《今日中国》《山河岁月》等宣传片，在央视3套五一特别栏目等时段播出，展现了中铁工业良好的整体形象。

（三）加强高层引领，传播企业品牌

中铁工业高层非常明晰自身在打造世界品牌方面应发挥的作用。董事长易铁军是"金圆桌奖"最具战略眼光董事长奖得主，他明确指出，作为董事长，打造世界品牌应主要从战略方向和大局管控方面着手。在战略方向上，确立"传承超越、创新发展"的企业理念和"中铁工业、世界品牌"的发展愿景，并将品牌作为企业战略的重要内容，推进制造商、投资商、服务商"三商合一"，在未来集中力量打造价值定位明确、形象识别清晰、品牌内涵丰富的中铁工业企业品牌，并将其逐步培育成全球认同的中国品牌。在大局管控方面，一是鼓励创新，中铁工业在自主创新方面持续不断地投入，通过创新使企业成为全球行业的引领者，创造甚至引领全球市场客户的需求；二是提升品质，加强企业质量建设，通过对品质的不懈追求，把"中国制造"品牌提升到国际领先水平；三是优化服务，重点抓好服务质量，把细致、周到、快捷和全方位的服务提供给全球客户，使全球客户感受到中国一流服务。

四 开拓国际市场，以强势品牌提升企业国际影响力

随着中国企业国际化步伐的加快，越来越多的中国企业走向海外。中铁工业响应国家"一带一路"倡议，致力于为全球客户提供设计、制造、服务一体化的全产业链解决方案，积极开拓国际市场。相比中国企业"走出去"，中国品牌的"走出去"任重而道远。中铁工业在中国品牌国际化进程中勇于探索，积极推动国际交流合作，履行企业社会责任，在打造强势品牌的同时提升企业的国际影响力。

（一）服务"一带一路"，共建人类命运共同体

2020年，海外新冠肺炎疫情严重，给中铁工业全年的海外经营工作带来了巨大冲击。公司"一手抓复工复产，一手抓海外经营"，通过整合

优化海外区域代表处，完成中铁工业香港公司内部管理、中铁工业老挝重工公司注册审批，推动落实"中铁山桥"印尼道岔组装厂和"中铁宝桥"泰国道岔组装厂的前期建设工作等有效措施，克服了海外疫情蔓延的不利影响，最终实现 2020 年海外新签合同额 24.64 亿元，同比增长18.99%。

中铁工业对海外重点工程的投入建设，体现了服务"一带一路"、共建人类命运共同体的愿景。例如，孟加拉国帕德玛大桥是"一带一路"的标志性工程，也是中国企业在海外承建的最大规模和最大金额的单体桥梁工程，被称为孟加拉国人民的"梦想之桥"。中铁工业承担该桥梁工艺试验桩以及主桥钢管桩制造约 14 万吨、电缆桩约 1.8 万吨，连接线钢桁梁和钢板梁 5 万多吨。中铁工业在现场建设了一条自动化程度较高的钢桩生产线，顺利完成了主桥所有钢桩的加工、现场对接和配合插打工作。2020 年 12 月，帕德玛大桥的顺利合龙，标志着孟加拉国人民将彻底结束千百年来靠摆渡过河的历史，经济将迈入快速发展的轨道，体现了中国智慧和中国方案对世界的重要贡献，也体现了中国品牌的国际影响[①]。

此外，中铁工业其他海外重点工程在国际社会上获得一致赞誉。例如，印度尼西亚雅万高铁是中国首个海外高铁项目，对于深化中国与东南亚相关国家的铁路合作，加快泛亚铁路网建设，实现中国与"一带一路"沿线国家交通基础设施互联互通意义重大。瑞典首都斯德哥尔摩 Slussen 大桥（金桥）正式通车，140 余家外媒聚焦瑞典"金桥"，标志着中国钢桥梁再次赢得世界赞誉。拥有世界最大直径（15.08 米）硬岩掘进机的格鲁吉亚 KK 公路项目、克罗地亚佩列沙茨大桥项目、欧洲超大直径（13.46 米）泥水平衡盾构机项目、澳大利亚大直径硬岩 TBM 项目、非洲最大的铜钴矿二期钢结构工程项目等成果，体现了中铁工业的装备制造实力获得世界认可，展示了中铁工业共建人类命运共同体的决心。

---

① 《"一带一路"上最大桥梁工程孟加拉帕德玛大桥成功合龙》，http://www.beijidngreview.com.cn/caijing/202012/t20201211_800229868.html。

（二）积极投身海外公益，履行企业社会责任

积极投身海外公益是履行企业社会责任的有效手段，可以有效提升企业的品牌形象。中铁工业在海外积极开展公益活动，打造公益品牌，改善企业竞争环境，提高了企业竞争力，积极履行了企业社会责任。

新冠肺炎疫情突袭而至，中铁工业除了在国内抗疫彰显先锋本色，在全球抗疫中也发挥了积极作用。在海外疫情肆虐的严峻时刻，中铁工业所属各单位积极施以援手，先后向德国、美国、法国、意大利、英国、波兰、新加坡、韩国、印度尼西亚、泰国、老挝等 10 多个国家的合作伙伴送去 6 万余只口罩。面对疫情，中铁工业在国际上彰显人文关怀，体现了中铁工业作为全球化企业的责任担当。

迈克尔·波特指出，企业竞争力在很大程度上依赖于企业竞争环境，企业公益行为则可以改善企业竞争环境；企业通过捐赠改善竞争环境（如教育与基础设施等）又间接地推进了要素生产率的提高，进而提升了企业竞争力。中铁工业近年来积极投身海外公益，打造企业公益品牌，不断改善企业竞争环境。中铁工业的海外公益品牌行动主要集中于抢险救灾、教育和环境领域。在教育领域的公益活动包括为当地人提供奖学金、培养技术工人等；在环境领域的公益活动包括节能减排、绿色建造以及为当地居民提供清洁用水等。此外，中铁工业在海外开展公益活动时，还会积极地与我国驻外使馆、中资商会等中方政府组织进行合作，参与中资商会组织的公益活动；与东道国兄弟企业共同建造具有中国元素的街心公园，宣传企业品牌，传播中国文化；在新冠肺炎疫情期间，通过当地商会为留学生或者华人提供医疗物资；等等。

中铁工业正在积极探索整体公益品牌的打造思路和逻辑，在未来将会制定整体的推进计划和负责体系。

（三）不断学习进取，追求卓越永攀高峰

如何在海外进行公益品牌的战略管理？这是众多中国国企面临的难题。

中铁工业的做法是学习行业内国际优秀企业的成功经验，将海外公益活动与主营业务发展有机结合，打造"量体裁衣式"的海外公益品牌建设模式，改善企业海外品牌形象，提升企业品牌影响力。2020年，中铁工业联合对外经济贸易大学品牌专家教授组成专项课题组立项攻关，探索中资建筑企业打造海外公益品牌、改善企业海外竞争环境、提升企业海外项目竞争力的有效途径。课题组经过10个多月的攻关，认真研究国家竞争优势、品牌来源国刻板印象、文化融合、企业社会责任与企业战略性公益等相关理论，深度对标ACS集团、豪赫蒂夫、万喜集团、斯特拉巴格、中国建筑、中国交建、中国中铁等企业公益品牌海外实践，研究中国国企国际化进程中的品牌管理模式，取得了战略品牌管理的突破性进展。

五 未来展望

作为中国品牌日发源地的中铁工业，如何在新形势下实现品牌管理的新突破？董事长易铁军在接受《董事会》记者采访时明确指出：中铁工业将继续以推动"三个转变"为使命，进一步完善治理体系、优化产业结构、聚集研发资源、统筹经营力量、创新体制机制，努力提高资产利用效率、赢利能力和风险控制能力，继续争做行业创新者和引领者，实现"中铁工业、世界品牌"的宏伟愿景。

为实现企业愿景，中铁工业将根据企业"十四五"规划，研究制定品牌建设子规划，建立品牌战略管理体系。在此基础上，积极开展品牌创新和品牌营销，通过品牌创新助推产业升级、营销升级、品质升级和文化升级。同时，做好企业软实力的挖掘与塑造，将企业的产业地位、技术优势、竞争优势、优秀文化、社会效益逐步转化为企业品牌优势。深度挖掘企业的文化故事、创新故事、质量故事、党建故事等，围绕企业产品品牌、服务品牌等进行讲述，通过有效传播，形成社会对企业的价值认同，提升客户对企业的品牌黏度。打造中国高端装备制造业的典范，成为中国工业、中国装备走向世界的名片。

参考文献

［1］曹继东：《中央企业在"一带一路"倡议中的品牌文化传播》，《国有资产管理》2021 年第 8 期。

［2］李园园、刘建华、段珅、黄磊：《企业社会责任、技术创新与品牌价值的门槛效应研究》，《软科学》2020 年第 6 期。

［3］李启庚、余明阳：《品牌组合战略对子品牌/品类间溢出效应的影响研究》，《软科学》2012 年第 10 期。

［4］荣振环：《央企品牌建设的四大问题与破解》，《企业文明》2014 年第 11 期。

［5］赵忠奇：《制造业企业集团品牌架构规划分析——以陕鼓集团为例》，《中国商贸》2013 年第 27 期。

［6］张驰、黄升民：《国有企业品牌 70 年：历史演进与未来展望》，《新闻与传播评论》2020 年第 1 期。

［7］张梦霞：《中小企业战略品牌管理研究——聚焦品牌资产》，经济管理出版社，2013。

［8］〔美〕戴维·阿克、〔美〕埃里克·乔基姆塞勒：《品牌领导》，耿帅译，机械工业出版社，2012。

［9］〔德〕克里斯托弗·布曼、〔中〕王煦逸、〔德〕蒂洛·哈拉斯佐维奇：《品牌管理》，上海财经大学出版社，2015。

［10］董大海：《品牌战略》，人民出版社，2018。

［11］仁达方略管理咨询公司：《央企集团品牌建设之道》，企业管理出版社，2014。

［12］谢地：《中央企业品牌建设报告》，中国经济出版社，2014。

［13］Jing Lei, Niraj Dawar, Jos Lemmink, "Negative Spillover in Brand Portfolios: Exploring the Antecedents of Asymmetric Effects", *Journal of Marketing* 72（3）, 2008, pp. 111 – 123.

［14］Stewart R. Miller, Lorraine Eden, Dan Li, "CSR Reputation and Firm Performance: A Dynamic Approach", *Journal of Business Ethics* 163（2）, 2020, pp. 619 – 636.

［15］Vithala R. Rao, Manoj K. Agarwal, Denise Dahlhoff, "How Is Manifest Branding Strategy Related to the Intangible Value of a Corporation?", *Journal of Marketing* 68（4）, 2004, pp. 126 – 141.

Abstract

The "Report on the Development of Beijing's Opening to the Outside World (2021)" gives an all-round, multi-perspective and in-depth analysis of Beijing's current opening up, aiming to provide intellectual support for accelerating Beijing's new pattern of opening up at a higher standard. This report comprehensively uses investigation, case studies, empirical studies and other methods to discuss Beijing's opening to the outside world. According to the blue Book, Beijing has made remarkable achievements in opening up to the outside world, initially forming the all-round, multi-field and high-level pattern of opening up, playing a positive leading and exemplary role in opening up to the outside world. In the economic and trade field, Beijing has promoted opening-up through institutional innovations such as the construction of the pilot free trade zone, the construction of a comprehensive demonstration zone for opening strategy of service sector, and service trade fairs. Beijing constantly improves the business environment to develop itself as a global hub city for service trade. In the cultural opening field, Beijing relies on the advantage of being a national cultural center to promote the cultural industry to "go outs", and to enable the cultural industry to "go overseas" through scientific and technological innovation. These measures promote Chinese culture to get more global. In the field of international relations, Beijing actively promotes the construction of the "Belt and Road Initiative" based on the advantages of the capital role, and strengthens in-depth cooperation with BRI countries and regions in trade, investment, project contracting and other fields. Beijing adheres to a high-level, high-standard, and high-quality development route. Building itself into the capital of world communication with international influence.

According to this report, Opening Strategy of Service Sector is a key area of Beijing opening up work, which is closely related to Beijing's own economic structure. The Beijing's Opening Strategy of Service Sector in Beijing has gradually formed a comprehensive, in-depth, and three-dimensional pattern of opening up, and has continuously made new progress in the fields of finance, education, culture, tourism, technology, and exhibitions. Under the new circumstances, Beijing's reform up policy contains both important opportunities and challenges. Against the backdrop of a complex and volatile international economic situation and the continuing spread of COVID-19, Beijing should deepen its domestic opening to motive the market vitality and the force of development. Beijing should build an innovative development environment for digital trade and create innovation chain. We will raise the strength of openness and innovation in the service sector, and constructing the internal and external double circulation by an interactive node. Relying on the development of the "two zones", Beijing will optimize the business environment and strengthen the role of international economic and trade hub.

Keywords: Opening to the Outside World; Belt and Road Initiative; International Business; Opening Strategy of Service Sector; Cultural Communication

Contents

I   General Report

B . 1   Analysis and Prospect of Beijing's Opening to the Outside World

Research Group of Beijing Open Economy Research Institute , UIBE / 001

Abstract : The COVID-19 has spread globally, and major economies around the world have been hit hard by the new crown pneumonia epidemic, and the world economy as a whole has experienced a severe recession. Under the influence of the epidemic, various countries have adopted the "neighborly avoidance" policy of internal consideration. International personnel exchanges have rapidly shrunk, and domestic social and economic interactions in various countries have also tended to shrink. An important catalyst for chain structure changes. Based on the functional positioning of the capital city, Beijing City, in accordance with the requirements of high-quality development, under the conditions of strict prevention and control of the new crown pneumonia epidemic, the total economic volume has resumed growth, and the level of opening up to the outside world has increased steadily. Under the new situation, Beijing's opening up to the outside world is generally stable, the decline of goods trade has stopped and stabilized, the trade structure has been gradually optimized, the decline rate of actually utilized foreign capital has slowed down, and the amount of foreign investment continues to maintain stability. In the face of the normalized, long-term and complex international situation, Beijing should further deepen its opening to the outside world and stimulate the vitality and development momentum of market players;

Relying on the construction of "two zones" to improve the opening and innovation level of service industry; We will accelerate the construction of independent and controllable regional industrial chains and supply chains, build Beijing's innovation chain, and bring Beijing's opening to the outside world to a new level.

Keywords: Open; International Trade; FDI

II　Sub-reports

(1) Economic and Trade

B.2　China (Beijing) Polit Free Trade Zone Development

Report (2021)　　　　　　　　　　*Wang Xiaodong / 024*

Abstract: Pilot Free Trade Zones are functioned as demonstrative pilot zone for the new reform and open policies in China. In Sep. 2020, China (Beijing) Pilot Free Trade Zone was announced setting-up. Beijing, then, became the first city in which both FTZ and "Open-up Service Industry" policies apply. Up till Aug. 2021, institutional framework of Beijing Pilot FTZ has been constructed, innovative policies implemented Environment of Business improved. Local government published various implementing schemes, regulates based on the List. Reforms concerning land, capital, human resources, and other input factors have been introduced gradually. Market regulative system is improving. Beijing-Tianjin-Hebei integration processes are forwarding. All the above achievements have set sound foundations for further reforms. Still, factors including global economic uncertainty make the future quite challenging.

Keywords: Beijing Pilot FTZ; "Two Zones" Initiation; Policy Innovation

B.3 Development Report of China International Fair for

Trade in Services （2021）   *Deng Huihui* / 038

Abstract: China International Fair for Trade in Services （CIFTIS） is an important measure for China to open its door, open its market and integrate into the world economy. It reflects China's determination to adhere to the development concept of reform and opening up and build an open economy and open trade in an all round way. CIFTIS is a leading exhibition in the field of service trade, which presents outstanding characteristics such as large-scale, specialization, internationalization, innovation and digitization. As one of three major exhibition platforms for China's opening up, CIFTIS not only promotes the cooperative development of service industry and service trade, but also contributes to the coordinated development of supply-side structural reform and demand-side management in China and creates demand The CIFTIS connects domestic and international markets. It promotes trade growth and optimizes trade structure, which balances of China's trade of services. It is of great strategic and practical significance for China to build a socialist modern country in an all-round way. CIFTIS should play the role of a platform for opening to the outside world, which needs to take advantage of the policy advantages of the construction of the "two zones" [Integrated National Demonstration Zone for Opening up the Services Sector and China （Beijing） Pilot Free Trade Zone] in the new development stage. CIFTIS also needs to promote the innovation of industrial chain and supply chain for the Coordinated Development of Beijing-Tianjin-Hebei Region. CIFTIS follows the The belt and Road Initiative to provide Chinese services to the world and set up a high-quality brand of Chinese services.

Keywords: CIFTIS; Open Policy; Globalization

（2） **Cultural Development**

B . 4 　 Beijing Cultural Industry "Going Global" Development

Report （2021） 　　　　　　　　　　 *Jia Jia , Mu Xinyu* / 057

Abstract：In 2020, Beijing thoroughly implemented the overseas development strategy of culture industry and the trend of foreign cultural trade was generally stable. International cultural exchanges represented by Belt and Road cooperation are increasingly deepened. A series of cultural trade support policies, measures and laws focusing on cultivating new forms of trade, accelerating the development of key regions and advancing freedom and convenience in trade and investment have been issued. With technological innovation as the engine, Beijing cultural enterprises have integrated into the international market at a deeper level. The "going global" strategy of digital culture industry represented by electronic literature and online games rose against the trend during the pandemic. In order to relieve the financial burden of cultural enterprises, the government continued to deepen the reform in the field of financial services. At present, the overseas development strategy of Beijing's cultural industry is also facing problems such as insufficiency in global influence of cultural brands and the deep impact of piracy on cultural export enterprises. It is suggested that to build a Beijing characteristic cultural brand in the global market and take measures to protect the overseas intellectual property of cultural enterprises.

Keywords：Cultural Trade；"Going Global" Strategies；Digital Cultural Industry

B . 5 　 New Progress in the Construction of Beijing National Cultural

Center Report （2021） 　　　　　　　　　　 *Shao Peng* / 074

Abstract：Beijing has continued to promote the construction of the national cultural center. By constantly strengthening the top-level design, remarkable results have been achieved in the protection of famous historical and cultural cities with "one city, three belts" as the core. Through restorative construction and renovation, the historical and cultural features of the ancient capital have been fully demonstrated, and the historical and cultural resources have radiated new vitality and vitality. At the same time, the comprehensive strength of Beijing's cultural industry has been continuously strengthened, a public cultural service system has been established and improved, and a world-oriented cultural exchange and mutual learning platform has been built. The level of international cultural exchange has been continuously improved, and its demonstration and leading role in national cultural construction has been further highlighted. The construction of Beijing Cultural Center also faces the challenge of balanced development of multiple objectives such as economic and social development, improvement of living environment and protection of historical context. We should strengthen planning guidance, coordinate the relationship between the construction of cultural center and urban development, and lead the construction of cultural center with high-quality architectural design and advanced technology.

Keywords: National Cultural Center; Four Cultures; Public Cultural Services

(3) International Relations

B. 6 Report on the Promotion of the "Belt and Road"

Construction and Development in Beijing (2021)

Lan Qingxin, Wang Chunyu and Han Jing / 089

Abstract: The Belt and Road Initiative (BRI) is an important decision-making arrangement made by the CPC Central Committee and the State Council to take the initiative to cope with various challenges and make overall plans at home and abroad under the complicated and changeable global situation and the increasing downward pressure on China's economy. It is an important measure for China to build a comprehensive and open economy in the new period. Beijing is the national "political center", "cultural center", "international exchange center" and "scientific and technological innovation center". It has close economic and trade cooperation and cultural exchanges with countries along the Belt and Road Initiative, and its multiple attributes make Beijing have a special and important position in the Belt and Road Initiative. Focusing on the promotion of BRI construction and development in Beijing, this paper analyzes the current cooperation situation between Beijing and the countries along the BRI, and proposes that Beijing should make full use of its capital advantages, economic advantages and location advantages to strengthen cooperation and exchanges with the countries along the BRI. At the same time, It is important to identify the cooperation orientation, industrial orientation and cultural orientation, so as to better serve the construction of BRI. In the future, Beijing will promote the construction of BRI by building an important platform for international cooperation, becoming a communication center of Chinese excellent traditional culture and speeding up the construction of science and technology creative center. In terms of policy guarantee, we should give more prominence to the policy coordination function, give full play to Beijing's economic advantages and its position as an investment and financing center, and optimize the supporting service system through Beijing's international influence.

Keywords: The Belt and Road Initiative; Full Openness; Economic and Trade Cooperation

B.7 A Development Report on Building Beijing into a Global Hub of International Exchange (2021)

Wang Bo, Liu Jiajia / 105

Abstract: As the Capital of a major power, Beijing entails undertaking more responsibilities in the great course of China's rejuvenation. During the "14th Five-Year Plan", Beijing should closely focus on the positioning of "Four Centers", quickly adapt to the new trend of China's returning to the center of global community, optimize the international communication environment as soon as possible, perform the responsibility of "Four Services" solidly, and fully implement the external work plan of the Party Central Committee, adhere to a high-level, high-standard and high-quality development route to build Beijing into a world-class center with global influence in all aspects.

This report reviews Beijing's accomplishment on her path to emerge as a global hub of international exchange and proposes new approaches and fields yet to adopt and plough in such as urban planning , the rail transition construction, the usage of large venues, the improvement of international communication center, the creation of international industrial park and international talents community, the improvement of urban environment and information and direction signs in the city, the increase of English popularity, the promotion of Chinese language and culture, the training and introduction of foreign talents, the overall construction of city service system and the shaping of the good image as the Capital of a major power. Starting from hardware facilities and software construction, the report studies the feasible path for the construction of international exchange center for Beijing, and puts forward specific countermeasures and suggestions.

Keywords: International Exchange Center; City Planning; Industrial Development; International Talents Community; Municipal Service System

Ⅲ Special Reports

B.8 Paths and Measures to Promote High-quality Development of Service Industry in Beijing　　　　*Wan Lu, Zhang Yuting* / 121

Abstract: As a super large-scale service consumer market and an international scientific and technological innovation center, Beijing has the foundation and conditions to accelerate the improvement of development level in building a domestic and international dual-circulation. Starting from the bottleneck of high-quality development of Beijing's service industry under the new development pattern, this report discusses the deep integration of Beijing's service and manufacturing industry and its role in the high-quality development of new service industry. It analyzes the direct promotion effect and industrial linkage impact of Beijing's service industry opening on the high-quality development of service industry. Further, it excavates and analyzes the important driving mechanism of high-quality development of Beijing's service industry, such as structural upgrading, employment quality enhancement, and total factor productivity improvement. On this basis, this research puts forward four suggestions and a series of supporting measures, namely, unblocking the high-quality internal circulation of service industry, promoting deep industrial integration, realizing a higher level of external circulation of service trade, and creating a high-quality competitive environment for the service industry, to promote the high-quality development of service industry in Beijing.

Keywords: Service Industry of Beijing; New Development Pattern; High-quality Development; Opening of Service Industry

B.9 Research on the Expanding Opening of Financial Industry in Beijing under the Background of "Two Districts" Construction

Xue Yi, Zheng Wenping, Zhang Xiaotian and Nie Li / 141

Abstract: The comprehensive pilot program for expanding the opening up of the service industry I n Beijing and the establishment of the China (Beijing) Free Trade Zone are major strategic deployments made by the Party Central Committee and the State Council to promote a new round of opening up and build a new pattern of comprehensive opening up. Since the establishment of the Beijing Free Trade Zone in September 2020, Beijing has focused on building a technological innovation center with global influence, accelerating the creation of a pioneering zone for the expansion and opening of the service industry, a digital economy pilot zone, and striving to build a high-level opening platform for the coordinated development of Beijing, Tianjin and Hebei. A series of policies have been promulgated, and the results have been remarkable. Based on reviewing the development of the financial industry in the Beijing Free Trade Zone, this report summarizes the achievements in key development areas and issues that need attention. This report also measures the degree of openness of Beijing's financial industry, which finds that Beijing Free Trade Zone and other domestic free trade zones are quite similar in the degree of openness of the financial industry, and the financial sector has a relatively high degree of openness but the capital account is not sufficiently open. Research has shown that Beijing City should focus on strengthening green finance reforms, building a national financial management center, creating a "Beijing model" for the capital market, and continuing to attract Chinese and foreign capital management headquarters. In addition, in response to the focus and direction of the opening of the financial industry in the Beijing Free Trade Zone, we propose recommendations on strengthening the orientation of its own opening goals, accelerating the promotion of regional balance and structural coordination of financial opening, improving the ability of financial services to the real economy, and actively benchmark new standards for high-level trade agreements, such as CPTPP.

Keywords: Pilot Free Trade Zone; Fin-tech; Green Finance

B. 10　Beijing's Education Opening Policy in New Era

Qin Guanying / 163

Abstract: Beijing's education opening policy not only need to respond to the COVID-19 epidemic, international environmental adjustments and changes in the international education service market, but also to cater to the escalation of educational consumer demand and the transformation of a new pattern of high-level opening up. Beijing's education service market has both scale and quality advantages and a good policy environment, but it faces competitive pressure from other regions in the country. To this end, Beijing should rely on the free trade zone to implement institutional education opening up, seize the opportunities for cross-border supply education development, seize the opportunity of the construction of "two zones" and "three platforms" to promote the international transformation and development of education service enterprises, and stimulate the new development vitality of "study in Beijing" centering on emerging competitiveness, and improve the systematicness of education opening policies. At the same time, strengthen risk prevention and management in the process of opening up education.

Keywords: Education Opening; Education Service Trade; Free Trade Zone

B.11 The Approach Research on Improving the Cultural Service
Trade Competitive Advantage of Beijing *Zhou Jinkai* / 178

Abstract: At present, the United States is the largest cultural services trade advanced country in the world and keeping the largest cultural services trade deficit with China. It has a great practical significance to research the approach of improving the cultural service trade competitive advantage of Beijing based on the impact factors of China-US cultural services trade deficit. The empirical analysis based on theory of national competitive advantage shows that the trade deficit of cultural services between China and USA is determined by the industrial competitiveness of the two countries and influenced by many factors. The factors of the strategy of cultural enterprises, the input of resource elements and the government's trade policy play a critical role and guarantee for the development of cultural services industry of the United States, and the three factors are the key to promote the export of cultural services in the United States. Therefore, as the integrated national demonstrate zone for opening up the services sector, Beijing should establish a new model of cultural service trade development based on the principle of government guidance, market dominance, enterprises as the main participants, core elements input and intellectual property services export to improve the competitiveness of international cultural industry, and become the leading city for building a culturally advanced country.

Keywords: Cultural Service Trade; Export Competitive Advantage; Cultural Industry Competitiveness; Culturally Advanced Country

B.12　Research on Digital Trade Promoting "Going Global" of Beijing's Cultural Industry　　*Mao Pin* / 193

Abstract: This paper analyzes the characteristics of digital trade, summarizes and reviews Beijing's cultural industry going global, and points out that Beijing's cultural products going global should adapt to the overseas consumer market in content and need stronger support in channel through the use of content and channel analysis method. We should establish a digital trade model of Beijing's cultural industry with creative enthusiasm of domestic enterprises, willingness to accept by foreign consumer markets, large platform and low cost.

Through the investigation of some cultural and technological enterprises, this paper believes that cultural and technological enterprises have high enthusiasm for developing digital trade and their business strategies adapt to the overseas consumer market. They are the main force to undertake the development of digital trade in Beijing's cultural industry. However, there are also some problems, such as the government support policies need to be improved, the enterprise's own ability is insufficient, and the political and economic situation in the overseas market is complex. This paper suggests that digital trade is an important opportunity for Beijing's cultural industry to go global. It is necessary to further strengthen the top-level design, establish a market-oriented operation mechanism guided by the government and participated by enterprises, and provide financial, intermediary services, talents and other support for the development of digital trade for cultural industry enterprises.

Keywords: Digital Trade; Beijing's Cultural Industry; Cultural and Technological Enterprises; "Going Global"

B.13　Construction Status and Development Trend of International

Tourism City in Beijing　　　　　　　　*Li Xuefei, Lu Hua* / 209

Abstract: This article analyses the status quo and dilemmas of Beijing's inbound tourism market, from perspectives of international comparison, domestic comparison, longitudinal analysis and district-level comparisons. We find that Beijing lags far behind Shenzhen, Guangzhou, Shanghai, Hongkong, Macao, Taipei in terms of inbound tourism flows, which is incongruent with Beijing's reputation as capital of China. Furthermore, this article analyses the pros and cons of Beijing's international tourism development in terms of tourism resources, tourism infrastructure and service capability, tourism industries and projects. We propose four strategies to improve Beijing's competitiveness in the global tourism market, specifically focusing on deeply exploiting Beijing's cultural tourism resources, integrating tourism development among Beijing's counties and districts, strengthening international branding and promotion, and upgrading tourism ecosystem for post-pandemic reopening.

Keywords: Beijing; Global Tourism City; City Competition; Cultural Tourism Resources

B.14　Research on Cultural Events Promoting the Construction of

Beijing International Exchange Center

Wang Haiwen, Lu Chenyan / 225

Abstract: Cultural events have various types and rich functions, which can not only enhance the value of cultural elements, integrate cultural resources and optimize urban public space, but also meet consumption and spiritual needs and enhance cultural self-confidence. At present, with the increasingly rich forms of cultural events, the rapid development of cultural events and the strong development of digital cultural events in the context of cultural and tourism integration, Beijing can promote the construction of Beijing International Exchange Center by improving Beijing's cultural inclusiveness, accelerating Beijing's industrial integration, enhancing the external image of the background and improving the spiritual outlook of citizens. The International Exchange Center is one of the four core functions of Beijing and the primary stage for China to undertake major diplomatic and foreign affairs activities. In order to better realize the function of the International Exchange Center, we should further build the brand of cultural activities, optimize cultural policies, strengthen the international level of cultural evens and create new forms of cultural events.

Keywords: Cultural Event; International Communication Center; Beijing

B.15 Research on Value-added Telecommunications Services based on Cloud Computing Technology in Beijing

Zhou Nianli, Yao Tingting and Jia Li / 238

Abstract: The application of cloud computing technology in the digital age promotes the rapid development of value-added telecommunications services. At the same time, the degree of embedding of the technology in value-added telecommunications services is on the rise. Cloud computing value-added telecommunications services are very likely to develop into the backbone of the value-added telecommunications field. In the context of expanding the opening up of the service industry, it is of far-reaching significance to study the market access issues of Beijing's cloud computing value-added telecommunications services. Through combing and comparative analysis of the existing opening measures of Beijing's cloud computing value-added telecommunications services, it is found that Beijing still has some problems in the process of opening up foreign investment. etc in cloud computing value-added telecommunications, these problems mainly related to policy formulation, qualification review, regulation in process and afterwards, negative list design, and the security review of foreign investment. In the face of the above problems, it is recommended that improvements be made in the following aspects, including continuing to relax restrictions on foreign equity ratios, improving the supervision mechanism in process and afterwards, improving the security review mechanism of foreign investment, using the negative list model, further relaxing the qualification requirements and focusing on review of VIE structure, etc, and helping Beijing's cloud computing value-added telecommunications services to expand and open.

Keywords: Value-added Telecommunications Services; Telecommunications Services; Foreign Investment Access; Cloud Computing

Ⅳ   Case Study

Abstract: "going out" is the key test standard for China's automobile industry from big to strong. Opening to the outside world at a higher level is not only to attract foreign investment and promote the development of foreign brands in China, but also to make Chinese automobile enterprises go global and better participate in the development of the world automobile industry. Following the trend of economic globalization, Beijing encourages auto companies to actively engage in resource-seeking, market-seeking and R&D-seeking foreign direct investment with other countries in the world. As one of China's top five automobile groups and the backbone enterprise of China's automobile industry, BAIC Group responds to the opening-up policy of the country and Beijing and the important strategy of enhancing the enterprise's right to speak in the international market, seizes opportunities and seeks development, makes every effort to build a new highland for scientific research in the automobile industry of the capital, promotes the all-round "going out" of products, production capacity, technology, management and brand by integrating and optimizing international and domestic high-quality resources, and strives to build a new business card of "BAIC World".

Keywords: BAIC Group; The Backbone Enterprise; International Competitiveness; Brand Perception

B.17 China Railway Hi-Tech Industry Corporation Limited: Chinese Brand Day Comes from Here

Zhang Mengxia, Wang Wei, Zhao Meiqi and Li Mingrui / 265

Abstract: As the birthplace of Chinese brand day, firmly grasping the historical opportunities of corporate brand development, keeping in mind General Secretary Xi Jinping's proposal "Promote the transformation of Chinese manufacturing to Chinese creation, the transformation of Chinese speed to Chinese quality and the transformation of Chinese products to Chinese brands" ——the important policy of "three transformations", China Railway Industry exerts efforts on the brand. Relying on brand management, China Railway Industry firmly grasps the development opportunities of "Belt and Road Initiative" and high-quality development of Chinese manufacturing industry, so that it can write a new chapter on the road of achieving leapfrog development. China Railway's brand management experience has provided meaningful explorations on how to conduct strategic brand management for Chinese state-owned enterprises.

Keywords: State-owned Enterprise Brand; Chinese Brand Day; Brand Culture; Brand Management

社会科学文献出版社

皮 书

智库报告的主要形式
同一主题智库报告的聚合

❧ 皮书定义 ❧

皮书是对中国与世界发展状况和热点问题进行年度监测，以专业的角度、专家的视野和实证研究方法，针对某一领域或区域现状与发展态势展开分析和预测，具备前沿性、原创性、实证性、连续性、时效性等特点的公开出版物，由一系列权威研究报告组成。

❧ 皮书作者 ❧

皮书系列报告作者以国内外一流研究机构、知名高校等重点智库的研究人员为主，多为相关领域一流专家学者，他们的观点代表了当下学界对中国与世界的现实和未来最高水平的解读与分析。截至 2021 年，皮书研创机构有近千家，报告作者累计超过 7 万人。

❧ 皮书荣誉 ❧

皮书系列已成为社会科学文献出版社的著名图书品牌和中国社会科学院的知名学术品牌。2016 年皮书系列正式列入"十三五"国家重点出版规划项目；2013~2021 年，重点皮书列入中国社会科学院承担的国家哲学社会科学创新工程项目。

中国皮书网

（网址：www.pishu.cn）

发布皮书研创资讯，传播皮书精彩内容
引领皮书出版潮流，打造皮书服务平台

栏目设置

◆ **关于皮书**

何谓皮书、皮书分类、皮书大事记、
皮书荣誉、皮书出版第一人、皮书编辑部

◆ **最新资讯**

通知公告、新闻动态、媒体聚焦、
网站专题、视频直播、下载专区

◆ **皮书研创**

皮书规范、皮书选题、皮书出版、
皮书研究、研创团队

◆ **皮书评奖评价**

指标体系、皮书评价、皮书评奖

◆ **皮书研究院理事会**

理事会章程、理事单位、个人理事、高级
研究员、理事会秘书处、入会指南

◆ **互动专区**

皮书说、社科数托邦、皮书微博、留言板

所获荣誉

◆ 2008 年、2011 年、2014 年，中国皮书
网均在全国新闻出版业网站荣誉评选中
获得"最具商业价值网站"称号；

◆ 2012 年，获得"出版业网站百强"称号。

网库合一

2014年，中国皮书网与皮书数据库端口
合一，实现资源共享。

中国皮书网

权威报告·一手数据·特色资源

皮书数据库
ANNUAL REPORT(YEARBOOK)
DATABASE

分析解读当下中国发展变迁的高端智库平台

所获荣誉

- 2019年，入围国家新闻出版署数字出版精品遴选推荐计划项目
- 2016年，入选"'十三五'国家重点电子出版物出版规划骨干工程"
- 2015年，荣获"搜索中国正能量 点赞2015""创新中国科技创新奖"
- 2013年，荣获"中国出版政府奖·网络出版物奖"提名奖
- 连续多年荣获中国数字出版博览会"数字出版·优秀品牌"奖

成为会员

通过网址www.pishu.com.cn访问皮书数据库网站或下载皮书数据库APP，进行手机号码验证或邮箱验证即可成为皮书数据库会员。

会员福利

- 已注册用户购书后可免费获赠100元皮书数据库充值卡。刮开充值卡涂层获取充值密码，登录并进入"会员中心"—"在线充值"—"充值卡充值"，充值成功即可购买和查看数据库内容。
- 会员福利最终解释权归社会科学文献出版社所有。

数据库服务热线：400-008-6695
数据库服务QQ：2475522410
数据库服务邮箱：database@ssap.cn
图书销售热线：010-59367070/7028
图书服务QQ：1265056568
图书服务邮箱：duzhe@ssap.cn

社会科学文献出版社 皮书系列
SOCIAL SCIENCES ACADEMIC PRESS (CHINA)

卡号：321777219148
密码：

S 基本子库
SUB DATABASE

中国社会发展数据库（下设 12 个子库）

整合国内外中国社会发展研究成果，汇聚独家统计数据、深度分析报告，涉及社会、人口、政治、教育、法律等 12 个领域，为了解中国社会发展动态、跟踪社会核心热点、分析社会发展趋势提供一站式资源搜索和数据服务。

中国经济发展数据库（下设 12 个子库）

围绕国内外中国经济发展主题研究报告、学术资讯、基础数据等资料构建，内容涵盖宏观经济、农业经济、工业经济、产业经济等 12 个重点经济领域，为实时掌控经济运行态势、把握经济发展规律、洞察经济形势、进行经济决策提供参考和依据。

中国行业发展数据库（下设 17 个子库）

以中国国民经济行业分类为依据，覆盖金融业、旅游、医疗卫生、交通运输、能源矿产等 100 多个行业，跟踪分析国民经济相关行业市场运行状况和政策导向，汇集行业发展前沿资讯，为投资、从业及各种经济决策提供理论基础和实践指导。

中国区域发展数据库（下设 6 个子库）

对中国特定区域内的经济、社会、文化等领域现状与发展情况进行深度分析和预测，研究层级至县及县以下行政区，涉及省份、区域经济体、城市、农村等不同维度，为地方经济社会宏观态势研究、发展经验研究、案例分析提供数据服务。

中国文化传媒数据库（下设 18 个子库）

汇聚文化传媒领域专家观点、热点资讯，梳理国内外中国文化发展相关学术研究成果、一手统计数据，涵盖文化产业、新闻传播、电影娱乐、文学艺术、群众文化等 18 个重点研究领域。为文化传媒研究提供相关数据、研究报告和综合分析服务。

世界经济与国际关系数据库（下设 6 个子库）

立足"皮书系列"世界经济、国际关系相关学术资源，整合世界经济、国际政治、世界文化与科技、全球性问题、国际组织与国际法、区域研究 6 大领域研究成果，为世界经济与国际关系研究提供全方位数据分析，为决策和形势研判提供参考。

法律声明